DACHL

Unterwegs in deutschsprachigen Ländern

A Cultural Reader & Workbook for
Advanced Intermediate German & Beyond

DACHL

Unterwegs in deutschsprachigen Ländern

A Cultural Reader & Workbook for
Advanced Intermediate German & Beyond

Franz-Joseph Wehage

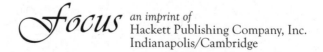
focus *an imprint of*
Hackett Publishing Company, Inc.
Indianapolis/Cambridge

A Focus book

Focus an imprint of
Hackett Publishing Company

Copyright © 2018 by Hackett Publishing Company, Inc.

21 20 19 18   1 2 3 4 5 6 7

For further information, please address
        Hackett Publishing Company, Inc.
        P.O. Box 44937
        Indianapolis, Indiana 46244-0937

        www.hackettpublishing.com

Cover design by Brian Rak and Elizabeth L. Wilson
Interior design by Laura Clark
Composition by Integrated Composition Systems

Library of Congress Cataloging-in-Publication Data

Names: Wehage, Franz-Joseph, 1953– author.
Title: DACHL : unterwegs in deutschsprachigen Ländern : a cultural reader & workbook
    for advanced intermediate German & beyond / Franz-Joseph Wehage.
Description: Indianapolis : Hackett Publishing, 2018.
Identifiers: LCCN 2017059544 | ISBN 9781585108848 (pbk.)
Subjects: LCSH: German language—Readers. | German language—Textbooks for foreign
    speakers—English. | German language—Study and teaching.
Classification: LCC PF3117 .W4425 2018 | DDC 438.6/421—dc23
LC record available at https://lccn.loc.gov/2017059544

Contents

Preface

DACHL: Unterwegs in deutschsprachigen Ländern is a cultural reader that examines a variety of traditional aspects of German-speaking culture with a focus on Germany (D), Austria (A), Switzerland (CH), and Liechtenstein (L) (the abbreviations used to indicate the country of registration for cars in international traffic; hence *DACHL*). Intended primarily as a third-year textbook, *DACHL* could be a stand-alone textbook for a culture course, though it would also work in a sequence of third-year courses, as well as in some advanced intermediate courses. It follows the American Council on the Teaching of Foreign Languages (ACTFL) standards for language acquisition and includes a wide selection of culturally and historically significant readings that serve as the basis for exercises and discussion. The content lends itself well to a conversation/ composition class, since there are many activities that focus on speaking and writing.

Devoting a unit to each of the four countries treated, *DACHL* distills and conveys a tremendous amount of information by focusing on sites of major cultural or histori- cal-cultural significance. Its great variety of readings allows for in-depth study of Ger- many, Austria, Switzerland, and Liechtenstein. All texts included are authentic, but they have been modified where necessary. In addition to the readings, the study of many of the cultural sites is enhanced by easy-to-find YouTube videos that can be integrated into a course or used as the basis for research projects and oral presentations.

DACHL acquaints its readers with the history of each Germanic country as em- bedded in a culture that, in some cases, dates back thousands of years. It differs from a typical historical-cultural reader inasmuch as it focuses on each country from a con- temporary point of view. However, each topic begins with an historical analysis that then guides the reader to the present day.

Highlights of a Cultural Tour through German-Speaking Lands

The unit on Germany starts with the prehistoric stilt houses, dating back to the Neoli- thic Stone Age and the Bronze Age, that have been faithfully restored at Lake Constance [1]. Roman conquests of Germanic territories resulted in the building of the *Limes Germanicus*, or border, that separated the Roman Empire from the territories of unconquered Germanic tribes, as discussed in two later units [4 and 9]. Benedictine monasteries in the time of Charlemagne introduce the 8th century [2]. The section on Saxony highlights Martin Luther and the Reformation, Leipzig, Meißen, Johann Sebastian Bach, magnificent fortresses, centuries-old wine-growing regions, and the breathtaking landscape of Saxon Switzerland [3]. UNESCO World Heritage sites in Bavaria [4] and Baden-Württemberg [5] introduce magnificent baroque palaces, mon- asteries, and churches. Discussions of the Cologne cathedral [6] as well as the famous inventor of "Eau de Cologne" [7] and the Benedictine monastery Corvey [2] offer glimpses of history from the time of Charlemagne, through the Middle Ages and the

18th century, and up to the present day. This tour of Germany confronts the visitor with a rich fabric of cultural history [8]. The Rhine is present as a motif in literature, art, and music [9]. The Brothers Grimm and their famous fairy tales come alive on the Grimm Brothers' route from Hanau to Bremen [10]. A trip into German history highlights castles and palaces alike (90 in total), illustrating German cultural history from the Middle Ages to the Baroque period [11]. Thuringia, the Wartburg Castle, Weimar, Erfurt, and *Point Alpha* encompass a thousand years of German history [13]. The House of Welf of Lower Saxony introduces the close historical connection to the English kings [14]. Berlin, as the capital of Germany, is steeped in history: the UNESCO sites [12], the Berlin Wall, and German unification [15], as well as testimonials from East Berliners [16], combine history and modern times. Finally, a look at the world-famous Oktoberfest introduces its history, the purity law, the Munich breweries, and the festival itself [17].

The unit on Austria begins with a focus on the earliest settlements in the Alps and trade routes across the Alps dating back thousands of years [1]. The salt mining industry offers the reader a glimpse into Austria's industrial history [2]. The architecture of the Habsburg Empire is evident not only in Vienna, but also in many other parts of Austria [3]. Anyone looking for athletic challenges can ride on mountain-bike trails all over Austria [4]. Discussions of famous Austrian composers such as Mozart, Haydn, Liszt, and Mahler [5], as well as the origins of the *Wiener Schnitzel*, the *Linzer Torte*, and the *Sachertorte* [6] bring Austria's rich cultural history to life. Explorations of the capitals of each federal state and their rich cultural heritage [7], as well as of Vienna as the capital of Austria [8], provide the reader with in-depth insight into Austrian culture and history. Vienna's open-air markets introduce a breadth of culinary delights, especially at the world-famous *Naschmarkt* [9]. Finally, Austria's famous wine and wine-growing regions give the reader a glimpse of the various geographical locations and their historical origins [10].

The origins of Switzerland, its rich history throughout the centuries, the Roman conquests and the early wine-growing regions create a rich mosaic of history and culture [1]. Visitors experience the country via its famous rail system (for example the Glacier Express, see below) as it meanders through the country, through hundreds of tunnels, and offering magnificent vistas [2]. Bern, the capital of Switzerland [3], and Geneva, the home of the Red Cross and the European seat of the United Nations [4], are the two main cities that captivate the reader and visitor alike. Folk customs and traditions weave a rich fabric of culture [5]. The reader is introduced to the folk traditions and contemporary customs of alpine villages via the use of the alpenhorn in the mountains as a communication device for shepherds as well as for cattle driving [6]. The panoramic Glacier Express, making its way from St. Moritz to Zermatt, with its world-famous Matterhorn Mountain, offers breathtaking vistas of lakes, ancient towns, and deep gorges [7]. Finally, the period of Charlemagne comes alive through a visit to one of the oldest cloisters in Europe [8].

The principality of Liechtenstein merits three points of view. One reading examines its history dating back five thousand years, including the arrival of the Romans, the history of the country through the Middle Ages and up to Napoleon, the Vienna Congress, and Liechtenstein's modern national sovereignty [1]. Another observes that the country lies in the heart of Europe and has thus become a haven for tourists, especially in the summer and winter [2]. The final reading allows the reader to experience the country from the point of view of a mountain bike crisscrossing the principality [3].

Exercises and Assignments Following Each Reading Selection

Comprehension questions [I] ensure that students have understood the text and new vocabulary. **True-False statements** [II] offer a further check of comprehension. Students must now activate their new vocabulary and provide answers based on the text. A **fill-in exercise** [III] takes students beyond the text they have just read, using words from the vocabulary section in new sentences pertaining to historical and contemporary aspects of Germany, Austria, Switzerland, and Liechtenstein, to give students a better grasp of the culture of German-speaking countries. The **reading comprehension** [IV] section offers yet more new sentences that draw upon the meaning of sentences from the reading. Students will need to locate the equivalents of these new sentences in the text. **Assignments and Topics for Research and Oral Presentation** [V] offers students topics pertaining to the reading selection and asks them to prepare a PowerPoint presentation to illustrate the topic with text and images. The assignment is presented in class, and peers are encouraged to engage the presenter in discussion. All PowerPoint assignments also include the presentation of a brief YouTube video in German. A **writing assignment** [VI] follows each PowerPoint presentation. Students submit a cohesive essay on the topic of their presentation, paying special attention to grammar and syntax. **Partner work** [VII] offers ideas for learning by teaming up with a partner.

A **semester project** might be the presentation of an entire chapter of the textbook if it is used as a stand-alone book. Students can choose chapters for their final presentations that were not discussed during the semester. These presentations should include all the images, names, mountains, famous people, etc. mentioned in the relevant chapter of the textbook. The final PowerPoint presentation should include all topics in the assignment section of the chapter. Students should also submit a written summary of their final project.

Acknowledgments

I would like to express my sincere gratitude to all staff members at Hackett Publishing for their help and support. Many thanks to Brian Rak, Editorial Director at Hackett Publishing, for his invaluable assistance!

I am indebted to the many outstanding tourism sites in Germany, Austria, Switzerland, and Liechtenstein, all of which provided their support with access to the cultural and historical information of each country. Furthermore, this project could not have evolved without their permission to reprint several of their articles at no cost. All sites appear in the copyright and credits section with their appropriate site names and addresses.

I also want to thank my German students at Muskingum University who made many invaluable suggestions while I piloted the book over several years.

Lastly, I am ever grateful to the reviewers of this textbook and their great suggestions during its creation.

DEUTSCHLAND

Prähistorische Pfahlbauten und mittelalterliche Klöster im UNESCO-Welterbe

Abbruch, der	*demolition*	Pfahlbauten, die	*stilt homes*
anerkennen	*to recognize*	rätselhaft	*mysterious*
ausgestattet	*decorated*	spannend	*exciting*
eingerichtet	*furnished*	überwältigend	*overwhelming*
entziffern	*to decipher*	Ufer, das	*shore*
erhalten	*maintained*	veranschaulichen	*to illustrate*
errichtet	*constructed*	vorweisen	*to show*
Fundstelle, die	*archaeological site*	wertvoll	*valuable*
geweiht	*consecrated*	Zeugnis, das	*testimony*
grenzüberschreitend	*cross-border*		

Nur die wertvollsten Zeugnisse der Vergangenheit werden in das UNESCO-Welterbe aufgenommen, und Baden-Württemberg kann das Kloster Maulbronn, die Klosterinsel Reichenau und die Pfahlbauten am Bodensee vorweisen.

Seit 1993 gehört das Kloster Maulbronn zum UNESCO-Weltkulturerbe. Die Stadt Maulbronn wurde deshalb rund um den Erdball bekannt—300.000 Touristen besuchen jedes Jahr die Klosterstadt. Es ist die am vollständigsten erhaltene mittelalterliche Klosteranlage nördlich der Alpen. 1147 gründeten Zisterziensermönche das Kloster, das bis heute einen überwältigenden Eindruck der Baukunst und des Lebens früherer Zeiten vermittelt. Die noch im 12. Jahrhundert geweihte Klosterkirche wurde ursprünglich im romanischen Stil gebaut. Im frühen 13. Jahrhundert baute man mehrere Anbauten im frühgotischen Stil. Im 14. und frühen 15. Jahrhundert wurde der Kernbereich des Klosters spätgotisch modernisiert. Das

Kloster Maulbronn

Kloster gelangte in dieser Zeit zu einer neuen Blüte. Die Herzöge von Württemberg, die im 16. Jahrhundert die Herrschaft über Maulbronn besaßen, richteten in der Reformation eine Klosterschule ein. Maulbronn entwickelte sich immer mehr zu einem Verwaltungsmittelpunkt im Sinne einer Kleinstadt. Im 19. Jahrhundert interessierte man sich besonders für die Kunst und Architektur früherer Epochen. Speziell das Mittelalter wurde wiederentdeckt, was dazu führte, dass Burgen, Klöster und Ruinen aus dieser Zeit, darunter auch Maulbronn, zu nationalen Baudenkmälern erklärt wurden.

Die Insel Reichenau, die größte der drei Bodenseeinseln, ist seit 2000 UNESCO-Weltkulturerbe. 724 gründeten Benediktiner ein Kloster, das ein wichtiges kulturelles und wissenschaftliches Zentrum in der Karolingerzeit wurde. Die Kulturlandschaft der Insel Reichenau veranschaulicht die religiöse und kulturelle Rolle eines großen Benediktinerklosters im Mittelalter. Die drei romanischen Kirchen der Insel repräsentieren klösterliche Architektur vom 9. bis zum 11. Jahrhundert.

Die von ihrem Ursprung älteste Kirche der Insel ist das Münster St. Maria und Markus, die ehemalige Klosterkirche. Der Westteil der Abteikirche, über die Jahre mehrmals umgebaut, wurde im Jahr 1048 in Anwesenheit Kaiser Heinrichs III. geweiht. In der Schatzkammer des Münsters sind zahlreiche Reliquien und weitere Kultgegenstände aus dem 5. bis zum 18. Jahrhundert zu sehen.

Die zweitälteste Kirche der Insel ist St. Peter und Paul, die 799 geweiht wurde. Die Kirche, wie sie heute besteht, ist eine dreischiffige Basilika. Sie wurde im 11. Jahrhun-

dert nach dem Abbruch der alten Peterskirche zum Teil auf den alten Grundmauern errichtet. Ihr Innenraum war schon zu Beginn mit reichen Malereien ausgestattet. Die heute noch sichtbare Malerei in der Apsis stammt aus dem Jahr 1104. Die drittälteste Kirche St. Georg wurde nach 888 erbaut. Mit dem heutigen Bau stehen noch große Teile der ursprünglichen Basilika. Die Wandbilder entstanden Ende des 10. Jahrhunderts. Sie gehören damit zu den frühesten Zeugnissen ihrer Art nördlich der Alpen. Die im Reichenauer Skriptorium entstandene Buchmalerei erreichte ebenfalls um 1000 ihren Höhepunkt. Das Kloster wurde 1757 aufgelöst.

Das Welterbekomitee der UNESCO erkannte die „prähistorischen Pfahlbauten um die Alpen" als grenzüberschreitendes Weltkulturerbe an. Insgesamt 111 Pfahlbaufundstellen in sechs Alpenländern wurden 2011 in die Welterbeliste aufgenommen, darunter auch 18 Fundstellen in Baden-Württemberg und

Bayern. Am baden-württembergischen Bodenseeufer liegen neun Pfahlbaustationen. In der Stein- und in der Bronzezeit entstanden am Bodensee Pfahlbausiedlungen. Mit 23 rekonstruierten Häusern sind die Pfahlbauten eines der größten archäologischen Freilichtmuseen Europas. Das Museum bietet Geschichte zum Anfassen. Bei einer Führung durch die Pfahlbausiedlung mit 7 Dörfern aus der Stein- und Bronzezeit (4.000– 850 v. Chr.) wird die Geschichte der frühen Bauern, Händler und Fischer im Voralpenraum wieder lebendig. In den Häusern werden viele Objekte gezeigt, die „Ötzi", der in den Alpen gefundene Steinzeitmensch, ständig um sich hatte. Lebensechte Szenen mit Figuren, Tieren und Modellen sowie Werkzeuge zum Anfassen und Wohnhäuser der Steinzeitmenschen bieten einen spannenden Einblick in das Alltagsleben der Steinzeitmenschen. In den Seen und Mooren der Region hat sich ein einzigartiges Archiv der Menschheitsgeschichte erhalten: Stoff- und Pflanzenreste, Jahrtausende altes Brot und die Werkzeuge erzählen vom damaligen Leben am Bodensee. Wandmalereien, Figuren von rätselhaften Mischwesen und noch nicht entzifferte Symbole geben Einblicke in die geistige Welt einer hochstehenden Kultur.

I. Fragen zum Verständnis.

1. Was sind wohl die Gründe für die Aufnahme der Pfahlbauten in das Weltkulturerbe?

2. Was konnten Archäologen aus den Funden schließen (*deduce*)?

3. Was ist die Bedeutung der St. Georg Kirche?

4. Welche historische Rolle spielte das Münster St. Maria und Markus?

5. Was wollte die UNESCO mit der Aufnahme der Insel Reichenau ins Weltkulturerbe bezwecken?

6. Was zeigt der Rundgang durch das Kloster Maulbronn?

7. Welche kulturgeschichtlichen Epochen leben hier wieder auf?

8. Wieso konnte sich die Stadt Maulbronn so schnell entwickeln?

9. Was geschah im 19. Jahrhundert?

II. Richtig oder falsch? Wenn falsch, korrigieren Sie die falsche Aussage.

1. ___ Das Kloster Maulbronn ist eine Mischung aus romanischer und gotischer Baukunst.

2. ___ Die UNESCO interessierte sich besonders für die Schule, die in der Reformation eingerichtet wurde.

3. ___ Die Kulturlandschaft der Insel vermittelt romanische Architektur.

4. ___ Die Kirchen auf der Insel Reichenau wurden über die Jahrhunderte erhalten.

5. ___ Das Kloster Reichenau war wegen seiner Buchmalerei bekannt.

6. ___ Das Kloster Maulbronn verfiel im Mittelalter und wurde später auf seinen Grundmauern wieder neu errichtet.

III. Setzen Sie das richtige Wort ein. Achten Sie auch auf die passenden Adjektivendungen. Informieren Sie sich im Internet über unbekannte Wörter, bevor Sie die Übung machen.

entziffern, grenzüberschreitendes, überwältigende, Pfahlbauten, erhaltene, spannenden, Fundstelle, ausgestattet, eingerichtet, wertvoll, veranschaulichen, Zeugnis, errichtet, rätselhaften, Abbruch, anerkennen, Ufern

1. Die Architekturdenkmäler Österreichs lassen die Epochen der Jahrhunderte und ihrer kunsthistorischen Stile wieder aufleben: Burgen, Schlösser und

Klöster sowie imperiale Prachtbauten geben ein eindrucksvolles _____ dieser Zeit ab.

2. Mit über 7 Millionen Sammlungsobjekten ist die Österreichische National-bibliothek die größte Bibliothek Österreichs. Aber nicht nur die Bücher, sondern vor allem die zehn Spezialsammlungen machen diese Bibliothek für Besucher so _____.

3. Die Regensburger Altstadt ist die einzige _____ mittelalterliche Groß-stadt Deutschlands.

4. Direkt neben der Bergwelt Karwendel liegt der Panoramarundweg an der Grenze Bayerns zu Tirol, der _____ Ausblicke auf die Alpen bietet.

5. Das Fünf-Sterne-Hotel Maximilian im Zentrum des Festspielorts Oberam-mergau verfügt über 20 Zimmer, die erst jüngst geschmackvoll und individuell _____ wurden.

6. Der Chiemgau gehört zu den beliebtesten Wintersportregionen in Deutsch-land. Die winterlich weißen Wiesen, der gepuderte Winterwald oder vereiste Seen _____ den Winterschlaf am besten.

7. Die Ruine Gräpplang, um 1220 von den Herren von Flums auf dem „langen Felsen" _____, wurde im Jahre 1804 zum _____ verkauft. Die Ruine wurde aber von der Gemeinde Flums renoviert und erhalten.

8. Das Schloss Neuschwanstein ist mit herrlichen Gemälden und Ritterrüstungen _____.

9. Im Frieden zu Basel musste der deutsche König Maximilian I. die faktische Selbstständigkeit der Eidgenossenschaft (*confederation*) innerhalb des Heiligen Römischen Reiches _____. Die Eidgenossen gehörten bis 1648 zum Reich.

10. Das Drachenloch in Vättis in der Schweiz (2427 m) ist die höchstgelegene prä-historische _____ Europas.

11. Zu den interessantesten archäologischen Funden in der Schweiz gehören die Seeufer-Siedlungen aus _____. Die ältesten stammen aus dem 4. Jahr-tausend v. Chr. und zeugen vom Leben vor der Zeit der Helvetier, Rätier und Römer.

12. Die prähistorischen Pfahlbauten rund um die Alpen wurden als _____ Weltkulturerbe anerkannt.

13. Die Siedler bauten ihre Häuser auf Pfählen an den _____ von Seen, damit sie kein wertvolles Agrarland verbauen mussten.

14. Verbinden Sie Ihren Aufenthalt im Wallfahrtsort Altötting mit einer _____ Stadtführung, oder besichtigen Sie die einzigartigen Museen.

15. Das faszinierende Leben König Ludwigs II. endete unter _____ Um-ständen am 13. Juni 1886, als der König im Starnberger See ertrank. Seine Schlösser gehören heute zu den am meisten besuchten Sehenswürdigkeiten Bayerns.

16. Bei einem Rundgang durch die Schweizer Stadt Augst findet man einen Grabstein, auf dem nichts mehr zu _____ ist!

IV. Wie steht das im Text?

1. Bei einem Rundgang durch die Welt der Steinzeitmenschen erfährt man, wie die Menschen früher gelebt hatten.

2. Die Erhaltung dieser Pfahlbauten erstreckt sich nicht nur auf Deutschland, sondern auch auf andere Gebiete in den Alpen.

3. Wandmalereien waren im frühen Mittelalter eine Seltenheit.

4. Die Mönche in Reichenau beschäftigten sich besonders mit der Buchmalerei.

5. Von der Kirche St. Peter und Paul ist nur der Grundriss erhalten.

6. Das Kloster Reichenau reicht in die Zeit Karl des Großen zurück.

7. Im Zeitalter der Romantik führte die Wiederentdeckung des Mittelalters dazu, dass man sich für den Erhalt der Vergangenheit einsetzte.

8. Das Kloster Maulbronn besteht aus mehreren kulturgeschichtlich bedeutenden architektonischen Stilen.

9. Das Kloster vermittelt dem Besucher einen Einblick in die mittelalterliche Architektur und Lebensweise.

V. Aufgabe und Diskussion.

1. Besuchen Sie das Pfahlbau-Museum am Bodensee, wo Sie viele Informationen und diverse weiterführende Querverbindungen erhalten. Der virtuelle Rundgang liefert Ihnen sehr viel Material.

2. Besuchen Sie die Webseite des Klosters Maulbronn. Berichten Sie nicht nur von den Möglichkeiten, das Kloster zu besichtigen, sondern auch von den vielen anderen Angeboten für die Besucher.

3. Machen Sie eine Reise auf die Bodenseeinsel Reichenau und besuchen Sie das
    Kloster. Zeigen Sie Beispiele der romanischen Architektur auf.

VI. Schriftliches.

Nach Ihrem Vortrag schreiben Sie ein kleines Essay über Ihre Präsentation. Achten Sie
dabei auf genaue grammatische Formulierungen.

VII. Partnerarbeit.

Baden-Württemberg bietet hochinteressante UNESCO-Welterbestätten als Beispiele
für das frühe Mittelalter und auch die Stein- und Bronzezeit an. Entwickeln Sie mit
Ihrem Partner ein Interview über die Bedeutung dieser „Schätze". Benutzen Sie die
angegebenen Vokabeln und stellen Sie jeweils (each) fünf Fragen auf, die Ihr Partner
dann beantwortet. Nach dem Interview berichtet jeder von Ihnen, was Sie von Ihrem
Partner erfahren haben.

2

Die Benediktinerabtei Corvey aus der Zeit Karls des Großen

akribisch	*meticulous*	gesamt	*total*
Anbau, der	*addition*	heidnisch	*pagan*
Bauwerk, das	*building*	im gehobenen Alter	*at an advanced age*
bekehren	*to convert*	im Zuge	*in the course of*
einen Grundstein legen	*to lay a foundation*	Kanzlei, die	*chancellery*
einweihen	*to consecrate*	mit Bestimmtheit	*unequivocally*
entstehen	*to emerge*	Obergeschoss, das	*top floor*
erfolgen	*to follow*	(sich) rühmen	*to boast*
erhalten	*preserved*	Sammlung, die	*collection*
errichten	*to construct*	tätig	*active*
Flügel, der	*wing*	vorweisen	*to show*
Gerichtsort, der	*venue, place of trial*	Wert, der	*value, usefulness*

Am 24. Juni 2014 war es soweit. Die ehemalige Benediktinerabtei Corvey wurde in die UNESCO-Weltkulturerbeliste aufgenommen. Nordrhein-Westfalen kann sich jetzt in der Tat damit rühmen, dass das Land insgesamt fünf UNESCO-Weltkulturerbestätten vorweisen kann. Das Besondere an dieser Benedikti-

nerabtei ist das sogenannte Westwerk. Es ist das einzige fast vollständig erhaltene Bauwerk aus der Karolingerzeit. Reichsklöster errichteten damals beeindruckende Anbauten im Westflügel der Kirchen, auch Westwerke genannt. Reisende Könige und Kaiser wurden hier untergebracht. Diese Westwerke dienten auch als Kanzlei oder Gerichtsort. Der König oder Kaiser konnte im Obergeschoss am Gottesdienst teilnehmen. Von dort hatte man auch einen Blick auf den gesamten Kirchenraum. Im Corveyer Westwerk gab es auch eine prächtige Wandmalerei. Noch heute ist sie in Fragmenten erhalten. Szenen aus der Odyssee beweisen, dass auch kirchliche Gebäude der Zeit Bilder aus der Antike integrierten.

Ob es Karl der Große war, der die Vision eines Klosters hatte, lässt sich nicht mit Bestimmtheit sagen. Er starb am 28. Januar 814. Es war aber sein Ziel, die

Der Westflügel des Klosters Corvey

heidnischen Sachsen zu bekehren. Der Bau von Klöstern diente vor allem der Missionierung und der Bekehrung der Heiden. Die Klosterabtei Corvey ist heute wegen ihrer karolingischen Architektur von großer historischer Bedeutung. Der Grundstein wurde 822 gelegt. Nach zweiundzwanzig Jahren wurde die Abtei 844 fertiggestellt und eingeweiht. Die Abtei war geographisch gesehen ein zentraler Ort der geistigen, wirtschaftlichen, politischen und kulturellen Entwicklung. Mönche konnten ihre Missionsaufgabe von hier aus bis nach Nordeuropa erfüllen. 873 erfolgten verschiedene Anbauten. In den Annalen des Klosters kann man nachlesen, wie sich die Struktur der Kirche bis 1616 veränderte. Der Dreißigjährige Krieg hinterließ auch hier seine Spuren. Die Kirche wurde fast völlig zerstört, bis eben auf das Westwerk. In den Jahren 1667 bis 1671 wurde sie total neu aufgebaut und 1683 eingeweiht. Bis 1741 erfolgten immer wieder neue Anbauten. Unter der Führung von Abt Maximilian von Horrich (1714–1721) entstand wieder eine Klosterbibliothek mit einer einzigartigen Sammlung. Als die Abtei 1803 im Zuge der Säkularisation in weltliche Hände überging, sah man aber wenig Wert in der Bibliothek und viele Bücher verschwanden oder wurden einfach verkauft.

August Heinrich Hoffmann von Fallersleben (1798–1874), der Verfasser der deutschen Nationalhymne, war hier im gehobenen Alter als Bibliothekar tätig. Heute findet man in Corvey drei Bibliotheken. Im Klosterskriptorium wurde über Jahrhunderte Vieles akribisch abgeschrieben und dokumentiert. Hoffmann von Fallersleben hinterließ auch hier seine Spuren. Ihm ist es zu verdanken, dass die Bibliothek kostbare Werke erwarb und somit für ihre Bestände bekannt wurde.

Corvey ist Deutschlands 39. Welterbestätte.

I. Fragen zum Verständnis.

1. Was war die Bedeutung des Skriptoriums im Mittelalter?

2. Warum blickt man heute mit Dankbarkeit auf Hoffmann von Fallerslebens Arbeit im Kloster zurück?

3. Was geschah im Jahre 1803?

4. Wie lange baute man an der Abtei?

5. Warum ist die Benediktinerabtei Corvey von großer historischer Bedeutung?

6. Warum baute man zur Zeit Karls des Großen Klöster?

7. Wo konnten Könige oder Kaiser auf Reisen eine Unterkunft finden?

8. Was beweisen die Bilder der Antike?

II. Richtig oder falsch? Wenn falsch, korrigieren Sie die falsche Aussage.

1. ___ Seit 1803 verfiel die Bibliothek und konnte ihre Blütezeit nicht noch einmal erleben.

2. ___ Durch die Klöster entwickelte sich das kulturelle und geistige Leben schneller.

3. ___ Mit der Erfindung der Druckerpresse konnte man im Mittelalter alles schnell kopieren.

4. ___ Die Architektur der Karolingerzeit kann man im heutigen Kloster bewundern.

5. ___ Im Dreißigjährigen Krieg wurde die Abtei total zerstört.

6. ___ Mönche konnten von den Klöstern aus schneller nach Nordeuropa, um dort die Heiden zu bekehren.

III. Setzen Sie das richtige Wort oder den richtigen Ausdruck ein.

bekehren, Bauwerke, Obergeschoss, Anbau, Flügel, Gerichtsort, Kanzlei, Sammlung, Grundstein legen, eingeweiht, entstand, erfolgten, erhalten, errichten, heidnische, im gehobenen Alter, mit Bestimmtheit, sich rühmen, vorweisen

1. Goethe hatte schon sehr früh Erfolg als Schriftsteller. Aber erst _____ konnte er sein Spätwerk *Faust* vollenden.

2. Im Mittelalter gab es viele Kaiserpfalzen. Diese Städte dienten auch als _____, an dem der Kaiser Recht sprach.

3. Ein Westwerk war in vielen Klöstern als _____ entstanden.

4. Viele Bundesländer können _____ mit historischen Kathedralen _____.

5. An der Nordsee findet man das Wattenmeer, und die Bundesländer Niedersachsen und Schleswig-Holstein können es als UNESCO-Weltkulturerbe _____.

6. In Deutschland gibt es viele _____, die historisch sehr wertvoll sind.

7. Das karolingische Westwerk ist so einzigartig, dass man es _____ muss.

8. Wenn ein Schloss einen Anbau bekam, nannte man diesen Teil auch einen _____.

9. Gotische Kathedralen kann man heute nicht mehr _____.

10. Der Verwaltungsteil des kaiserlichen Hofes wurde auch _____ genannt.

11. In vielen Kapellen und Kirchen konnten Könige im _____ am Gottesdienst teilnehmen.

12. Man kann leider nicht _____ sagen, wo sich Mozarts Grab befindet.

13. Karl der Große ließ _____ Sprüche und Literatur in seinen Klöstern sammeln.

14. Bonifatius wurde nach Germanien geschickt, um die Heiden zu _____.

15. Bevor ein Haus gebaut wird, muss man einen _____.

16. Nach dem Bau eines Gotteshauses muss die Kirche erst _____ werden.

17. In den folgenden Jahren _____ immer wieder Anbauten.

18. Das Kloster begann mit der _____ von kostbaren Büchern und nach und nach _____ hier eine wertvolle Klosterbibliothek.

IV. Wie steht das im Text?

1. Dank seiner Arbeit besaß die Bibliothek viele wertvolle Bücher und man schätzte sie sehr.

2. Die Verweltlichung der Abtei führte dazu, dass man vergaß, wie kostbar die Sammlung war.

3. Nordrhein-Westfalen besitzt fünf UNESCO-Weltkulturerbestätten.

4. Karl der Große wollte mit dem Bau der Klöster kulturelle und geistige Zentren schaffen, die auch der Bekehrung der Heiden dienen sollten.

V. Aufgabe und Diskussion.

1. Suchen Sie im Internet Benediktinerabteien in Deutschland, Österreich oder in der Schweiz. Skizzieren Sie die Bedeutung der Klöster und berichten Sie an Hand einer PowerPoint-Präsentation.

2. Untersuchen Sie das Leben von Karl dem Großen und seine Klöstergründungen. Stellen Sie eine PowerPoint-Präsentation zusammen.

3. Suchen Sie weitere historische Beispiele eines Westwerks. Machen Sie eine Liste und präsentieren Sie Ihre Ergebnisse im Kurs.

4. Informieren Sie sich im Internet über das Skriptorium im Mittelalter und halten Sie einen kurzen Vortrag mit Bildern und Dokumenten.

VI. Schriftliches.

Nach Ihrem Vortrag schreiben Sie ein kleines Essay über Ihre Präsentation. Achten Sie dabei auf genaue grammatische Formulierungen.

VII. Partnerarbeit.

Sie machen eine Besichtigung der Welterbestätte Corvey. Das Westwerk steht heute als architektonisches Denkmal der Karolingerzeit und führt den Besucher in die Zeit Karls des Großen. Entwickeln Sie mit Ihrem Partner ein Interview über die Geschichte des ehemaligen Klosters. Benutzen Sie die angegebenen Vokabeln und stellen Sie jeweils (*each*) fünf Fragen auf, die Ihr Partner dann beantwortet. Nach dem Interview berichtet jeder von Ihnen, was Sie von Ihrem Partner erfahren haben.

3

Sachsen als „Mutter der Reformation"

Altarraum, der	sanctuary, choir, chancel	Ladengeschäft, das	retail store
anschlagen	to put up	Markenzeichen, das	trademark
Aufführung, die	performance	Messe, die	industrial fair
aufgeteilt	split up	Passage, die	shopping arcade
aufweisen	to feature	pflegen	to cherish
auslöschen	to extinguish	Raddampfer, der	paddle steamer
beherbergen	to host	reichlich	plenty
Beisein, das	presence	Residenzstadt, die	royal seat
(sich) bekennen	to acknowledge	Schlucht, die	gorge
einfügen	to integrate	Spende, die	donation
einweihen	to inaugurate	Stätte, die	place, site
Erbe, das	heritage	Tafelberg, der	mesa
Ereignis, das	event	Untergeschoss, das	basement
Fahrwasser, das	navigable water	Unterstützer, der	supporter
Fertigungsstätte, die	manufacturing site	Uraufführung, die	world premiere
gastlich	hospitable	verdanken	to owe
Gegenspieler, der	opponent	Völkerschlacht, die	Battle of the Nations
Gemäldegalerie, die	picture gallery	vorhanden	available
Gründung, die	founding, inception	wandeln	to stroll
Heideland, das	heathland	weihen	to consecrate
heranreifen	to mature	Weinausschank, der	wine bar
Kantor, der	choirmaster, organist	Wiege, die	cradle
		zieren	to adorn
Kurfürst, der	elector	zu Fall bringen	to derail, to bring down

Die 95 Thesen, die Martin Luther am 31. Oktober 1517 an das Hauptportal der Schlosskirche in Wittenberg anschlug, veränderten die Welt. Luther wollte die Kirche nur reformieren.

Die Reformation war aber nicht nur ein Ereignis, das sich von Sachsen aus auf die ganze Welt auswirkte, sondern auch ein langer Prozess, der erst nach vielen Jahrzehnten zu Ende ging. Das Sachsen von früher ist heute nach vielen geschichtlichen Ereignissen in die Bundesländer Sachsen, Thüringen und Sachsen-Anhalt aufgeteilt. Auch

Brandenburg, Bayern, Polen und selbst die Tschechische Republik haben Teile davon geerbt. Es lohnt sich, auf den Spuren des Reformators, seiner Unterstützer und seiner Gegenspieler zu wandeln—und diese sind mehr als reichlich vorhanden. Schon Ende des 16. Jahrhunderts wurde Sachsen der Ehrentitel „Mutter der Reformation" verliehen, ein Vermächtnis, zu dem sich auch das heutige Bundesland bekennt.

Sachsens Landeshauptstadt Dresden weist eine barocke Kulisse an Kunst und Kultur auf. Die Frauenkirche ist der bedeutendste protestantische Kuppelbau des deutschen Barocks, ursprünglich 1736 errichtet und 1945 total zerstört. Mit Spenden aus aller Welt wurde diese Kirche in 11 Jahren als Symbol der Versöhnung Stein für Stein wieder aufgebaut.

In der Semper-Oper wurde europäische Musikgeschichte geschrieben. Richard Wagner brachte drei Opern zur Uraufführung, und Richard Strauss brachte hier neun seiner zwölf Opern erstmals auf die Bühne. Zu den Opern- und Ballettaufführungen sowie Konzerten spielt die Sächsische Staatskapelle Dresden—eines der zehn besten Orchester der Welt.

Leipzig ist eine Stadt der Musik, der Kunst und des Buches, der Messe, des Sports und die Stadt, wo die Völkerschlacht von 1813 stattfand. Das Neue Bachdenkmal an der Thomaskirche erinnert an den berühmten Thomaskantor Johann Sebastian Bach (1685–1750). In Leipzig schrieb er seine wichtigsten

Werke. Sein Grab befindet sich heute im Altarraum der Thomaskirche. Mit dem jährlichen Bachfest Leipzig und dem Internationalen Johann-Sebastian-Bach-Wettbewerb wird das Erbe Bachs gepflegt. Das Völkerschlachtdenkmal wurde 1913 im Beisein des deutschen Kaisers Wilhelm II. und des sächsischen Königs eingeweiht. Es ist ein Bau der

Superlative und mit 91 m Höhe das größte
Denkmal Europas. 324 Reiterreliefs im
oberen Bereich zieren die gewaltige Kuppel. Zur Plattform führen 500 Treppen-
stufen hinauf. Das Denkmal steht an der
Stelle, wo die Hauptkämpfe der Völkerschlacht stattfanden, in der Napoleon besiegt und Deutschland befreit wurde. In
der historischen Mädler-Passage befindet
sich im Untergeschoss der Auerbachs Keller. Zuerst war er 1525 Weinausschank und
später gastliche Stätte für den legendären

Dr. Johann Faust sowie den Studenten Johann Wolfgang Goethe, die später in seinen
Faust hineinfließen sollte. In der Nikolaikirche predigte Martin Luther und Johann
Sebastian Bach stellte seine Johannespassion und das Weihnachtsoratorium vor. Auch
die kommunistische Herrschaft nach dem Zweiten Weltkrieg konnte den Geist der
Reformation nicht auslöschen. Aus den Friedensgebeten in der Nikolaikirche entstanden die Montagsdemonstrationen, die das DDR-Regime zu Fall brachten und zur
deutschen Wiedervereinigung führten.

Meißen blickt auf eine tausendjährige Geschichte zurück. Ihre Gründung verdankt die Stadt dem deutschen König Heinrich I., der 929 eine Burg anlegen ließ. 1423

wurde Meißen Residenzstadt der sächsischen
Kurfürsten. Meißen gilt daher als Wiege Sachsens. Meißen ist auch Weinstadt. Auf den
steilen Bergen eines der kleinsten Weinanbaugebiete Deutschlands reifen köstliche
Weine heran—ein weiteres Markenzeichen der
1.000-jährigen Stadt an der Elbe.

Wahrzeichen der Stadt sind der stilreinste
gotische Dom Deutschlands mit seinen Türmen sowie der erste deutsche Schlossbau, die
spätgotische Albrechtsburg auf dem mächtigen Meißner Burgberg. Die Albrechtsburg
war 1710 Geburtsstätte der Meißener Porzellan-
Manufaktur, erste Porzellan-Fertigungsstätte
ihrer Art in Europa.

Prächtige Schlösser, monumentale Reprä-

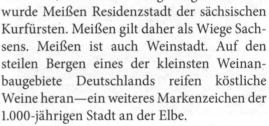

sentationsbauten, historische Villen
und romantische Weinberge liegen an
der Elbe nebeneinander. Sie prägen das
Dresdner Elbtal als einzigartige Kulturlandschaft. Torgau gilt als eine der

schönsten Renaissancestädte Deutschlands und ist Lutherstadt. Die Kirche von Schloss Hartenfels in Torgau war der erste von Luther geweihte protestantische Kirchenbau Deutschlands. Radebeul erinnert an den wohl bekanntesten deutschen Abenteuerschriftsteller Karl May. Weinliebhaber erleben auf dem Sächsischen Weinwanderweg entlang der Sächsischen Weinstraße jahrhundertealte Weinbautradition.

In der Ferienregion Sächsische Schweiz findet man die spektakulärste Landschaft in Deutschland: das Elbsandsteingebirge mit dem Nationalpark Sächsische Schweiz. So weit das Auge reicht, sieht man rundherum dicht bewaldete Tafelberge und freistehende Sandsteinfelsen. Durch das schluchtenreiche Tal schlängelt sich die Elbe wie ein blaues Band—vorbei an Städtchen und Kurorten. Die Elbe ist Fahrwasser der größten und ältesten Raddampferflotte der Welt. Für Bergsteiger sind die 1.100 Felsen ein Kletterparadies. Wanderer erwartet ein riesiges Wanderwegenetz. Der beliebteste Wanderweg ist der Malerweg. Er führt zu den

schönsten Plätzen im Elbsandsteingebirge wie zum Basteifelsen, zur Felsenbühne Rathen oder zur Festung Königstein.

Festung Königstein

I. Fragen zum Verständnis.

1. Was beabsichtigte Martin Luther mit seinen Thesen?

2. Heutzutage gehört die Stadt Wittenberg zum Bundesland Sachsen-Anhalt. Wie war das damals zu Luthers Zeit?

3. Wie kam Sachsen zu dem Ehrentitel „Mutter der Reformation"?

4. Wie kam es zum Wiederaufbau der Frauenkirche?

5. Was hat die Sächsische Staatskapelle Dresden mit der Semper-Oper zu tun?

6. Wie hat die Stadt Leipzig ihren ehemaligen Bürger Johann Sebastian Bach geehrt?

7. Warum ist das Völkerschlachtdenkmal so monumental?

8. Warum wurde dieses Denkmal aufgestellt?

9. Warum ist die Mädler-Passage historisch bedeutsam (*significant*)?

10. Was ist die historische Bedeutung der Nikolaikirche?

11. Warum war das Jahr 929 für Meißen von historischer Bedeutung?

12. Welche Bedeutung haben die Wahrzeichen von Meißen?

13. Was haben Torgau und Schloss Hartenfels gemein (*in common*)?

14. Warum ist der Nationalpark Sächsische Schweiz für Kletterer und Wanderer so attraktiv?

II. Richtig oder falsch? Wenn falsch, korrigieren Sie die falsche Aussage.

1. ___ Die Schlosskirche in Wittenberg liegt nicht mehr in Sachsen, sondern in Sachsen-Anhalt.

2. ___ Die Burg Königstein ist ein wahres Kletterparadies für Bergsteiger.

3. ___ Die Völkerschlacht beendete Napoleons Herrschaft über Deutschland.

4. ___ Die Dresdener Thomaskirche beherbergt heute das Grab von Martin Luther.

5. ___ Die Nikolaikirche steht in der Geschichte Deutschlands symbolisch als Ort der Reformation und Versöhnung.

6. ___ Das Völkerschlachtdenkmal ist eins der größten Denkmäler Europas.

7. ___ Goethe und Auerbachs Keller sind literarisch miteinander verbunden.

8. ___ Der gotische Dom in Meißen besteht aus verschiedenen Bauelementen.

9. ___ Ohne Martin Luther würde man heute wohl kaum die Schlosskirche von Schloss Hartenfels erwähnen.

10. ___ Der Weinwanderweg durch die Sächsische Schweiz begeistert jeden Weinliebhaber.

III. Setzen Sie das richtige Wort oder den richtigen Ausdruck ein.

beherbergt, vorhanden, eingeweiht, gegründet, Stätten, wandeln, Residenz-stadt, Uraufführungen, Untergeschoss, zieren, bekannte sich, Schluchten, Kurfürsten, Markenzeichen, Wiege, Erbe, Ereignis, Gemäldegalerie

1. Das 1286 von Ludwig von Savoyen erbaute Schloss Morges _____ mehrere militärhistorische Museen, darunter das Museum historischer Zinnfiguren mit 10.000 Figuren.

2. Auf dem Glacier 3000 wurde die erste Hängebrücke der Welt _____, die zwei Gipfel miteinander verbindet. Der „Peak Walk" lockt mit grandioser Aussicht auf die Alpen.

3. Am meisten fasziniert an Montreux, wie intensiv das kulturelle _____ und die landschaftliche Kulisse präsent sind.

4. Ein _____ der besonderen Art gibt es jedes Jahr im Herbst zu bestaunen: Der Almabtrieb am Königssee. Wenn der Sommer zu Ende ist, werden die Kühe von den Wiesen des Sees geholt.

5. Die kantonale _____ Giovanni Züst umfasst Kunstwerke vom 17. bis zum 20. Jahrhundert. Die Künstler stammen aus dem Kanton Tessin.

6. Das Germanische Nationalmuseum in Nürnberg wurde 1852 _____ und ist das größte Museum deutscher Kunst und Kultur.

7. Das Herz oder besser gesagt die Herzen des bayerischen Königreichs liegen in Altötting. In der Gnadenkapelle des oberbayerischen Wallfahrtortes werden seit dem 17. Jahrhundert die Herzen der bayerischen Könige, Herzöge und _____ in prächtig verzierten Urnen aufbewahrt.

8. Es ist ein _____ bayerischer Gemütlichkeit, im Biergarten mitgebrachte Brezen, Würschtl und andere Leckereien (*treats*) auf dem Tisch zu verteilen (*to spread*).

9. Im Herzen Bayerns zwischen München, Augsburg und Ingolstadt bietet die ehemalige _____ genauso viel touristische Attraktivität wie die großen Zentren.

10. Hohe Berge und tiefe _____ prägen (*shape*) das Zugspitzland im Süden Bayerns. Neben Deutschlands höchstem Berg—der Zugspitze—und zahlreichen Sehenswürdigkeiten bietet die Region abwechslungsreiche Touren für Wanderer, Radfahrer und Mountainbiker.

11. Als erster Kanton _____ Zürich 1525 offiziell zur Reformation.

12. Durch 19 Städte, von Augsburg in Bayern bis Zeitz in Sachsen-Anhalt, führt die Luther-Tour, die von den „_____ der Reformation" in Deutschland angeregt (*suggested*) wurde.

13. Zum 100. Todestag von Sherlock Holmes wurde das Museum 1991 im _____ der alten englischen Kirche im Dorfzentrum von Meiringen in der Schweiz eröffnet.

14. Richard Wagners _____ der Meisterwerke „Tristan und Isolde", „Die Meistersinger von Nürnberg", „Rheingold" und „Die Walküre" machten die Bayerische Staatsoper der europäischen Musikwelt bekannt.

15. Der Piburger See ist ein Naturjuwel oberhalb von Oetz im Ötztal. Vom Parkplatz aus kommt man in einigen Minuten an den See. Bootsverleih (*rental*) und Restaurants mit Sonnenterrasse sind _____.

16. Auf den Spuren der Salzburger Fürsterzbischöfe (*archbishops*) _____ Besucher im „Domquartier Salzburg", dem Gebäudekomplex aus Residenz und Dom.

17. Immenstadt, die älteste Stadt im Oberallgäu, ist die _____ der Allgäuer Milchwirtschaft (*dairy industry*).

18. Rosen _____ das Wappen der Stadt Rapperswil-Jona am oberen Zürich-see und die öffentlichen Plätze der Stadt, und in den drei Rosengärten blühen diese Blumen in allen möglichen Sorten und Farben.

IV. Wie steht das im Text?

1. Bizarre Bergformationen machen diese Landschaft einzigartig für Leute, die gerne klettern und wandern.

2. Die heutige Frauenkirche war eine Ruine, die im Zweiten Weltkrieg total zerstört wurde.

3. Martin Luther wird sowohl in Städten als auch in Kirchen gefeiert.

4. Wenn heute von Meißen die Rede ist, denkt jeder Deutsche automatisch an Meißener Porzellan und seine Geschichte.

5. In Leipzig denkt man bei diesem Monument an den berühmtesten Bürger der Stadt.

6. Das Völkerschlachtdenkmal wurde dort errichtet, wo Napoleon 1813 endgültig besiegt wurde.

7. Erfurt und Wittenberg waren früher Städte in Sachsen.

8. Die Ideen der Reformation zeigten sich Jahrhunderte später auch in der Friedensbewegung der DDR, die schließlich dazu führte, dass beide deutsche Staaten wiedervereinigt wurden.

9. Die Reformation passierte nicht von heute auf morgen, sondern dauerte längere Zeit, denn die katholische Kirche hatte ihre eigene Hegemonie.

10. Die Semper-Oper ist eine Stätte berühmter Komponisten.

V. Aufgabe und Diskussion.

1. Machen Sie einen Bericht über die Stadt Torgau und ihre Geschichte.

2. Die Landschaft Dresdner Elbtal wurde in das UNESCO-Weltkulturerbe aufge-
    nommen. Berichten Sie von den verschiedenen Landschaften und Städten.

3. Machen Sie einen Kletter- oder Wanderausflug in die Sächsische Schweiz.
    Berichten Sie über die bizarren Bergformationen. Stellen Sie auch die im Text
    erwähnten Wanderwege und Festung Königstein vor.

4. Besuchen Sie die Stadt Leipzig. Sie sollten auf jeden Fall die Nikolaikirche,
    Johann Sebastian Bach, das Völkerschlachtdenkmal und Auerbachs Keller in
    Ihrer Präsentation erwähnen.

5. Meißen war Residenzstadt, ist heute Weinstadt und Ursprung des Meißener
    Porzellans. Die Stadt ist über tausend Jahre alt. Stellen Sie also die Stadt und
    ihre Geschichte vor.

6. Machen Sie einen Abstecher in die Lutherstadt Wittenberg. Stellen Sie die
    Stadt und ihre Geschichte vor.

VI. Schriftliches.

Nach Ihrem Vortrag schreiben Sie ein kleines Essay über Ihre Präsentation. Achten Sie
dabei auf genaue grammatische Formulierungen.

VII. Partnerarbeit.

Das Land Sachsen entdecken bedeutet eine Kulturreise in die deutsche Geschichte.
Martin Luther, Johann Sebastian Bach, großartige Bauwerke des deutschen Barocks
sowie Operngrößen wie Richard Wagner und Richard Strauss lassen das Herz des Besuchers höher schlagen. Entwickeln Sie mit Ihrem Partner ein Interview über die kulturellen „Schätze" in Sachsen. Benutzen Sie die angegebenen Vokabeln und stellen Sie
jeweils (each) fünf Fragen auf, die Ihr Partner dann beantwortet. Nach dem Interview
berichtet jeder von Ihnen, was Sie von Ihrem Partner erfahren haben.

4

Bayern und seine UNESCO-Schätze

aufgelöst	dissolved, terminated	Grenzbefestigung, die	border fortification
Auftrag, der	contract	heiliggesprochen	sainted, canonized
außergewöhnlich	extraordinary	im Volksmund	in colloquial speech
Badeanlage, die	public facility	Lagersiedlung, die	encampment
beieinander	side by side	mit Abstand	by far
bekannt	famous	Pfaffenwinkel, der	land of monasteries
Bestand, der	inventory	schmücken	to decorate, to adorn
denkmalgeschützt	protected as an historic monument	teils	partly
		überragt von	towered over by
dreirangig	consisting of three balconies	umfassen	to comprise
		ungezählt	countless
einheitlich	homogeneous	unversehrt	intact
eng	tight	Verbindungsstraße, die	connecting road
erschlossen	developed	vermutlich	presumably
erteilen	to commission	Verzierung, die	ornamentation
Flügel, der	wing	Wallfahrt, die	pilgrimage
freigelegt	excavated	Wegbereiter, der	forerunner, pioneer
Fürstbischof, der	prince bishop	weitestgehend	to the greatest possible extent
Geländedenkmal, das	field monument		
gesäumt von	lined with	Zivilbevölkerung, die	civilian population
		zu einem großen Teil	in large part

Die Würzburger Residenz, einst Palastsitz der mächtigen Fürstbischöfe der Familie Schönborn, wurde 1981 als eines der einheitlichsten und außergewöhnlichsten barocken Schlösser Europas mit dem wunderschönen Hofgarten und dem Residenzplatz in die Weltkulturerbeliste der UNESCO aufgenommen. Der Architekt Balthasar Neumann erbaute die Würzburger Residenz von 1720 bis 1744.

Sie besteht aus drei Flügeln mit mehr als dreihundert Barock- und Rokoko-Räumen. Das Schloss ist das erste große Highlight für jeden Besucher, der seine Reise entlang der Romantischen Straße im fränkischen Würzburg beginnt. Heutzutage kommen viele Besucher hierhin, und im wunderschönen Hofgarten der Residenz kann man nach all dem Sightseeing schön relaxen, Spazieren gehen oder einfach nur im Biergarten ausruhen.

In mehr als tausend Jahren ist aus Bamberg ein einzigartiges historisches Stadtbild geworden. In der Welterbestadt (1993) ist die Altstadt unversehrt erhalten. Rund 2.400 Häuser sind denkmalgeschützt. Reiche Verzierungen und einzigartige Details schmücken die Fassaden. Die Kaiser- und Bischofsstadt wurde wie Rom auf sieben Hügeln erbaut. Überragt vom Kaiserdom stellt sie ein denkmalgeschütztes Ensemble-Kunstwerk zwischen Mittelalter und

bürgerlichem Barock dar. Die Altstadt umfasst die drei historischen Stadtzentren Berg-, Insel- und Gärtnerstadt. Der Bamberger Dom St. Peter und St. Georg gehört zu den Kaiserdomen und ist mit seinen vier Türmen das dominante Bauwerk der Altstadt. Im Innern befinden sich der Bamberger Reiter, das Grab des einzig heiliggesprochenen Kaiserpaares des Heiligen Römischen Reiches, Heinrich II. und Kunigunde, sowie mit dem Grab Papst Clemens II. das einzige Papstgrab in Deutschland.

Opernhaus in Bayreuth

Seit Juni 2012 zählt auch das Markgräfliche Opernhaus in Bayreuth zur Liste des UNESCO-Weltkulturerbes. Das Gebäude aus dem Jahr 1748 ist ein original erhaltenes Barocktheater. Sein dreirangiger Innenraum gehört zu den schönsten Theatersälen der Welt. Die Oper wurde zur Verlobung des Herzogs Carl Eugen von Württemberg mit

Regensburg

Elisabeth Friederike Sophie von Brandenburg-Bayreuth—der Tochter des Markgrafenpaares—gebaut. Der französische Architekt Joseph Saint-Pierre und der Italiener Giuseppe Galli da Bibiena, der für die Innenausstattung verantwortlich war, errichteten ein repräsentatives Opernhaus. In nur vier Jahren Bauzeit entstand ein Prachtbau, der noch heute genauso beeindruckend ist wie damals.

Regensburg war im Hohen Mittelalter ein politisches Zentrum des Heiligen Römischen Reiches Deutscher Nation und ein blühendes europäisches Handelszentrum. Am 13. Juli 2006 nahm die UNESCO das Ensemble „Altstadt Regensburg mit Stadtamhof" in die Welterbeliste auf. Der Bestand an originaler romanischer und gotischer Architektur ist einzigartig, da die Regensburger Altstadt von den Zerstörungen des Zweiten Weltkriegs weitestgehend verschont geblieben ist. Die Regensburger Altstadt ist die einzige erhaltene mittelalterliche Großstadt Deutschlands. Die Stadt bietet dem Besucher ein authentisches Bild der mittelalterlichen Stadtkultur. In Regensburg findet man im gesamten Stadtgebiet über 1.500 Einzeldenkmäler aus vielen Jahrhunderten.

In der Landschaft zwischen den Flüssen Lech, Ammer und Loisach, dem südlichen Ammersee und dem Süd-Ende des Starnberger Sees bis zu den Ammergauer Bergen liegen Kirchen und Klöster so eng beieinander wie sonst nirgendwo im Lande. Im Volksmund spricht man deshalb vom „Pfaffenwinkel". Die Gegend ist durch die zahlreichen sakralen Sehenswürdigkeiten und das attraktive kulturelle Angebot bekannt geworden. Die berühmteste Kirche ist die Rokoko-Wallfahrtskirche Wieskirche, die 1984 in die Liste der UNESCO-Welterbestätten aufgenommen wurde. Man sollte aber auch das Welfenmünster des ehemaligen Prämonstratenser-Klosters Steingaden besuchen, das im 18. Jahrhundert den Auftrag zum Bau der Wieskirche erteilte.

Die ehemalige Klosterstiftskirche (das Kloster wurde 1803 aufgelöst) in Rottenbuch wurde im Rokoko-Stil erbaut. Die Innenansicht entstand in den Jahren 1737–1746. Das ehemalige Benediktiner Kloster Wessobrunn mit dem Wessobrunner Gebet von 790 als ältestes christliches Gedicht in althochdeutscher Sprache sollte man unbedingt anschauen.

Im Sommer 2005 wurde der Germanisch-Raetische Limes von der UNESCO in die Liste der Welterbe aufgenommen. Das Welterbe Limes ist mit Abstand das größte archäologische Geländedenkmal Mitteleuropas, welches an vielen Stellen touristisch gut erschlossen ist. Die Grenzbefestigung zwischen dem Römischen Reich und Germanien war fast 550 km lang. Es gab Palisaden oder eine vermutlich drei Meter hohe Steinmauer. Der gesamte Limes bestand aus 900 Türmen, die teils aus Holz und teils aus Stein gebaut waren. Außerdem gab es mehr als 60 größere Kastelle. Hundert kleinere Befestigungen mit Lagersiedlungen für die Zivilbevölkerung mit Häusern und Badeanlagen, ungezählte Kilometer Verbindungsstraßen, Brücken und Wege gehörten zum Limes, den man zu einem großen Teil auf fränkischem Boden antrifft. Im Naturpark Altmühltal ist der Limes gesäumt von bedeutenden Bauwerken, die teilweise noch erhalten oder originalgetreu rekonstruiert wurden. Der ungewöhnliche Burgus in Burgsalach, der steinerne Limesturm bei Erkertshofen, das Kastell Vetoniana in Pfünz, oder auch das Kastell Biriciana sowie die freigelegten Thermen in Weißenburg und Bad Gögging sind beeindruckende Zeugnisse einer längst vergangenen Zeit. Auf der Deutschen Limes-Straße, dem Limes-Radweg oder dem Limes-Wanderweg kann jeder seine ganz persönliche Reise durch die Geschichte antreten.

I. Fragen zum Verständnis.

1. Was fand die UNESCO in Bayreuth so interessant?

2. Warum ist das Kloster Wessobrunn von so wichtiger Bedeutung?

3. Warum nahm man die alte Kaiserstadt Regensburg in das UNESCO-Weltkulturerbe auf?

4. Was ist die Gemeinsamkeit zwischen der Wieskirche und der Klosterkirche Steingaden?

5. Warum wurde Bamberg in das Weltkulturerbe aufgenommen?

6. Warum wurde die Würzburger Residenz in die Welterbeliste aufgenommen?

7. Welche zeitlichen architektonischen Epochen umfasst das Schloss?

8. Was soll der Ausdruck „Pfaffenwinkel" bedeuten?

9. Was ist die Bedeutung des Limes?

II. Richtig oder falsch? Wenn falsch, korrigieren Sie die falsche Aussage.

1. ___ Die alte Kaiserstadt Regensburg wurde wegen ihrer intakten Barockfassaden in das Weltkulturerbe aufgenommen.

2. ___ Die Würzburger Residenz wurde in der Zeit des Barock errichtet.

3. ___ Das Kloster Wieskirche erteilte den Auftrag zum Bau des Welfenmünsters in Steingaden.

4. ___ Bamberg begeistert den Besucher mit seinen intakten Fassaden und
    Häusern aus dem Mittelalter und dem Barock.

5. ___ Die beiden Dome St. Peter und St. Georg dominieren die Altstadt von
    Bamberg.

6. ___ Der Limes ist 550 km lang und trennt Süddeutschland von
    Norddeutschland.

III. Setzen Sie das richtige Wort ein.

Aufträgen, Badeanlagen, freigelegt, unversehrtes, Schmücken, Grenzbefestigung, bekannt, einheitlich, erschlossen, beieinander, Wallfahrten, denkmalgeschützten, außergewöhnliche, aufgelöst

1. Die Nationalversammlung wurde am 5. Dezember 1848 vom König
    _____.

2. Während seines Studiums lebte Oskar Kokoschka, österreichischer Maler und
    Wegbereiter des Expressionismus, von kleinen _____.

3. „Genieße die _____ kulturelle Vielfalt aus Kunst, Kultur, Architektur,
    Theater, Musik, Tanz, Nightlife, Performance, Kinderkultur sowie gutem
    Essen und Trinken", lautet die Parole (*slogan*) des Wiener Neo-Kulturviertels.

4. Bei seiner Eröffnung 1914 zählte das Stadtbad Neukölln (Berlin) zu den
    schönsten _____ Europas.

5. Alt und Neu liegen in Fribourg unmittelbar _____. Moderne Architektur wechselt sich mit mittelalterlichen Städten ab.

6. Im pittoresken mittelalterlichen Stadtbild Rothenburgs liegt das 4-Sterne-
    Hotel Eisenhut, das seinen Gästen stilvolles Ambiente im _____
    Ensemble bietet.

7. Weltweit _____ und beliebt sind die prachtvollen Schlösser des bayerischen Märchenkönigs Ludwig II.

8. Im Freiburger Land gibt es weit über 100 km _____ markierte Schneeschuhtrails für ein stilles Wintererlebnis.

9. Obwohl die Alpen touristisch weitgehend _____ sind, gibt es immer
    noch fast unbekannte Plätze zu entdecken.

10. Mehr als 100 archäologische Stätten unter der Erde oder unter dem Wasser des
    Sees (Neuchâtel) wurden in den letzten Jahren entdeckt und _____. Sie
    decken die Zeit von den Neandertalern bis zum Mittelalter ab.

11. Für den Kanton Graubünden wurden die Reste der Schweizer _____ von 1914–18 auf dem Umbrailpass zur archäologischen Fundstelle des Monats.

12. Das _____ der Dorfbrunnen (*village wells*) zu Ostern hat in der Fränkischen Schweiz eine lange Tradition.

13. Das 800-jährige Landshut bietet ein vielfältiges _____ geschichtsträchtiges Altstadtensemble.

14. Die _____ nach Ziteil in der Schweiz (auf 2.434 m ü. M.) gehen zurück auf das Jahr 1580, als der Legende nach eine weiß gekleidete Frau einem achtzehnjährigen Mädchen erschien.

IV. Wie steht das im Text?

1. Wenn man sich für alte deutsche christliche Literatur interessiert, sollte man unbedingt dieses Kloster besichtigen.

2. In Süddeutschland liegen die Städte nicht sehr weit voneinander entfernt. Jede Stadt hat ihre eigene Kirche und manche auch ein Kloster. Deshalb macht man sich in der Umgangssprache über diese Tatsache ein wenig lustig.

3. Wenn man sich entspannen will, kann man sich im Barockgarten ausruhen oder auch ein Bier trinken gehen.

4. Als Opernfreund und Freund des Barocks sollte man unbedingt einen Besuch in Bayreuth einplanen, denn das Opernhaus begeistert heute genauso wie früher.

5. Der Bamberger Dom hat eine große historische Bedeutung für die Kirche und die Geschichte Deutschlands.

6. Wenn man heute Regensburg besucht, sieht man überall Zeugnisse aus dem Mittelalter.

V. Aufgabe und Diskussion.

1. Machen Sie eine Barockreise nach Würzburg und besuchen Sie die Würzburger Residenz, den Hofgarten und die Kapelle im Schloss. Machen Sie eine Führung durch das Innere des Schlosses und auch die Gartenanlagen. Danach

fahren Sie auf das Käppele oberhalb von Würzburg. Beschreiben Sie diese Wallfahrtskirche und den Blick auf die Festung und die Stadt.

2. Bamberg ist Ihr nächstes Ziel. Die Altstadt bietet viele Gebäude aus dem Mittelalter und dem Barock. Besichtigen Sie auch den Dom.

3. Der Limes war die Grenze zwischen Germanien und dem Römischen Reich. Was können Sie dem Besucher empfehlen? Berichten Sie von mehreren Stätten (*sites*) und zeigen Sie den Befestigungswall.

4. Rokoko und Barock sind besonders in Süddeutschland beheimatet. Fahren Sie in den Pfaffenwinkel und besichtigen Sie mehrere Städte und Klöster. Wie sieht das Wessobrunner Gebet aus? Wovon handelt es? Warum zieht es die Besucher nach Steingaden und zur Wieskirche?

5. Die alte Kaiserstadt Regensburg begeistert mit ihrem mittelalterlichen Stadtbild. Führen Sie den Besucher über die Steinerne Brücke zum Regensburger Dom. Dann machen Sie eine Stadtführung durch die Altstadt.

6. Der Opernfan möchte unbedingt nach Bayreuth und Wagners Geburtsort kennenlernen. Machen Sie eine Führung durch Bayreuth und besichtigen Sie das alte Opernhaus. Die Wagner Festspiele finden in Bayreuth statt. Was können Sie dazu sagen?

VI. Schriftliches.

Nach Ihrem Vortrag schreiben Sie ein kleines Essay über Ihre Präsentation. Achten Sie dabei auf genaue grammatische Formulierungen.

VII. Partnerarbeit.

In Bayern repräsentieren berühmte Städte wie Würzburg, Bamberg, Bayreuth und Regensburg deutsche Geschichte wie auch deutsche Kunst. Das Barock und seine Außen- und Innenarchitektur sind besonders in Kirchen und Klöstern zu finden. Dieses reichhaltige Sortiment sowie „Limes" Bodendenkmäler wurden in das UNESCO-Welterbe aufgenommen. Machen Sie mit Ihrem Partner ein Interview über Bayerns faszinierende Eindrücke. Benutzen Sie die angegebenen Vokabeln und stellen Sie jeweils (*each*) fünf Fragen auf, die Ihr Partner dann beantwortet. Nach dem Interview berichtet jeder von Ihnen, was Sie von Ihrem Partner erfahren haben.

5

Schlösser und Burgen in Baden-Württemberg

beschädigt	*damaged*	Kurfürst, der	*elector*
Bilderbuch, das	*storybook*	locken	*to attract*
Blitzeinschlag, der	*lightning strike*	Pfalzgraf, der	*count palatine*
einrichten	*to furnish*	prächtig	*splendid*
Erbfolgekrieg, der	*war of succession*	Rittersaal, der	*knights' hall*
erhalten	*to maintain*	Seltenheit, die	*rarity*
erweitern	*to expand*	Stammsitz, der	*ancestral seat*
Festung, die	*fortress*	stimmungsvoll	*atmospheric*
geraten	*to get caught in*	umgeben	*surrounded*
Gesamtkunstwerk, das	*all-encompassing work of art*	üppig	*lush*
		verfallen	*to deteriorate*
geschichtsträchtig	*steeped in history*	verlegen	*to relocate*
Herrschaftsgeschlecht, das	*dynasty*	verspielt	*playful*
		Vorberg, der	*foothill*
Inbegriff, der	*perfect example*	Wirtschaftshof, der	*service buildings*

Heute noch locken großartige Burgen und Schlösser in Baden-Württemberg tausende Besucher nach Heidelberg, Ludwigsburg, Schwetzingen, Weikersheim und auf die Burg Hohenzollern.

Im 13. Jahrhundert bauten die Pfalzgrafen bei Rhein und späteren Kurfürsten oberhalb von Heidelberg ihre erste Residenz. Aus der mittelalterlichen Burg wurde Jahrhunderte später ein repräsentatives Schloss. Im 17. Jahrhundert geriet die Pfalz in den Dreißigjährigen Krieg und in den Pfälzischen Erbfolgekrieg. Französische Truppen bombardierten mehrmals hintereinander die dicken Mauern. Im 18. Jahrhundert interessierten sich die Kurfürsten nicht mehr für das stark beschädigte Schloss. Sie verlegten ihre Residenz nach Mannheim. Die Schlossgebäude verfielen von nun an immer mehr und brannten 1764 nach zwei Blitzeinschlägen aus. Um 1800 verstanden Reisende, Maler und Poeten die malerischen Überreste von Schloss Heidelberg als Inbegriff einer romantischen Ruine. In Gedichten, Liedern und Bildern setzten sie der Burg ein stimmungsvolles Denkmal. Nur langsam entwickelte sich auch ein Bewusstsein, die geschichtsträchtige Schlossruine zu erhalten. Schloss Ludwigsburg spielt eine wichtige Rolle in der Geschichte des Landes. Bei einem Rundgang erlebt der Besucher Impressionen vom üppigen Barock über das verspielte Rokoko bis hin zum eleganten Klassizismus. Eine Besonderheit ist das Schlosstheater aus dem Jahr 1758. Mehrere

Museen und Dauerausstellungen im Schloss bieten Einblicke in das Lebensgefühl vergangener Zeiten. In der Barockgalerie können Meisterwerke der barocken Malerei bewundert werden. Lebendig ist das Barock auch in dem großen Park, der das Schloss auf drei Seiten umgibt. In den Chroniken aus dem 14. Jahrhundert ist zum ersten Mal die Rede von einer ritterlichen Wasserburg in Schwetzingen. Kurfürst Ludwig V. baute diese Festung 200 Jahre später zu einem Jagdschloss um. Im Dreißigjährigen Krieg wurde das Schloss jedoch stark zerstört. Kurfürst Carl Ludwig ließ es ab 1655 für seine Geliebte und zweite Gemahlin Luise von Degenfeld wieder aufbauen und prächtig einrichten. Nur 35 Jahre später—im Pfälzischen Erbfolgekrieg—wurde das Schloss erneut zerstört. Kurfürst Johann Wilhelm ließ das Schloss nicht nur wieder aufbauen, sondern auch erweitern. Kurfürst Carl Philipp legte in der ersten Hälfte des 18. Jahrhunderts einen Schlossgarten an. Sein Nachfolger Carl Theodor schuf das heute noch erhaltene, faszinierende Gesamtkunstwerk Schwetzingen.

Geschichtlich lässt sich das heutige Schloss Weikersheim auf das Jahr 1153 datieren, denn in den Urkunden wird eine Wasserburg erwähnt. Der noch heute erhaltene Burgturm stammt aus dieser Zeit. Die Burg war also schon im Mittelalter von dem Herrschaftsgeschlecht der Hohenlohes bewohnt. Aus einer Wasserburg entwickelte sich in der Renaissance eine der schönsten Residenzen der Zeit. Um 1600 wurde Schloss Weikersheim unter dem Grafenpaar Wolfgang II. und Magdalena von Hohenlohe neu aufgebaut. Damals entstand der berühmte Rittersaal. Schloss Weikersheim gilt als die Perle der hohenlohischen Schlösser. In der ersten Hälfte des 18. Jahrhunderts bauten Graf Carl Ludwig und seine Frau Elisabeth Friederike Sophie das Schloss zur barocken Residenz aus. Das schönste Zeugnis dieser Zeit ist der barocke Schlossgarten mit seinen Springbrunnen, den unzähligen Figuren und der

Orangerie. Kaum irgendwo ist das Barockerlebnis so natürlich wie im Schlossgarten Weikersheim. Berühmt und eine Seltenheit ist die „Zwergengalerie", eine Gruppe von Zwergfiguren im Schlossgarten.

Hoch oben auf einem Vorberg der Schwäbischen Alb thront die „Bilderbuchburg"—Burg Hohenzollern. Die Burg liegt in Hechingen, ca. 65 km im Süden von Stuttgart. Die Burg Hohenzollern ist der Stammsitz der preußisch-brandenburgischen wie der fürstlich-katholischen Linie des Hauses Hohenzollern. Sie zählt zu den schönsten und meist besuchten Burgen Europas. Die prachtvolle Anlage sowie das Burgmuseum mit Schatzkammer und zahlreichen Raritäten sind ein Erlebnis. In der Schatzkammer findet man neben der preußischen Königskrone zahlreiche Erinnerungsstücke an Friedrich den Großen, die unvergessene Königin Luise und weitere Persönlichkeiten der deutschen Geschichte, die eng mit der des Hauses Hohenzollern verbunden ist. Das Stammland preußischer Könige und deutscher Kaiser erstreckt sich vom oberen Neckar im Norden über das Donautal bis in die Nähe des Bodensees im Süden. Jedes Jahr findet hier der Königliche Weihnachtsmarkt im Burginnenhof, Burggarten und Wirtschaftshof statt.

I. Fragen zum Verständnis.

1. Warum ist die Burg Hohenzollern bei den Besuchern so beliebt?

2. Welche Besichtigungen der Burg würden Sie empfehlen? Informieren Sie sich auch im Internet.

3. Welche Beispiele für das Barock bietet das Schloss Weikersheim? Informieren Sie sich auch im Internet.

4. Woran kann man erkennen, dass das Schloss Weikersheim früher eine Festung war?

5. Wie hat das Schloss Schwetzingen die Jahrhunderte überdauert?

6. Warum ist der Besucher auch heute noch so beeindruckt?

7. Warum würden Sie einen Rundgang durch das Schloss Ludwigsburg empfehlen? Informieren Sie sich auch im Internet.

8. Von wann bis wann hätte man das Heidelberger Schloss in seinem Glanz erleben können?

9. Warum wurde Mannheim Residenzstadt?

10. Warum fühlten sich Künstler vom Heidelberger Schloss inspiriert?

II. Richtig oder falsch? Wenn falsch, korrigieren Sie die falsche Aussage.

1. ___ Die Burg Hohenzollern ist der mittelalterliche Stammsitz des Herrschafts-geschlechts der Hohenlohes.

2. ___ Das Heidelberger Schloss verlor seine Bedeutung durch den Dreißigjähri-gen Krieg.

3. ___ Bei einem Rundgang durch das Schloss Ludwigsburg fällt dem Besucher der klassizistische Baustil auf.

4. ___ Die preußische Königskrone befindet sich in der Schatzkammer auf der Burg Hohenzollern und ist der Inbegriff einer unvergesslichen histori-schen Epoche.

5. ___ Die ehemalige ritterliche Wasserburg in Schwetzingen entwickelte sich in der Renaissance zu einer der schönsten Residenzen der Zeit.

6. ___ Preußen war das Stammland der deutschen Könige und Kaiser.

III. Setzen Sie das richtige Wort ein.

Gesamtkunstwerk, Kurfürsten, Erbfolgekriegs, prächtige, erhalten, Festung, Inbegriff, erweitern, Herrschaftsgeschlecht, geschichtsträchtige, Pfalzgrafen, Blitzeinschläge, stimmungsvolle, üppig, Rittersaal, einrichten, verspieltes, umgeben, verlegten, lockt, beschädigt, gerieten, Seltenheit, verfallene, Vorberge, Stammsitz, Wirtschaftshof, Bilderbuch

1. Gönnen Sie sich ein paar Tage Urlaub und fahren Sie mit der Bahn durch die _____ der Schwäbischen Alb.

2. Wer die Seen der wunderbaren Kärntner _____-Landschaft aus einer anderen Perspektive erleben will, steigt einfach auf einen Berg und blickt ins Tal.

3. Bei der Renovierung der Burg wurde auch der _____ restauriert.

4. Viele Jahre lebten Alexander und Wilhelm von Humboldt in einem 1558 errichteten Renaissance-Schloss, dem _____ der Humboldts.

5. In Berlin wird hochklassige Musical-Unterhaltung geboten. Warteschlangen an den Abendkassen sind keine _____.

6. Und wer sich lieber neu _____ statt einkleiden will, sollte sich im Ampelmann Shop, bei Schönhauser Design oder im Berlinomat umschauen.

7. Im Schlosshotel Steinburg in Würzburg kann man auch im _____ heiraten.

8. Die Hohenzoller, ein _____ aus dem Schwabenland, hatten ihren Stammsitz in Baden-Württemberg.

9. Bamberg hat sich in mehr als 1.000 Jahren zu einer einzigartigen historischen Stadt entwickelt, in der viele denkmalgeschützte Häuser und das jahrhundertealte Gärtnerviertel ein _____ bilden.

10. Entdecken Sie Kulturgeschichte in der traumhaften Landschaft um Pfronten herum und _____ Sie Ihren Horizont auf acht thematisch unterschiedlichen Wanderrouten.

11. Mit dem Schloss Neuschwanstein verbindet man König Ludwig II. und Bayern. Der _____ eines Märchenschlosses zählt zu den bekanntesten und beliebtesten Sehenswürdigkeiten Deutschlands.

12. Von Weinbergen umgeben und direkt am Main liegt Würzburg. Oberhalb der Stadt befindet sich das Wahrzeichen Würzburgs, die _____ Marienberg.

13. In der Zeit des österreichischen _____ (1742) plünderte und verwüstete Franz von der Trenck das ostbayerische Gebiet im Namen der Österreichischen Kaiserin Maria Theresia.

14. Zwischen Mannheim und Prag gibt es viele Burgen, Burgruinen und Schlösser und sie präsentieren sich als _____ Zeugen der Vergangenheit.

15. Erleben Sie Oberpfälzer Bierkultur auf dieser entspannten zweitägigen Rundtour. Entdecken Sie traditionelle Brauereien und gemütliche Biergärten _____ von wunderbarer Natur.

16. Romantische Gassen, _____ Fachwerk und mittelalterliche Bauwerke—Rothenburg ob der Tauber ist sicherlich ein mittelfränkisches Juwel.

17. Das Passauer Land ist die Heimat bayerischer Traditionen, bester bayerischer Biere und kulinarischer Besonderheiten. Weiß-blau der Himmel, malerisch die Natur und besonders _____ die barocken Kirchen von innen und von außen.

18. Memmingen ist eine der wenigen Städte Schwabens, die sich einen geschlossenen mittelalterlichen Kern _____ konnte.

19. Nürnberg ist eine Stadt mit über 950 Jahren Geschichte. _____ Häuser, die Kaiserburg, große Sakralbauten und der Handwerkerhof gehören ebenso zum „Besucher-Muss" wie die Museumslandschaft mit über 30 Häusern.

20. Burghausen macht Bayern besonders attraktiv. Die _____ Altstadt und die weltlängste Burg geben dieser Stadt etwas ganz Besonderes.

21. Die Germanen verehrten den Donnergott Donar und auch die heilige Eiche. Die _____ in die Eiche verstanden die Germanen als Warnung ihres Gottes.

22. Am Rhein kann man viele wunderschöne Burgen bewundern, aber es gibt auch _____ Ruinen, die nicht mehr wiederaufgebaut wurden.

23. Im 15. und 16. Jahrhundert begann man mit dem Bau von Schlössern auf dem Land oder in der Stadt. Prinzen und auch Bischöfe _____ ihren Wohnsitz in diese großartigen Residenzen.

24. Viele der Empire-Möbel in der Würzburger Residenz wurden beim Bombenangriff im Zweiten Weltkrieg stark _____.

25. Im Dreißigjährigen Krieg _____ viele Städte in die Interessenskonflikte der kriegführenden Nationen.

26. Die Stadt Salzburg ist bei Touristen sehr beliebt und besonders das Mozarthaus _____ die Besucher in die Getreidegasse.

27. Seit dem 13. Jahrhundert wurde der römisch-deutsche König von sieben _____, drei geistlichen und vier weltlichen, gewählt.

28. Im Zeitalter der Karolinger gab es eine Amtsperson, die sich um administrative Angelegenheiten am königlichen Hof oder auch um die Kaiserpfalz kümmerte. Später übernahmen diese Verwalter auch Herzogtümer und man nannte sie _____.

IV. Wie steht das im Text?

1. Der Wiederaufbau des stark zerstörten Schlosses war wohl zu kostspielig und deshalb verlegte man die Residenz der Fürsten in eine andere Stadt.

2. Die deutsche Literatur hat dem Heidelberger Schloss über die Jahre ein Denkmal gesetzt.

3. In zwei relativ nah aneinander liegenden Kriegen wurde dieses Schloss zweimal zerstört, aber auch prächtig wieder aufgebaut.

4. Dauerausstellungen dokumentieren den Zeitgeist vieler Epochen.

5. Das Schloss Ludwigsburg ist deshalb so interessant, weil man hier gleich drei verschiedene Epochen deutscher Kulturgeschichte erleben kann.

6. Der Dreißigjährige Krieg hinterließ auch bei deutschen Burgen und Schlössern seine Spuren.

7. Das Zeitalter des Barock war besonders in den Gartenanlagen der Schlösser prävalent.

V. Aufgabe und Diskussion.

1. Besuchen Sie die Burg Hohenzollern. Was können Sie über die geschichtliche Bedeutung der Hohenzoller herausfinden? Machen Sie einen Rundgang durch die Burg und berichten Sie von den Räumen, die den Besuchern zugänglich sind.

2. Welche zusätzlichen Informationen bietet das Internet über das Schloss Weikersheim? Benutzen Sie die Informationen im Text und machen Sie eine Reise durch die Jahrhunderte. Zeigen Sie auch die Veränderungen der prächtigen Gartenanlagen auf.

3. Besuchen Sie die Stadt und das Schloss Schwetzingen. Wie kann man das Schloss historisch einordnen? Welche Unterlagen lassen sich im Internet finden? Stellen Sie das Schloss von innen und von außen vor.

4. Schloss Ludwigsburg lässt drei verschiedene Epochen wieder aufleben. Machen Sie einen Rundgang und zeigen Sie an Beispielen, wie man das Barock, das Rokoko und den Klassizismus in das Schloss integriert hat.

5. Das Heidelberger Schloss war früher eine Burg. Was lässt sich in Chroniken oder Bildern aus der Zeit über die Schlossentwicklung finden? Welche historische Bedeutung hatte das Schloss? Warum zieht es immer wieder Touristen aus aller Welt an?

VI. Schriftliches.

Nach Ihrem Vortrag schreiben Sie ein kleines Essay über Ihre Präsentation. Achten Sie dabei auf genaue grammatische Formulierungen.

VII. Partnerarbeit.

Die Burgen und Schlösser in Baden-Württemberg repräsentieren das Mittelalter, das Barock, das Rokoko und den Klassizismus. Die Gartenanlagen dieser architektonischen Juwelen sind besonders reizvoll. Machen Sie mit Ihrem Partner ein Interview über die Burgen und Schlösser in diesem Bundesland. Benutzen Sie die angegebenen Vokabeln und stellen Sie jeweils (each) fünf Fragen auf, die Ihr Partner dann beantwortet. Nach dem Interview berichtet jeder von Ihnen, was Sie von Ihrem Partner erfahren haben.

Der Kölner Dom als Wahrzeichen von Nordrhein-Westfalen

allerdings	*however*	**Heilsgeschichte, die**	*history of salvation*
Auszug, der	*extract*	**mit Vorliebe**	*preferably*
Bauphase, die	*building phase*	**nach und nach**	*gradually*
beeindruckend	*impressive*	**Schatzkammer, die**	*treasure chamber*
dreischiffig	*three-naved*	**überdauern**	*to endure*
Einzigartigkeit, die	*uniqueness*	**Wallfahrtskirche, die**	*pilgrimage church*

Der Kölner Dom ist ein Wahrzeichen des Landes Nordrhein-Westfalen. Die UNESCO erkannte die Einzigartigkeit des Doms, und deshalb setzte man ihn 1996 auf die Weltkulturerbeliste. Die Bauphase des Doms überdauerte mehrere Jahrhunderte. Die Grundsteinlegung erfolgte im Mittelalter, genauer gesagt im Jahre 1248. Der Dom konnte allerdings erst um 1880 fertiggestellt werden. In ganz Europa kennt man den Dom als Wallfahrtskirche. Sein Ursprung geht in eine Zeit zurück, als man mit Vorliebe gotische Kathedralen baute. Ein besonderes Merkmal der Gotik sind die schönen bunten Fenster, auf denen man viele Glasmalereien findet, die natürlich erst nach und nach entstanden. Das älteste Fenster stammt aus dem 13. Jahrhundert. Auf diesen Malereien sind Heilige, biblische Figuren und Auszüge aus der Heilsgeschichte abgebildet.

Kölner Dom

Im Zweiten Weltkrieg wurde der Dom von außen sehr beschädigt. Das Innere des Doms zeigte jedoch, dass einige wertvolle Reliquien und Werke den Bomben nicht zum Opfer gefallen waren. Der Dreikönigsschrein, der wie eine dreischiffige goldene Kathedrale aussieht, stammt aus dem Mittelalter. Heute gilt diese Arbeit als eine der beeindruckendsten Goldschmiedearbeiten des Mittelalters in Europa. Pilger und Besucher aus aller Welt kommen seit 1164, um

am Dreikönigsschrein zu beten. Viele Touristen besuchen auch die Schatzkammer des Doms, denn dort befinden sich wertvolle kirchliche Reliquien und Ikonen aus 1700 Jahren. Der Kölner Dom gilt in Deutschland als beliebteste Sehenswürdigkeit, denn jedes Jahr kommen mehr als 6 Millionen Besucher, um diese einzigartige Atmosphäre zu erleben.

I. Fragen zum Verständnis.

1. Wie wissen wir, dass der Kölner Dom sehr beliebt ist?

2. Warum ist die Schatzkammer historisch relevant?

3. Was erfahren Sie über den Dreikönigsschrein?

4. Was kann man heute auf den Glasmalereien entdecken?

5. In welch einer Zeit hat man mit Vorliebe Glasmalereien hergestellt?

6. Wie lange hat man am Kölner Dom gebaut?

7. Was ist älter als der Dom?

8. Warum hat die UNESCO die Kathedrale als Weltkulturerbe bezeichnet?

II. Richtig oder falsch? Wenn falsch, korrigieren Sie die falsche Aussage.

1. __ Als Sehenswürdigkeit steht der Kölner Dom in Deutschland an erster Stelle.

2. __ Der Kölner Dom wurde 1996 vollendet.

3. __ Der Grundstein wurde 1164 gelegt.

4. __ Im Zweiten Weltkrieg wurde der Dom total zerstört.

5. __ Kirchenfenster mit Glasmalereien stammen meistens aus der Gotik.

6. __ Gotische Kathedralen wurden im Mittelalter gebaut.

7. __ Der Dom gilt als Wallfahrtskirche.

8. __ Die Bauphase des Doms umfasste 700 Jahre.

III. Setzen Sie das richtige Wort oder den richtigen Ausdruck ein.

Wallfahrtskirche, überdauert, nach und nach, Einzigartigkeit, mit Vorliebe, Auszug, Heilsgeschichte, beeindruckende, Schatzkammer, dreischiffige

1. Alles, was in der Welt _____ aufweist, wird in die Weltkulturerbeliste aufgenommen.

2. Wenn man die Hofburg in Wien besucht, sollte man unbedingt in die _____ gehen, denn dort kann man die Krone Karls des Großen besichtigen.

3. Rothenburg ob der Tauber ist eine Stadt, die viele _____ Zeugnisse aus dem Mittelalter vorweisen kann.

4. Wenn man einen _____ aus dem Gesamttext herausnimmt, hat er eine andere Bedeutung.

5. Das Gut Hafnerleiten in der Nähe von Bad Birnbach ist nicht nur die erste Kochschule Niederbayerns, sondern auch der ideale Erholungsort für Natur-liebhaber _____ für außergewöhnliche Wohnkonzepte.

6. Bis heute kommt das österreichische Salz aus dem Altaussee bei Hallein, wo der Schatz aus dem Urmeer über 250 Millionen Jahre _____ hat.

7. Maria Laach, eine bekannte deutsche _____, ist das Ziel vieler Pilger und Besucher.

8. Bei der Sakralen Tour im Stift Klosterneuburg bei Wien entdeckt man die Welt des Mittelalters in dem kunsthistorisch bedeutenden Verduner Altar (aus dem 12. Jahrhundert) mit seinen 51 Email-Tafeln, die die _____ erzählen.

9. Das Berner Münster St. Vinzenz ist das beeindruckendste spätgotische Bau-werk der Stadt und die größte, wichtigste spätmittelalterliche Kirche der Schweiz. Die _____ Basilika ohne Querschiff thront über den Dächern der Berner Altstadt.

10. Im Mittelalter wurde alles von Hand produziert, und deshalb konnten die herrlichen bunten Glasmalereien erst _____ erstellt werden.

IV. Wie steht das im Text?

1. Eine besondere Kirche erfreut sich in Deutschland großer Beliebtheit, und man kann das an den jährlichen Besucherzahlen sehen.

2. Wertvolle Gegenstände aus dem Altertum lassen sich in Kathedralen finden.

3. Die großen Kirchenfenster weisen Beispiele der Heilsgeschichte auf.

4. In einer bestimmten Bauphase wurde mit Vorliebe mit bunten Fenstern gearbeitet.

5. Man hat mehr als 600 Jahre an der Fertigstellung des Doms gebaut.

6. In jedem Bundesland gibt es historische Bauwerke, die eine Repräsentanz ausstrahlen.

V. Aufgabe und Diskussion.

1. Erstellen Sie eine Zeittabelle, in der Sie die Bauphase des Doms und alle wichtigen Daten kurz beschreiben.

2. Suchen Sie Webseiten, die die Geschichte des Doms und auch dreidimensionale Ansichten anbieten.

3. Vergleichen Sie den Kölner Dom mit anderen gotischen Kathedralen in Deutschland, Österreich und der Schweiz.

VI. Schriftliches.

Nach Ihrem Vortrag schreiben Sie ein kleines Essay über Ihre Präsentation. Achten Sie dabei auf genaue grammatische Formulierungen.

VII. Partnerarbeit.

Der Kölner Dom begeistert Menschen aus aller Welt. Entwickeln Sie mit Ihrem Partner ein Interview über den Dom und seine Geschichte. Benutzen Sie die angegebenen Vokabeln und stellen Sie jeweils (*each*) fünf Fragen auf, die Ihr Partner dann beantwortet. Nach dem Interview berichtet jeder von Ihnen, was Sie von Ihrem Partner erfahren haben.

Eau de Cologne und die Stadt Köln

begehren	to desire	Notlüge, die	white lie
bestätigen	to confirm	sich durchsetzen	to prevail
bestehen	to exist	sich eines guten Rufes	to enjoy a good
Bildhauer, der	sculptor	erfreuen	reputation
Destille, die	distillery	sich verdient machen	to render a service
Duft, der	aroma	Siegel, das	seal
ein Denkmal setzen	to build a memorial	überdauern	to survive
erschnuppern	to catch a whiff	verabschieden	to adopt
Etage, die	floor	vermitteln	to convey
Fälschung, die	forgery	vertuschen	to camouflage
Lagerung, die	storage	Zedernholzfass, das	cedar keg
Markenschutzgesetz, das	trademark law	Zeitgenosse, der	contemporary
Moschus, das	musk	Zibet, der	civet
Nachbau, der	replica		

Die heute älteste Eau de Cologne- und Parfümfabrik der Welt wurde im Jahr 1709 von dem Parfümeur Johann Maria Farina (1685–1766) in Köln gegründet. Farina kreierte einen Duft, der ihn an seine italienische Heimat erinnerte. „Mein Duft ist wie ein italienischer Frühlingsmorgen nach dem Regen. Er erfrischt mich, stärkt meine Sinne und Phantasie". In einer seiner Korrespondenzen aus dem Jahre 1742 war die Rede von „Eau de Cologne", einem Namen, der sich durchsetzte und bis heute gehalten hat.

Zu Ehren seiner neuen Heimatstadt nannte Farina den Duft „Eau de Cologne" und machte Köln damit als Duftstadt weltberühmt. Die Stadt ehrte ihren Bürger mit einer Steinfigur, die sich als eine von 124 Steinfiguren am Ratsturm befindet. Farinas Figur findet man im zweiten Obergeschoss, denn hier ehrt die Stadt Köln solche Mitbürger, die sich besonders um das Wohl der Stadt verdient gemacht haben. Olaf Höhnen, Bildhauer,

Grafiker und Maler, schuf diese Steinfigur. Neben Farina setzte er auch Heinrich Böll, Max Bruch und Kaiser Otto IV. am Ratsturm ein Denkmal.

Wenn man im 18. Jahrhundert von Eau de Cologne sprach, meinte man den Duft von Farina, der bei den europäischen Fürsten- und Königshäusern sehr beliebt war. Zahlreiche Hoflieferantentitel aus der Zeit können das bestätigen. Der Kölner Kurfürst Clemens August benutzte ihn ebenso wie Kaiser Karl VI. und seine Tochter Maria Theresia, Friedrich der Große und Kaiser Napoleon. Selbst der französische Dichter Voltaire lobte das Eau de Cologne als einen Duft, der den Geist inspiriert.

Das Familienunternehmen besteht heute in der 8. Generation. Das Siegel, die Rote Tulpe, garantiert auch heute noch die Echtheit und Qualität des Produktes, das nach dem geheimen Familienrezept aus natürlichen Essenzen hergestellt wird. Das Unternehmen ist auch heute noch im historischen Farina-Haus in der Kölner Innenstadt zu finden, wo jeder Besucher den erfrischenden Duft genießen kann. Auf mehreren Etagen werden im Duft-Museum die Geschichte und die Produktionsmethoden des berühmtesten Wassers der Welt gezeigt. Ein Zedernholzfass zur Lagerung des exklusiven Duftes aus den Anfängen der Firma hat die Zeit überdauert. Der Nachbau einer Destille, wie sie von Farina im 18. Jahrhundert benutzt wurde, demonstriert die hohe Kunst des Destillierens. Dokumente und Bilder zahlreicher Fälschungen und Plagiate des Produktes beweisen, dass es damals noch keine Markenschutzgesetze gab.

Im Essenzenraum dürfen die Besucher die verschiedenen ätherischen Öle erschnuppern. Erklärungen zur Gewinnung der kostbaren Essenzen und der Herstellung eines Parfüms vermitteln einen Eindruck vom Schaffen, von der Kreativität und dem Talent eines Parfümeurs. Als der italienische Einwanderer Farina am 13. Februar 1709 seinem Unternehmen den klangvollen Namen „Johann Maria Farina gegenüber dem Jülichplatz gegr. 1709" gab, konnte er nicht ahnen, dass man von diesem Ereignis noch dreihundert Jahre später sprechen würde. In seinem Geschäft gegenüber vom Rathaus verkaufte er anfangs Luxusartikel aller Art, zu denen auch Parfüm gehörte. In unseren Breitengraden war man zu dieser Zeit nur schwere Düfte wie Moschus und Zibet gewöhnt, mit denen man versuchte, den eigenen Körpergeruch zu überdecken.

I. Fragen zum Verständnis.

1. Was war die Aufgabe des Essenzenraums?

2. Was hat die Jahrhunderte überdauert?

3. Warum sollte man unbedingt das Duft-Museum besuchen?

4. Warum führt ein Produkt ein Siegel?

5. Welche Beweise für die Beliebtheit des Parfüms gibt es?

6. Wo werden auch heute noch Farina-Produkte hergestellt?

7. Welche Absicht hatte Farina mit dem Namen des Produktes?

8. Warum ehrte die Stadt Köln ihren Mitbürger?

9. Wie versuchte man damals den Körpergeruch zu vertuschen?

10. Wie kam Farina auf die Idee, gerade diesen Duft zu kreieren?

II. Richtig oder falsch? Wenn falsch, korrigieren Sie die falsche Aussage.

1. ___ Moschus und Zibet waren die Düfte der Zeit.

2. ___ Markenschutzgesetze verhinderten Plagiate.

3. ___ Seit mehr als 300 Jahren gibt es Eau de Cologne.

4. ___ Zedernholzfässer wurden zur Lagerung des Parfüms benutzt.

5. ___ Ohne ein Siegel weiß man nicht, ob ein Produkt echt ist.

6. ___ Ein Parfümeur brauchte zur Herstellung seines Parfüms keinen Essenzen-raum, sondern nur ätherische Öle.

7. ___ Das Parfüm erfreute sich bei den Zeitgenossen eines guten Rufes.

8. ___ Farinas Steinfigur befindet sich im dritten Obergeschoss am Ratsturm in Köln.

III. Setzen Sie das richtige Wort oder den richtigen Ausdruck ein.

vermitteln, sich verdient machen, Nachbau, Markenschutzgesetz, Lagerung, sich durchsetzen, überdauert, Fälschung, Duft, Bildhauer, bestätigen, bestehen, Etagen, Zedernholzfass, ein Denkmal setzen, sich eines guten Rufes erfreuen, Destille, Zeitgenosse, Moschus, Zibet, erschnuppern, Siegel, vertuschen

1. Wenn man heute von Mozart redet, denkt man an ein Wunderkind. Sein _____ Haydn bewunderte ihn sehr und zählte zu seinen Freunden.

2. Deutsche Produkte _____ im Ausland _____.

3. Manchmal kann man die Wahrheit mit einer Notlüge _____.

4. Beethoven wurde nicht nur in Deutschland _____, sondern auch auf dem Zentralfriedhof in Wien.

5. Ernst Barlach war ein bekannter _____ des deutschen Expressionismus.

6. Heinrich von Kleist, ein bedeutender Schriftsteller des 19. Jahrhunderts, konnte _____ während seines Lebens bei seinen Zeitgenossen nicht _____.

7. Wilhelm Röntgen _____ in der Medizin sehr _____. Man ehrte ihn schließlich mit dem Nobelpreis für Medizin.

8. Bevor man leichte Parfüms erfand, die herrlich duften, benutzte man _____ und _____ in Deutschland, um den Körpergeruch zu übertönen.

9. Das Römisch-Germanische Museum in Köln _____ dem Besucher einen Einblick in die Zeitgeschichte.

10. Wenn man heute in ein Parfümgeschäft geht, kann man ganz viele Parfüme _____.

11. Johann Maria Farina (1809–1880) wollte sein Parfüm vor Plagiaten schützen. 1874 verabschiedete der deutsche Reichstag das _____.

12. Immer wieder gibt es eine _____, die dem Original sehr ähnlich sieht.

13. Apotheker und Chemiker haben früher bei ihrer Arbeit eine _____ benutzt.

14. Man versucht heutzutage mit dem _____ eines populären Autos Käufer für ein Produkt zu gewinnen.

15. Klassische Komponisten wie Bach, Brahms und Beethoven haben die Jahrhunderte _____.

16. Die _____ von Parfüm erfolgte damals in einem _____.

17. Viele Kulturerbestätten in Deutschland tragen heute das UNESCO-_____.

18. Alles, was das Herz begehrt, kann man auf vielen _____ im KaDeWe in Berlin bekommen.

19. Deutschland _____ aus 16 Bundesländern.

20. In Bremen _____ der Kaffee_____ in der Luft, dass man sich in der Nähe von Jakobs Kaffee befindet.

IV. Wie steht das im Text?

1. In der Werkstatt eines Parfümeurs kann man diverse Essenzen erleben.

2. Den Namen „Eau de Cologne" gibt es schon seit über dreihundert Jahren.

3. Am Ratsturm kann man viele Figuren finden, mit denen sich die Stadt Köln rühmt.

4. Viele historische Zeitgenossen benutzten das Eau de Cologne, und es wurde sehr beliebt.

5. Wenn ein Siegel auf einem Produkt steht, dann weiß man, dass es für Qualität steht.

6. Der historisch gewordene Duft existiert auch heute noch in Köln.

7. Es war damals schwer, ein Produkt zu schützen.

8. Früher war es üblich, Körpergeruch mit schweren Essenzen zu übertönen.

V. Aufgabe und Diskussion.

1. Erstellen Sie eine PowerPoint-Präsentation, die das Leben und Wirken von Johann Maria Farina beschreibt. Machen Sie eine historische Reise nach Köln.

2. Schauen Sie sich den Ratsturm im Internet an. Aus welchem Jahrhundert stammt er? Wann wurde er gebaut? Erforschen Sie die Anordnung der Steinfiguren und machen Sie eine Präsentation, die die historischen Persönlichkeiten würdigt.

3. Verfolgen Sie die historische Entwicklung des Eau de Cologne durch die Jahrhunderte. Wer waren die Geschäftsinhaber?

4. Machen Sie eine kulturelle Reise durch die Stadt Köln. Besuchen Sie die wichtigsten Sehenswürdigkeiten der Stadt und stellen Sie sie vor.

VI. Schriftliches.

Nach Ihrem Vortrag schreiben Sie ein kleines Essay über Ihre Präsentation. Achten Sie dabei auf genaue grammatische Formulierungen.

VII. Partnerarbeit.

Der Text bietet eine Fülle an Informationen über den Begründer des Eau de Cologne Parfüms. Entwickeln Sie mit Ihrem Partner ein Interview über den Erfinder und die Bedeutung des Parfüms für die Stadt Köln. Benutzen Sie die angegebenen Vokabeln und stellen Sie jeweils (*each*) fünf Fragen auf, die Ihr Partner dann beantwortet. Nach dem Interview berichtet jeder von Ihnen, was Sie von Ihrem Partner erfahren haben.

8

Von Heidelberg zum Bodensee

Abschnitt, der	*segment*	heilkräftig	*curative*
anlegen	*to lay out*	Herrschenden, die (*pl.*)	*rulers*
aufgeschlossen	*open-minded*	im gleichen Atemzug	*in the same breath*
auf Schritt und Tritt	*at every turn*	in allen Ecken und	*in all nooks and*
Ausklang, der	*conclusion*	Winkeln	*crannies*
(sich) bekennen zu	*to pledge oneself to*	je nach	*depending on*
bewahren	*to safeguard*	Kleinod, das	*gem*
Bindeglied, das	*link*	Lehre, die	*doctrine*
Binnensee, der	*inland lake*	locken	*to attract*
Bummel, der	*stroll*	malerisch	*quaint*
egal ob	*no matter whether*	Missstand, der	*bad state of affairs*
Entdeckungsreise, die	*expedition*	Saal, der	*hall*
entführen	*to carry off*	schätzen	*to appreciate*
Erholung, die	*relaxation*	schwärmen	*to rave*
erlesen	*exquisite*	Seeufer, das	*lakeside*
facettenreich	*multi-faceted*	Stammburg, die	*ancestral castle*
Fachwerkhaus, das	*half-timber house*	von weitem	*from a distance*
Gasse, die	*alley*	Vorbild, das	*role model*
Gaumen, der	*palate*	Wegesrand, der	*wayside, roadside*
gelten als	*to rank as*	wirken	*to work*
gelten für	*to apply to*	zeitweise	*from time to time*
gelungen	*successful*	zeugen von	*to testify to*
Gemeinsamkeit, die	*commonality*	Zimmerflucht, die	*suite of rooms*
Gerber, der	*tanner*	Zinnen, die (*pl.*)	*battlements*
großartig	*magnificent*	zugänglich	*accessible*
großgeschrieben	*highly important*		

Die „Fantastische Straße" gehört zu den neueren touristischen Routen in Deutschlands Süden und verbindet einige der schönsten Städte und Sehenswürdigkeiten in
Baden-Württemberg. Von Heidelberg erstreckt sie sich über 400 km nach Süden bis
zum Bodensee. Zehn Orte, unterschiedlich im Charakter und jeder für sich eine Reise
wert, machen eine Fahrt entlang der „Fantastischen Straße" zu einem unvergesslichen
Erlebnis. So finden sich Deutschlands älteste Universitätsstädte entlang der Route,
ebenso wie ein eleganter Thermalkurort oder eine Weinmetropole, Deutschlands
größter Binnensee und die Stammburg der letzten deutschen Kaiser. Der Weg führt
dabei an den Neckar, durch den Schwarzwald und auf die Schwäbische Alb, durch
reizvolle Landschaften, deren Vielfalt man nicht nur mit dem Auge, sondern auch mit

Weinheim

dem Gaumen genießen sollte. Überhaupt wird hier Genuss großgeschrieben. Egal ob in einem der vielen Gourmet-Restaurants oder im Gasthaus um die Ecke, im preisgekrönten Luxushotel oder beim Winzer in den Weinbergen. Und auch so manchen Dichter, Maler oder Komponisten inspirierten die Landschaften entlang der „Fantastischen Straße". Überall am Wegesrand zeugen Spuren einer reichen Vergangenheit von der kulturellen Vielfalt in Deutschlands Süden.

Für Reisende, die von Norden her kommen, beginnt die „Fantastische Straße" hier—in der Zweiburgenstadt Weinheim: der mittelalterliche Marktplatz mit seinem südländischen Flair, das alte Gerberbachviertel, das Weinheimer Schloss oder die Burgruine Windeck und Wachenburg. Aber auch die einzigartigen „grünen Meilen" im Herzen der Stadt mit dem Schlosspark, dem Exotenwald und dem botanischen Garten Hermannshof lohnen einen Besuch und bieten Jung und Alt Gelegenheit, sich hier in Ruhe zu entspannen. Das facettenreiche Kulturangebot und eine lebendige Kneipenszene sorgen für gute Unterhaltung. Das gastronomische Angebot verspricht Genusserlebnisse in einer besonders attraktiven Umgebung.

Heidelberg

„Die Stadt mit ihrer Lage und ihrer ganzen Umgebung hat, darf man sagen, etwas Ideales", schrieb schon Johann Wolfgang von Goethe vor mehr als 200 Jahren in sein Tagebuch. Das Heidelberger Schloss war fast fünf Jahrhunderte lang Residenz der Kurfürsten von der Pfalz. Das Schloss ist seit mehr als 300 Jahren eine Ruine. Die mehr als 600 Jahre alte Universität Ruperto Carola (1386) ist untrennbar mit der Geschichte der Stadt (1196) verbunden. Sie ist die älteste Universität Deutschlands. Die Stadt ist eine der Geburtsstätten der deutschen Romantik, in der zeitweise Joseph von Eichendorff, Clemens Brentano und Carl Maria von Weber wirkten. Viele gemütliche Studentenkneipen in der pittoresken Altstadt laden abends zum Ausklang eines gelungenen Tages ein.

Baden-Baden ist wohl der berühmteste Kurort der Welt. Er liegt am Fuße des nördlichen Schwarzwaldes und vermittelt seinen Gästen Erholung in klassischer Tradition. In den heilkräftigen Thermalquellen entspannten sich bereits die alten

Baden-Baden

Römer. Den Herrschenden und Berühmtheiten im 19. Jahrhundert galt die Stadt als eleganteste Sommerfrische Europas. Genauso wie damals bietet Baden-Baden auch heute eine Mischung aus gesunder Entspannung, elegantem „Savoir-vivre" und erlesenem kulturellen Angebot, das Reisende aus aller Welt schätzen.

Als Perle unter den romantischen Fachwerkstädten gilt das Städtchen Gengenbach im Schwarzwald. Besucher schwärmen vom romantischen Kleinod oder badischen Nizza. Schon von weitem

Gengenbach

laden die Tore und Türme zum Besuch der historischen Altstadt ein, und die zahlreichen Gässchen entführen in malerische Ecken und Winkel der ehemaligen freien Reichsstadt. Auf Schritt und Tritt atmet die Stadt Geschichte, trifft Vergangenheit auf aufgeschlossene Gegenwart. Das Gengenbacher Rathaus ist in der Adventszeit ein magischer Anziehungspunkt: Seine 24 Fenster verwandeln sich in das weltgrößte Adventskalenderhaus. Auf dem Reichstag zu Augsburg 1530 bekannte sich Gengenbach zu Luthers Lehre und unterschrieb beim Augsburger Religionsgespräch 1541 als „protestantische Reichsstadt". Allerdings war dieser Status nur von kurzer Dauer, denn schon 1548 befahl Kaiser Karl V. seiner kleinen Reichsstadt Gengenbach zum alten Glauben zurückzukehren.

Breisach

Die Europastadt Breisach liegt direkt am Rhein und ist Bindeglied zwischen den Weinregionen auf beiden Seiten des Flusses. Das Wahrzeichen der Stadt ist das Münster St. Stephan, das hoch über der Stadt und dem Rhein thront. Die Bauzeit vom 12. bis zum 15. Jahrhundert führte zur Gemeinsamkeit romanischer sowie gotischer Elemente. Vom Münster hat man einen herrlichen Ausblick über die Rheinebene bis zum Schwarzwald und zu den Vogesen. Dem Münster gegenüber liegt der Eckartsberg mit Weinbergen nahe dem Stadtzentrum. Von hier sind es nur wenige Kilometer bis in die bekannten badischen Weinregionen Kaiserstuhl und Tuniberg.

Die Universitätsstädte Oxford und Cambridge werden in England im gleichen Atemzug genannt. Das gilt auch für Tübingen und Heidelberg in Baden-Württemberg: In Tübingen, der anderen mittelalterlichen Universitätsstadt am Neckar, lebten

Tübingen

Burg Hohenzollern

Meersburg

viele große Dichter und Denker wie Hölderlin, Hegel und Hesse. Ein Bummel entlang der Neckarfront, durch enge Gassen rund ums Rathaus oder hoch zum Schloss wird zur Entdeckungsreise. Kleine Boutiquen und Antiquariate, Fachwerkhäuser, schwäbische Weinstuben und Studentenkneipen: das ist typisch Tübingen. Eine Fahrt auf dem Neckar sollte man unbedingt machen: Von hier hat man den besten Ausblick auf die Stadt.

Die Burg Hohenzollern am Rande der Schwäbischen Alb ist das Stammschloss der früheren Könige von Preußen und der letzten deutschen Kaiser. Zu jeder Jahreszeit bietet sich von ihren Türmen und Zinnen ein großartiger Blick weit über das Land. Ein Rundgang durch Säle und Zimmerfluchten gibt Einblick in die Geschichte der Hohenzollern, und die Schatzkammer bewahrt bis heute den früheren preußischen Kronschatz mit der Königskrone.

Direkt über dem Wasser des Bodensees sieht man die Burg Meersburg, die an das Mittelalter erinnert. Von den Weinbergen hat man einen atemberaubenden Blick über den See. Das Neue Schloss, ein Juwel der Barockarchitektur, steht in der Nähe. Egal ob in den mittelalterlichen Gassen der Altstadt oder unten am Hafen—das mediterrane Klima ganz im Süden Baden-Württembergs sorgt hier für eine einzigartige Atmosphäre. Dies lockte auch bereits die bekannte Dichterin Annette von Droste-Hülshoff an, die bis zu ihrem Tod 1841 in der Stadt am Bodensee lebte. Das Fürstenhäusle oberhalb der Altstadt, in dem die Dichterin einige Jahre in idyllischer Umgebung lebte, sollte man auch besichtigen.

Im Überlinger See, dem nördlichen Abschnitt des Bodensees, liegt die berühmte Blumeninsel Mainau mit ihren prachtvollen Gärten und dem Schloss der Grafen Bernadotte. Den Schlosspark mit seinen 150 Jahre alten Bäumen und den barocken Glanz von Schloss und Kirche muss man unbedingt einplanen. Mainau ist per Schiff oder über eine Brücke von beiden Seeufern leicht zugänglich. Hier wachsen und blühen zahlreiche exotische Pflanzen, die das mediterrane Klima des Sees lieben. Je nach Jahres- und Blütezeit wird ein Besuch auf der Mainau vom Frühjahr

Mainau

bis in den späten Herbst zu einer neuen „Blumen-Erfahrung". Großherzog Friedrich I. von Baden liebte schöne Blumen und Pflanzen. Deshalb ließ er 1871 neben der Schlossterrasse einen Rosengarten anlegen, der in seiner barocken Form bis heute erhalten ist.

Die Geschichte der Reformation begann eigentlich in der mittelalterlichen Freien Reichsstadt Konstanz während des Konstanzer Konzils von 1414 bis 1418. Damals kam der Prager Theologe Jan Hus nach Konstanz, um die Missstände der katholischen Kirche zu kritisieren. Für Martin Luther war Hus ein Held des Glaubens und ein Vorbild. In Konstanz steht das Konzilgebäude. 1417 wurde hier der neue Papst gewählt. Heute ist die historische Stadt Konstanz das internationale Kunst-, Geschichts- und Kulturzentrum am Bodensee. Exklusive Hotels und Restaurants bieten dem Gast einen Aufenthalt mit allem gewünschten Komfort. Der Bummel durch die malerischen Gassen der Altstadt, ein Ausflug mit einem Schiff der „Weißen Flotte" oder ein Besuch der vielen Konzerte und Festivals wird hier zum Erlebnis. Konstanz ist der ideale Ausgangspunkt, um die Region Bodensee zu erkunden.

I. Fragen zum Verständnis.

1. Warum kann man sagen, dass die Reformation eigentlich vor Luther begann?

2. Was ist die Bedeutung der „grünen Meile" in Weinheim?

3. Was erkannte Johann Wolfgang von Goethe (1749–1832) schon damals bei seinem Besuch in Heidelberg?

4. Was ist in Heidelberg von historischer Bedeutung?

5. Durch welche geographischen Regionen führt die „Fantastische Straße"?

6. Warum sollte man die Reise unterbrechen?

7. Warum kommen Reisende aus aller Welt nach Baden-Baden?

8. Was verbindet die alte Reichsstadt Gengenbach mit Martin Luther?

9. Warum nennt man Gengenbach „die Adventsstadt im Schwarzwald"?

10. Was ist das Besondere am Münster St. Stephan in Breisach?

11. Warum sollte man unbedingt eine Reise nach Tübingen einplanen?

12. Was ist die historische Bedeutung der Hohenzollern-Burg?

13. Was kann man auf der „Fantastischen Straße" alles besichtigen?

14. Was würden Sie dem Besucher der Stadt Meersburg am Bodensee empfehlen?

15. Warum sollte man die Blumeninsel Mainau unbedingt anschauen?

16. Warum hat man die „Fantastische Straße" kreiert?

II. Richtig oder falsch? Wenn falsch, korrigieren Sie die falsche Aussage.

1. ___ Die Burg Meersburg und das Neue Schloss stammen aus verschiedenen architektonischen Epochen.

2. ___ Wegen des exotischen Klimas wachsen auf der Insel Mainau mediterrane Pflanzen.

3. ___ Die Burg Hohenzollern steht repräsentativ für deutsche Geschichte.

4. ___ Es gibt keine Gemeinsamkeiten zwischen Heidelberg und Tübingen.

5.   ___ Die Reformation begann eigentlich schon lange vor Martin Luther.

6.   ___ Heidelberg ist 600 Jahre alt und die ehemalige Residenz der Kurfürsten.

7.   ___ Der Besucher von Weinheim kann sich in der „grünen Lunge" entspannen und genussvoll in einem Restaurant speisen.

8.   ___ In Gengenbach war Luthers Lehre großgeschrieben und in den Chroniken der Stadt kann man lesen, dass sie eine protestantische Reichsstadt war.

9.   ___ Heidelbergs Gemütlichkeit erlebt man am besten in einer Studentenkneipe in der Altstadt.

10. ___ Das Münster St. Stephan in Breisach ist für seine karolingische Architektur bekannt.

11. ___ Die Heilkraft von Thermalquellen ist seit der Zeit der Römer bekannt.

12. ___ Der Weg durch den Bayrischen Wald und die Alpen macht diese Reise unvergesslich.

13. ___ Die 400 km lange Strecke ist ein Kaleidoskop vom Mittelalter bis in die Neuzeit.

14. ___ Das Land hat nicht so viele Sehenswürdigkeiten, und deshalb sollte man von Heidelberg direkt zum Bodensee fahren.

15. ___ Auf dieser Reise lernt man vor allem die Küche des Landes kennen.

III. Setzen Sie das richtige Wort oder den richtigen Ausdruck ein.

Abschnitt, bewahren, Bummel, Erholung, Kleinod, heilkräftigen, Gasse, entführen, gilt, Fachwerkhaus, Entdeckungsreise, Ausklang, aufgeschlossen, malerischen, auf Schritt und Tritt

1. Der Jakobsweg führt als Via Jacobi in fünf Stunden von Schwarzenburg nach Freiburg. Dieser _____ gilt als der spannendste der Schweiz und wurde schon im Mittelalter von den Jakobspilgern benutzt.

2. In St. Gallen ist Geschichte _____ erlebbar.

3. Basel ist traditionsbewusst und _____ zugleich, dies zeigt sich in den vielen modernen Bauten renommierter internationaler Architekten wie Herzog & de Meuron, Mario Botta, Diener & Diener oder Richard Meyer.

4. Der Besuch der historischen Altstadt von Burgdorf bietet dem Touristen einen idealen _____ eines ereignisreichen (*eventful*) Tages.

5. In der Zeit vor und während des Zweiten Weltkriegs war es das wichtigste Ziel (*goal*) der Schweiz, ihre Unabhängigkeit (*independence*) zu _____.

6. Beim _____ durch die über 950 Jahre alte Kaiserstadt Nürnberg sollte man unbedingt die Kaiserburg und das Albrecht Dürer Haus besichtigen.

7. Die historische Innenstadt, die Weinhöfe, zeitgenössische Architektur und historische Bauten leben in dieser Weltstadt nebeneinander und bieten dem Besucher eine architektonische _____.

8. Raus aus dem grauen Großstadtdschungel und mitten hinein in die Natur— Lassen Sie sich auf eine „Safari" der ganz speziellen Art _____, nämlich durch die Wälder des Bayerischen Waldes!

9. Im Olympiapark München ist immer was los! Spiel, Spaß und _____ für die ganze Familie, jeden Tag, das ganze Jahr über—das ist der Olympiapark München.

10. Eine interessante Kombination aus Mittelalter und Moderne bietet das „Restaurant Philipp" im wunderschönen historischen Winzerdorf Sommerhausen in der Nähe von Würzburg. Ein über 400 Jahre altes _____ beherbergt das moderne Restaurant.

11. Der wohl romantischste Teil von Brienz (Schweiz) ist die bekannte Brunngasse, die früher einmal als „schönste _____ Europas" bezeichnet wurde.

12. Die Kapellbrücke, das Wahrzeichen von Luzern, _____ als die älteste bedeckte Brücke Europas.

13. Entspannen Sie sich im Thermalhallenbad und spüren Sie die wohltuende Wirkung des _____ Bad Füssinger Thermalwassers.

14. Die Parkanlagen der Eremitage in Bayreuth sind besonders faszinierend. In dem _____ des Rokokos finden sich Figurengruppen, Wasserspiele sowie eine Grotte.

15. Das Schloss Löwenstein im unterfränkischen Kleinheubach ist von einer _____ Kulisse umgeben und liegt in einem großen englischen Landschaftspark direkt am Main.

IV. Wie steht das im Text?

1. Die Stadt Konstanz am Bodensee ist eng mit der Reformation verbunden.

2. Die Stadt ist älter als ihre aus dem Mittelalter stammende Universität.

3. Schon seit vielen Jahrhunderten lockt es Reisende in diese Stadt, um sich zu entspannen und zu erholen.

4. In der Adventszeit blüht der Tourismus in Gengenbach.

5. Das Land bietet seine Vielfalt nicht nur in der Landschaft, sondern auch in seiner Gastronomie an.

6. Architektonisch ist die Kirche dieser Stadt hoch interessant, denn die Türme stammen aus verschiedenen Epochen.

7. Diese beiden bekannten deutschen Universitäten werden häufig zusammen erwähnt, genauso wie zwei berühmte Universitäten in England.

8. Eine Führung durch den Familiensitz deutscher Kaiser lässt deutsche Geschichte wieder aufleben.

9. Wenn man beim Reisen durch Baden-Württemberg öfters eine Pause macht, kann man immer etwas erleben.

10. Barock und Mittelalter sind in dieser Stadt zu Hause und geben ihr ein besonderes Flair.

11. Der Blumenliebhaber sollte unbedingt auf diese Insel.

12. Viele berühmte Persönlichkeiten reagierten in ihren Werken auf die Idylle des Landes.

13. In dieser Stadt erlebt man das Mittelalter und gleichzeitig wunderbare Park-anlagen, in denen man sich entspannen kann.

V. Aufgabe und Diskussion.

1. Besuchen Sie die Stadt Konstanz am Bodensee und machen Sie eine Stadtführung.

2. Was erwartet den Besucher auf der Insel Mainau? Stellen Sie die Insel und auch das Barockschloss vor.

3. Machen Sie einen Abstecher nach Meersburg. Besuchen Sie die mittelalterliche Burg und das herrliche Barockschloss. Danach gehen Sie durch die alten Gas-sen in die Altstadt.

4. Der Stammsitz der Hohenzollern bietet dem Besucher einen Einblick in deut-sche Geschichte. Berichten Sie von Ihren Eindrücken.

5. Heidelberg und Tübingen gehen beide ins Mittelalter zurück. Besuchen Sie die beiden Städte und machen Sie einen Vergleich.

6. Was bietet die Zweiburgenstadt Weinheim dem Besucher? Schauen Sie sich die „grüne Meile" an und auch die Kulturangebote.

7. Baden-Baden ist nicht nur ein Kurort. Was gibt es sonst noch in dieser Stadt? Was zieht die Reisenden nach Baden-Baden?

8. Gengenbach ist besonders in der Weihnachtszeit attraktiv. Machen Sie einen Bericht über diese Stadt, die sicherlich auch Anderes zu bieten hat.

9. Das historisch interessante Münster in Breisach ist auch ein Besuch wert. Schauen Sie sich die romanisch-gotische Kirche an. Wie sehen die Stadt und die Umgebung aus?

VI. Schriftliches.

Nach Ihrem Vortrag schreiben Sie ein kleines Essay über Ihre Präsentation. Achten Sie dabei auf genaue grammatische Formulierungen.

VII. Partnerarbeit.

Die „Fantastische Straße" bietet eine Fülle an kultureller Vielfalt. Entwickeln Sie mit Ihrem Partner ein Interview über die Sehenswürdigkeiten dieser Reise. Benutzen Sie die angegebenen Vokabeln und stellen Sie jeweils (*each*) fünf Fragen auf, die Ihr Partner dann beantwortet. Nach dem Interview berichtet jeder von Ihnen, was Sie von Ihrem Partner erfahren haben.

Der Rheinmythos in der Literatur, Musik und Kunst des 19. Jahrhunderts

Adlerhorst, der	*eagle's nest*	Reiz, der	*attraction*
Aufeinandertreffen, das	*clash*	schroff	*rugged*
Ausflugsdampfer, der	*pleasure boat*	spannend	*fascinating, exciting*
aussichtslos	*hopeless*	Stoßgebet, das	*quick prayer*
Bodendenkmal, das	*archaeological site*	unbändig	*wild*
eng	*tight*	urwüchsig	*unspoiled, natural*
erst einmal	*first of all*	verzaubern	*to enchant*
geschäftstüchtig	*efficient*	Wachtturm, der	*watchtower*
gezackt	*jagged*	Wehranlage, die	*fortification*
gleichen	*to resemble*	Weitläufigkeit, die	*vast extent*
Grenzwall, der	*border rampart*	Wirkung, die	*effect*
Hang, der	*slope*	(sich) wohl fühlen	*to be comfortable*
heil	*intact*	Zeuge, der	*witness*
Nadelöhr, das	*bottleneck*		

Zwischen Rüdesheim/Bingen und Remagen zeigt sich der Rhein von seiner schönsten Seite. Wenn die Menschen im Mittelalter am heute so bekannten Loreleyfelsen vorbeifuhren, gab es sicherlich damals ängstliche Stoßgebete. Schließlich musste man an dieser engsten Stelle am Rhein mit ihren gefährlichen Klippen erst einmal heil vor-

beikommen. Erst die Dichter der Romantik entdeckten die Schönheit des Rheins. Clemens Brentanos Gedicht „Zu Bacharach am Rheine" (1800) schuf den wohl berühmtesten Rheinmythos, die Ballade von der schönen, aber traurigen Zauberin Loreley. Heinrich Heine schrieb 1824 sein berühmt gewordenes Gedicht „Die Lore-Ley". Johann Wolfgang von Goethe, Heinrich von Kleist, Friedrich Hölderlin und Friedrich

Schlegel berichten von ihren Erlebnissen am Rhein in ihren Reiseberichten. In der Malerei erhielt der Rhein auch romantische Bilder. Christian Georg Schütz der Jüngere malte genau das, was das Publikum, das romantische Literatur las, sehen wollte: raue und wilde Rheinlandschaft mit einsamen Burgruinen auf steilen Bergen. In der Musik komponierten Franz Liszt und Robert Schumann etliche Stücke, die sich auf den Rhein beziehen. Richard Wagner schuf seine eigene Rheinromantik mit seinem Opernzyklus „Der Ring des Nibelungen".

Die romantische Rheinbegeisterung ließ auch einen Rheintourismus entstehen, der seit 1827 mit dem Start des regelmäßigen Dampfschiffverkehrs sehr beliebt geworden ist. Der Rhein wäre heute nur halb so schön, wenn es die Vielzahl an Ausflugsdampfern, Kreuzfahrtflussschiffen und Fähren nicht gäbe. Die weißen Flotten bieten die wohl schönste und beeindruckendste Art, den romantischen Rhein zu entdecken.

Hier am romantischen Rhein fühlten sich schon vor über 2.000 Jahren die Römer wohl. Der „Limes", seit kurzer Zeit UNESCO-Welterbe und einst römischer Grenzwall zwischen Römern und Germanen, beginnt hier in Rheinbrohl. Hier begann mit dem Wachtturm Nummer eins ein rund 550 km langer Grenzwall. Das als „Limes" bekannte Bauwerk ist das längste Bodendenkmal nach der Chinesischen Mauer und stellte in der Antike die Grenze zwischen dem Römischen Reich und den germanischen Stämmen dar. Die spannende Geschichte zu Zeiten der Römer in Deutschland wird vom Rhein bis an die Donau durch den „Limes" erlebbar. Das Aufeinandertreffen von römischer und germanischer Kultur sind Fenster in die Geschichte, die der „Limes" öffnen hilft.

Bacharach und Oberwesel mit ihren imposanten Stadtmauern, Türmen und Kirchen und die über 40 Burgen und Schlösser erinnern an eine Zeit, in der Fürsten Könige wählten und Kreuzritter in das „Heilige Land" zogen. Für Kaufleute und Händler war der Rhein eine wichtige, wenn auch oft teure Wasserstraße, auf der man Tribut zahlen musste. Die meisten stolzen Burgen und Wehranlagen des Rheintals fielen erst im 17. Jahrhundert unter den Truppen des französischen Sonnenkönigs. Der unbändige Fluss, schroffe Felsen und Burgruinen, die Adlerhorsten glichen, schufen für viele Reisende das Bild einer urwüchsigen, romantischen Landschaft. Ein Reiz, der bis heute anhält und nichts von seiner Wirkung verloren hat.

Das Rheintal verändert seine Weitläufigkeit bei Koblenz und Rüdesheim. Die Felsen werden gezackter, die Hänge steiler. Durch dieses Nadelöhr mussten sie alle. Händler und Kaufleute, Könige, Kaiser und Kirchenfürsten, Römer und Franken, Russen, Preußen und Franzosen, geschäftstüchtige Realisten wie auch die vom Geist der Landschaft verzauberten Rheinromantiker. Auf einer Länge von 65 km findet man hier eine

einzigartige Kultur- und Naturlandschaft. Die Vielfalt und Schönheit des Oberen Mittelrheintals wurde daher von der UNESCO im Jahr 2002 ins Weltdokumentenerbe
aufgenommen.

I. Fragen zum Verständnis.

1. Wie hat sich die Bedeutung des Loreleyfelsens entwickelt?

2. Was symbolisiert die Rheinromantik in der Malerei und Musik?

3. Warum ist der Tourismus auf dem Rhein so beliebt?

4. Was ist die Besonderheit des „Limes"?

5. Woran denkt man beim Besuch von Bacharach oder Oberwesel?

6. Welche Bedeutung hatte der Rhein für den Handel?

7. Wo ändert sich die Topographie des Rheins?

8. Was ist die Verbindung zwischen dem UNESCO-Weltdokumentenerbe
   und dem Rheintal?

II. Richtig oder falsch? Wenn falsch, korrigieren Sie die falsche Aussage.

1. ___ Bei Koblenz und Rüdesheim hat man einen besonders weiten Blick.

2. ___ Schon damals musste der gesamte Verkehr durch diesen Engpass.

3. ___ Die Burgen und Wehranlagen entstanden unter dem französischen
   Sonnenkönig.

4. ___ Auf dem Rhein musste man keinen Zoll bezahlen.

5. ___ Hier gibt es Städte, die Zeugen einer vergangenen Zeit sind.

6. ___ Die Germanen bauten den „Limes", um die Römer an der Eroberung Germaniens zu hindern.

7. ___ Mit dem Ausflugsdampfer kann man die Schönheit der Landschaft genießen.

8. ___ Der Loreleyfelsen war ein besonderes Thema in der Malerei und der Musik.

9. ___ Die Rheinbegeisterung entwickelte sich durch den Tourismus.

III. Setzen Sie das richtige Wort oder den richtigen Ausdruck ein.

Wirkung, Weitläufigkeit, urwüchsig, gezackt, Hänge, gleicht, Nadelöhr, Adlerhorst, geschäftstüchtige, verzaubert, Grenzwall, sich wohl fühlen, heil, enge, Ausflugsdampfer, Wachttürme, Bodendenkmal, Aufeinandertreffen, spannender, schroff, unbändige, Zeugen, Stoßgebet, Wehranlagen

1. Im Mittelalter hatten Städte ganz dicke Stadtmauern, die gleichzeitig als _____ dienten.

2. Wenn eine Situation so ziemlich aussichtslos ist, dann hilft manchmal ein _____.

3. Burgen und Schlösser in Deutschland sind _____ vergangener Epochen.

4. Auf der Donau kann man mit dem _____ von Passau nach Linz fahren.

5. Die Romantische Straße _____ den Besucher mit ihren vielen Burgen und Schlössern aus dem Mittelalter.

6. Auf den Weihnachtsmärkten findet man viele _____ Geschäftsinhaber, die ihre Waren verkaufen wollen.

7. In den Sommerferien kommt es häufig vor, dass viele Autos in den Süden rollen, wodurch die Autobahnen zum _____ werden.

8. Je mehr man sich den Alpen nähert, umso steiler werden die _____.

9. In der Sächsischen Schweiz sind die Spitzen der Felsformationen zum Teil
_____.

10. Ostfriesland ist bekannt für seine _____.

11. Beethovens Klavierkonzerte haben nichts von ihrer _____ verloren.

12. Das Wattenmeer ist ein UNESCO-Welterbe, und deshalb wird es auch weiterhin _____ bleiben.

13. Die Kathedrale in Burgos _____ dem Kölner Dom. Beide wurden im gotischen Stil erbaut.

14. Burgruinen eignen sich perfekt für einen _____.

15. Die steilen und teilweise glatten Bergwände in der Breitachklamm bei Oberstdorf sind sehr _____.

16. _____ Wildwasser wie der Fluss Breitach stürzen mehrere hundert Meter in die Tiefe.

17. Hermann der Cherusker (Arminius) besiegte die Römer beim _____ beider Heere in der berühmten Varusschlacht im Jahre 9 unserer Zeitrechnung.

18. Martin Luthers Reise nach Worms zum Papst war ein _____ Moment in der deutschen Geschichte.

19. Der „Limes" zieht sich durch mehrere Bundesländer und bei einem fest im Boden verankerten Monument spricht man heute von einem _____.

20. Mittelalterliche Städte hatten nicht nur eine befestigte Mauer rund um die Stadt, sondern auch mehrere _____.

21. Der „Limes" war ein _____ zwischen Römern und Germanen.

22. Heutzutage _____ die Touristen auf dem Rhein und im Rheintal genauso _____ wie die Römer vor 2.000 Jahren.

23. Nicht allen Schiffen gelang es im Mittelalter, dem Loreleyfelsen und Klippen _____ zu entkommen.

24. Nicht alle Bergstraßen in den Alpen sind modern und breit. Es gibt schon _____ Stellen, wo man auf den Gegenverkehr warten muss.

IV. Wie steht das im Text?

1. Der Rhein war über die Jahrhunderte eine enge Durchgangsstraße.

2. Die Topographie des Rheins kann sich schnell verändern.

3. Wehranlagen aus dem Mittelalter existieren in vielen Städten.

4. Im Mittelalter konnte man das Königtum nicht erben.

5. Palästina war das Ziel vieler Ritter.

6. Für Kaufleute war der Rhein sehr wichtig, aber in der Nähe von Burgen musste man immer wieder einen Handelszoll zahlen.

7. In den Flüssen gab es immer wieder gefährliche Klippen.

8. Deutsche Dichter entdeckten die Rheinromantik.

9. Die Romantik des Rheins lässt sich am besten auf einem Schiff erleben.

10. Die Grenze des Römischen Reiches war durch einen Grenzwall gekennzeichnet.

11. Die Rheinlandschaft verlor viele ihrer Burgen durch Kriege.

V. Aufgabe und Diskussion.

1. Untersuchen Sie die Rheinromantik in Brentanos Ballade und Heinrich Heines Gedicht.

2. Machen Sie eine Reise auf dem Rhein und besuchen Sie die wichtigsten Städte, von Bingen und Rüdesheim im Süden bis Remagen und Unkel im Norden.

3. Wo verlief der „Limes"? Stellen Sie an Hand einer PowerPoint-Präsentation den ehemaligen römischen Grenzwall dar.

4. Untersuchen Sie die romantische Landschaftsmalerei des Rheins. Welche Motive können Sie hier finden?

5. Wie hat sich der Rheintourismus seit 1827 gewandelt? Welche Rheintouren gibt es heute? Was kann man dort alles erleben?

6. Untersuchen Sie die Vielfalt und Schönheit des Oberen Mittelrheintals und seine Aufnahme ins UNESCO-Weltdokumentenerbe.

VI. Schriftliches.

Nach Ihrem Vortrag schreiben Sie ein kleines Essay über Ihre Präsentation. Achten Sie
dabei auf genaue grammatische Formulierungen.

VII. Partnerarbeit.

Der Rhein kommt in der Literatur, Kunst, Musik und in der deutschen Geschichte vor.
Entwickeln Sie mit Ihrem Partner ein Interview über den Rhein. Benutzen Sie die
angegebenen Vokabeln und stellen Sie jeweils (*each*) fünf Fragen auf, die Ihr Partner
dann beantwortet. Nach dem Interview berichtet jeder von Ihnen, was Sie von Ihrem
Partner erfahren haben.

10

Die Deutsche Märchenstraße und die Brüder Grimm

Bedeutung, die	significance	Landstrich, der	region
begehrt	popular	schätzen	to estimate
düster	grim	uralt	ancient
eintauchen	to immerse	Veranstaltung, die	event, activity
einzigartig	unique	(sich) verbinden	to go hand in hand
Erstausgabe, die	first edition	vergeben	to award
erwähnen	to mention	vermitteln	to convey
Gasse, die	alley	Vertreter, der	representative
geradezu	virtually	Weltdokumentenerbe, das	(United Nations) Memory of the World
greifbar	tangible		
Gründungsvater, der	founding father		
krönende Abschluss, der	highlight	Zauber, der	magic

Die Bremer Stadtmusikanten

Entkommen Sie Ihrem hektischen Alltag und unternehmen Sie eine Reise entlang der Deutschen Märchenstraße. Tauchen Sie ein in die Welt der Märchen, Sagen und Legenden—und erleben Sie den Reiz von besonders idyllischen deutschen Städten und Landstrichen. Schon über 30 Jahre ist die 600 km lange Deutsche Märchenstraße eine der beliebtesten Ferienrouten in Deutschland. Die Lebensstationen der Brüder Grimm sowie Orte und Landschaften, in denen ihre Märchen beheimatet sind, machen den Reiseweg geradezu einzigartig. Grimm'sche Märchen aus dem weltweit bekanntesten Buch der deutschen Kulturgeschichte vermitteln ihren Zauber entlang des Weges. Selbst das Internet oder virtuelle Welten können diese Magie nicht so greifbar machen. Ihren Anfang nimmt die Märchenstraße in der Brüder Grimm-Stadt Hanau, dem Geburtsort der Brüder Grimm. Als kulturelles Zentrum im Osten des Rhein-Main-Gebiets bietet die Geburtsstadt der Brüder

Jacob und Wilhelm Grimm neben historischen Sehenswürdigkeiten auch neun Museen, zahlreiche Galerien sowie über 1.000 Veranstaltungen pro Jahr. Die bekannten Brüder Grimm-Märchenfestspiele bilden jedes Jahr einen kulturellen Höhepunkt. Sie wurden 1985 im Schlosspark Philippsruhe initiiert und haben bislang über eine Million Besucher aus Nah und Fern begeistert.

Das Geburtshaus der Brüder Grimm

Am 20. Dezember 1812 erschien die Erstausgabe der Grimm'schen *Kinder- und Hausmärchen*. Neben der Luther-Bibel zählen die Kinder- und Hausmärchen der Brüder Grimm zu den bekanntesten und weltweit meistverbreiteten Büchern der deutschen Kulturgeschichte. Mit ihrer einzigartigen Sammlung europäischer und orientalischer Märchentradition erlangten sie Weltruhm und so zählen sie bis heute zu den bedeutendsten Vertretern deutscher Kulturgeschichte. Der renommierte Brüder Grimm-Preis für Literatur wird seit 1983 alle zwei Jahre vergeben.

Vom Hanauer Nationaldenkmal (1896) am Marktplatz führt die Märchenstraße durch das Kinzigtal in die romantische Stadt Marburg, Studienort der Brüder Grimm. Marburg begeistert mit mittelalterlichen Bauwerken und historischen Gassen. Weiter geht die Reise in das Rotkäppchenland, vorbei an der Urlaubsregion Waldeck-Edersee bis nach Kassel, der Hauptstadt der Deutschen Märchenstraße. Jacob und Wilhelm Grimm lebten (mit Unterbrechungen) von 1798 bis 1841 in Kassel, der Stadt, aus der ihre Mutter Dorothea Zimmer stammte. In Kassel machten sie ihr Abitur, sammelten Märchen und Sagen und verbrachten auch hier die glücklichsten Jahre ihres Lebens. Das Brüder Grimm-Museum an der Schönen Aussicht zeigt eine Ausstellung zu Leben, Werk und Wirkung der beiden Gründungsväter der Deutschen Philologie bzw. Germanistik. Die unsterblich gewordenen *Kinder- und Hausmärchen* erschienen von 1812 bis 1815 und zählen inzwischen zum UNESCO-Weltdokumentenerbe.

In Kassel bietet die Märchenstraße zwei Routen an: Die eine folgt der Geschichte von Frau Holle auf dem Hohen Meißner, die andere der von Dornröschen zum Dornröschenschloss Sababurg. Entlang der Weser kommt der Reisende in die legendäre Rattenfängerstadt Hameln. Die uralte Sage macht Hameln einzigartig auf der Deutschen Märchenstraße. Denn die Geschichte vom Rattenfänger ist kein nettes, buntes Märchen, sondern eine düstere Erzählung um Lügen und Rache ganz ohne Happy End. Dieses Mysterium hat die Stadt in der ganzen Welt berühmt gemacht. Selbst in Asien und in Amerika kennen sie den Rattenfänger. Der „Rattenfänger von Hameln" ist die bekannteste deutsche Sage. Man schätzt, dass mehr als eine Milliarde Menschen sie

Marburg

kennen. Die Märchenstraße führt bis zu dem bekannten Denkmal der Stadtmusikanten der Hansestadt Bremen. Bremen sowie Bremerhaven mit ihrem hanseatischen Flair bilden den krönenden Abschluss der Deutschen Märchenstraße.

I. Fragen zum Verständnis.

1. Warum ist Hanau so bekannt?

2. Was macht die Deutsche Märchenstraße so attraktiv?

3. Was kann man auf der Märchenstraße erleben?

4. Welche Bedeutung hat die Stadt Hanau als kulturelles Zentrum?

5. Was macht die Märchenstraße zu einer begehrten Reiseroute?

6. Was empfinden Sie, wenn Sie die Märchen lesen?

7. Was sind die weltweit meistgelesenen Bücher der deutschen Kulturgeschichte?

8. Warum zählt man die Märchen der Brüder Grimm zu den bedeutendsten Vertretern deutscher Kulturgeschichte?

9. Warum ist es eine große Ehre, wenn man den Grimm-Preis bekommt?

10. Warum gehen Besucher aus aller Welt in den Schlosspark Philippsruhe?

11. Warum erwähnt der Text die Stadt Marburg?

12. Warum sollte man sich das Brüder Grimm-Museum ansehen?

13. Warum ist die Stadt Hameln so berühmt geworden?

14. Welches berühmte Märchen verbindet sich mit der Stadt Bremen?

II. Richtig oder falsch? Wenn falsch, korrigieren Sie die falsche Aussage.

1. ___ „Der Rattenfänger von Hameln" ist eine lustige Sage über Kinder und Ratten.

2. ___ In der Hansestadt Bremen hat man einem Märchen ein Denkmal gesetzt.

3. ___ Ohne Unterbrechung verbindet die Märchenstraße Hanau mit Bremen.

4. ___ Die Brüder Grimm sind die Gründungsväter der Deutschen Philologie bzw. Germanistik.

5. ___ Historische Gassen und Häuser aus dem Mittelalter machen die Stadt Marburg romantisch.

6. ___ Den Grimm-Preis gibt es seit 1896.

7. ___ Eine Million Besucher aus Nah und Fern begeistern sich für das Schloss Philippsruhe.

8. ___ Die Luther-Bibel ist das meistverbreiteste Buch der Welt.

9. ___ Die Stadt Hanau ist nur als Geburtsort der Brüder Grimm bekannt.

10. ___ Den Zauber der Märchen kann man genauso im Internet erleben.

11. ___ Die Deutsche Märchenstraße ist eine der beliebtesten Ferienrouten in Deutschland.

III. Setzen Sie das richtige Wort oder den richtigen Ausdruck ein.

begehrt, Vertreter, Weltdokumentenerbe, Erstausgabe, Gründungsväter, vergeben, Gasse, schätzt, Zauber, uralte, vermittelt, erwähnt, eintauchen, einzigartige, greifbar, Veranstaltungen, krönende Abschluss, düster, verbindet sich, Bedeutung, Landstrichen, geradezu

1. Mit den Schlössern Ludwig II. _____ auch die Geschichte von Bayern.

2. In den Chroniken wird _____, dass er die Steuergelder für den Bau seiner Schlösser benutzt haben soll.

3. Einsteins Relativitätstheorie war von großer _____.

4. Gemälde von dem österreichischen Maler Hundertwasser sind immer noch sehr _____.

5. Der Besuch der Lorelei ist der _____ einer Schiffsreise auf dem Rhein.

6. · Man _____ die Besucherzahlen des Neuschwanstein Schlosses auf 1,5 Millionen pro Jahr.

7. _____ Sagen sind meistens _____, und es gibt kein Happy End.

8. _____ Beispiele deutscher Geschichte und Kultur werden in das UNESCO _____ aufgenommen.

9. Die Brüder Grimm waren die _____ der deutschen Germanistik und Philologie.

10. Durch diese hohle _____ muss er kommen, es führt kein anderer Weg nach Küssnacht.

11. In Österreich wird jedes Jahr der Ingeborg Bachmann Preis _____.

12. Goethe, Schiller und Kleist sind berühmte _____ der deutschen Literatur.

13. Die meisten Bibliotheken der Welt haben eine _____ von berühmten Büchern.

14. In dem kulturellen Programm einer Stadt kann man sich über die tagtäglichen _____ informieren.

15. Bei den Märchenfestspielen wird der _____ dieser Märchen so richtig _____.

16. Die Biographie Wernher von Brauns _____ Impressionen von der Erforschung des Weltalls.

17. Bachs Kantaten sind _____ einzigartig und unsterblich.

18. In Norddeutschland, genauer gesagt in Niedersachsen, kann man in drei _____ Sprachen erleben, die sich total voneinander unterscheiden.

19. Dresden ist die Stadt des deutschen Barock. Hier kann man total in eine andere Welt _____ und Historie erleben.

IV. Wie steht das im Text?

1. Die Brüder Grimm und ihre Werke sind international bekannt.

2. Im Gegensatz zu den meisten Märchen gibt es im „Rattenfänger von Hameln" kein glückliches Ende.

3. Das hanseatische Flair ist ein Markenzeichen von Bremen und Bremerhaven. Beide Städte stehen am Ende dieser Reiseroute.

4. Sie gingen in Kassel zur Schule und waren hier auch sehr glücklich.

5. Deutsche Kulturgeschichte ist ohne die Brüder Grimm nicht denkbar.

6. Man kann die Märchen auch in Regionen erleben, auf die sich der Inhalt bezieht.

7. Die Magie dieser Märchen kann man auf der Märchenstraße erleben.

8. Die Brüder Grimm kamen in Hanau zur Welt.

9. Die Märchenfestspiele sind alljährlich ein hoch interessantes Erlebnis.

V. Aufgabe und Diskussion.

1. Machen Sie eine PowerPoint-Präsentation, indem Sie die im Text erwähnten Städte vorstellen.

2. Suchen Sie die Deutsche Märchenstraße im Internet und wählen Sie drei Städte oder Regionen aus, die Ihnen am besten gefallen.

3. Besuchen Sie das Brüder Grimm-Museum in Kassel und berichten Sie, was man hier alles sehen kann.

4. Informieren Sie sich über die Geschichte von Frau Holle auf dem Hohen Meißner und Dornröschen auf dem Dornröschenschloss Sababurg. Wovon handeln beide Märchen?

VI. Schriftliches.

Nach Ihrem Vortrag schreiben Sie ein kleines Essay über Ihre Präsentation. Achten Sie dabei auf genaue grammatische Formulierungen.

VII. Partnerarbeit.

Besuchen Sie die Stadt Hanau und das Geburtshaus der Brüder Grimm. Entwickeln Sie mit Ihrem Partner ein Interview über das Leben und Werk der Brüder Grimm. Benutzen Sie die angegebenen Vokabeln und stellen Sie jeweils (*each*) fünf Fragen auf, die Ihr Partner dann beantwortet. Nach dem Interview berichtet jeder von Ihnen, was Sie von Ihrem Partner erfahren haben.

11

Von Mannheim nach Prag: Auf den Spuren deutscher Geschichte

Abschnitt, der	section, segment	Kleinod, das	gem
am Wegesrand	by the wayside	Kulisse, die	scene
auferleben	to revive [as in the past]	locken	to lure, beckon
		malerisch	scenic
ausgeschildert	signposted	meistern	to overcome
Ausstellung, die	exhibition	mit etwas rechnen	to expect something
betragen	to amount to	prachtvoll	splendid
dinieren	to dine	reizvoll	attractive
eine deftige Brotzeit	a hearty snack of bread and cold cuts	Schlemmerei, die	gourmet meal
		ständig	permanently
		Steigung, die	incline
eingebettet	embedded	teilweise	partially
Flair, das	aura, atmosphere	trutzig	fortified
Flusstal, das	river valley	Veranstaltung, die	event
Freilichtaufführung, die	open-air performance	vereinzelt	occasionally
		vielfältig	diverse
gepriesen	praised		

Die Burgenstraße gilt als eine der traditionsreichsten und bekanntesten Ferienstraßen. Schon seit 60 Jahren kann man hier mehr als 90 Burgen und Schlösser auf dem Weg von Mannheim nach Prag besichtigen. Die Gesamtlänge beträgt fast 1.200 km und sie führt durch touristische Kleinode und berühmte historische Städte. Die Schlösser in

Mannheim

Schwetzingen

Coburg   *Kronach*

Mannheim, Heidelberg und Schwetzingen stehen am Anfang der Reise, die zu den Ritterburgen im Neckartal, nach Sinsheim, in die Stauferstadt Bad Wimpfen und schließlich nach Heilbronn führt.

Über Schwäbisch Hall geht es weiter über Rothenburg ob der Tauber und Ansbach nach Nürnberg und Bamberg. Die beeindruckenden Festungen in Coburg, Kronach und Kulmbach sind weitere Stationen, bevor Bayreuth erreicht wird. Die Reise bietet dem Besucher weitere fünfzehn böhmische Burgen und Schlösser an, bevor die Burgenstraßentour ihren glanzvollen Höhepunkt in der tschechischen Hauptstadt Prag findet.

Der romantische Reiseweg durch deutsche Kultur und Geschichte geht auch durch malerische Landschaften, die sich ständig ändern. So kann man zum Beispiel idyllische Flusstäler, Weinberge oder seltsame Felsformationen erleben. Trutzige Burgen, prachtvolle Schlösser, mittelalterliche Städtchen und barocke Residenzen lassen das Flair vergangener Tage wie eine Reise durch die geschichtlichen Epochen wieder auferleben. Die Vergangenheit wird in den traumhaften Burg- und Schlosshotels oder -restaurants am Wegesrand wieder lebendig. Die Burgenstraße bietet ein besonderes Erlebnis, wenn man in alten Burgmauern übernachtet oder im barocken Ambiente eines Schlosses diniert. Das ganze Jahr über lockt eine Vielzahl von Veranstaltungen von Freilichtaufführungen vor historischer Kulisse über Burg- und Schlossfeste, traditionelle Märkte, Musikfestivals und Ausstellungen bis hin zu romantischen Weihnachtsmärkten.

Eine Reise auf der Burgenstraße offeriert auch eine kulinarische Genießertour mit vielen Facetten, angefangen bei den badischen und württembergischen Weinen und Schlemmereien über fränkische Biervielfalt und deftige Brotzeiten bis hin zur viel gepriesenen böhmischen Küche. Wegen der vielfältigen Eindrücke, der Fülle der Sehenswürdigkeiten und Erlebnisse auf der Burgenstraße sollte man eigentlich diese Traditionsroute in mehreren Abschnitten bereisen. Sie bietet dem Reisenden zu viele Impressionen auf einmal.

Bayreuth

Eine reizvolle Alternative zum Auto ist auch das Fahrrad, denn auch für Urlauber auf zwei Rädern ist die Burgenstraße ausgeschildert. Der rund 1.200 km lange Radweg führt ebenso wie die Straße von Mannheim bis nach Prag. Vom Neckartal mit seinen Ritterburgen geht es durch das Weinland rund um Heilbronn und durch Hohenlohe nach Rothenburg ob der Tauber. Über das romantische Franken kommt man nach Nürnberg und von dort weiter über die Fränkische Schweiz nach Bamberg. Die Burgen im Naturpark Hassberge und die großen Festungen im Frankenwald sind weitere Stationen, bevor Bayreuth erreicht wird. Durch das Fichtelgebirge führt der Weg weiter Richtung Prag. Vereinzelt muss man stärkere Steigungen meistern.

I. Fragen zum Verständnis.

1. Womit muss man beim Radeln rechnen?

2. Warum würden Sie eine Reise auf der Burgenstraße machen?

3. Welche Möglichkeit gibt es, wenn man die Burgenstraße nur teilweise erleben will?

4. Was kann man alles auf der Burgenstraße erleben? Geben Sie Beispiele.

5. Welche Optionen haben Sportbegeisterte?

6. Warum spricht man von einem romantischen Reiseweg?

7. Was kann man alljährlich auf der Burgenstraße erleben?

8. Was wäre ein besonderes Erlebnis?

9. Was erfahren Sie über Speisen und Getränke?

II. Richtig oder falsch? Wenn falsch, korrigieren Sie die falsche Aussage.

1. ___ Schlösser findet man in Städten und Burgen auf Bergen.

2. ___ Auf den Burgen kann man in Jugendherbergen übernachten.

3. ___ Die Burgenstraße beginnt in Heidelberg und endet in Prag.

4. ___ Die Reiseroute und die Landschaften sind alle gleich.

5. ___ Man glaubt, man befindet sich auf einer Reise durch die Jahrhunderte.

6. ___ Die Burgenstraße lockt die Besucher nur zu den Weihnachtsmärkten.

7. ___ Kulinarisches kann man nur im Frankenland genießen.

8. ___ Man sollte besonders die verschiedenen Biersorten probieren.

III. Setzen Sie das richtige Wort oder den richtigen Ausdruck ein.

Schlemmerei, malerisch, eine deftige Brotzeit, locken, trutzig, gepriesen, der Abschnitt, reizvoll, ausgeschildert, Flair, meistern, teilweise, rechnen

1. Wenn man im Winter in den Alpen unterwegs ist, muss man immer mit Schnee _____.

2. Bei einer Olympiade muss man Hindernisse _____.

3. Fahrradrouten sind _____ ziemlich beschwerlich, denn es können immer wieder Steigungen auftreten.

4. Wanderwege und Fahrradtouren sind immer gut _____.

5. Einzelne _____ durch romantische Landschaften sind ganz _____.

6. In Reisebroschüren wird die Burgenstraße wegen ihrer Romantik _____.

7. Kulinarische _____ kann man sogar auf einigen Schlössern oder Burgen im jeweiligen Restaurant erleben.

8. Im Frankenland gibt es häufig zum Bier _____ .

9. Jede Landschaft oder Region hat ein gewisses _____, das die Besucher _____.

10. _____ Burgen findet man häufig auf den Bergen und _____ Landschaften in den Flusstälern.

IV. Wie steht das im Text?

1. Auf der Burgenstraße gibt es Orte, die die Touristen wie ein Magnet anziehen.

2. Man kann sich vorstellen, wie es wohl gewesen sein muss, wenn man auf einer Burg lebte oder in einem Schloss residierte.

3. Man kann auch mit dem Fahrrad von Mannheim nach Prag radeln.

4. Auf der Burgenstraße macht man eine Reise durch die Jahrhunderte.

5. Die Reiseroute ist auch wegen ihrer vielfältigen Landschaft beliebt.

6. Die verschiedenen Burgen und Schlösser ziehen die Besucher alljährlich mit besonderen kulturellen Programmen an.

7. Wenn man die Fahrradtour macht, kann es vorkommen, dass man absteigen und das Fahrrad schieben muss.

8. Da die Burgenstraße sehr viel Kulturelles anbietet, lohnt es sich, die Route in Abschnitten zu erleben.

9. Die Wein- und Biersorten in den verschiedenen Regionen sollte man genauso wie die kulinarischen Speisen genießen.

V. Aufgabe und Diskussion.

1. Vergleichen Sie im Internet die Autoreise mit der Fahrradtour. Welche Unterschiede gibt es hier? Präsentieren Sie die Ergebnisse an Hand einer PowerPoint-Präsentation.

2. Auf welchen Schlössern/Burgen kann man übernachten? Welche haben auch ein Restaurant? Informieren Sie sich im Internet und präsentieren Sie die Ergebnisse an Hand einer PowerPoint-Präsentation.

3. Auf der Burgenstraße begegnen Sie vielen verschiedenen Weinregionen. Informieren Sie sich im Internet und präsentieren Sie die Ergebnisse an Hand einer PowerPoint-Präsentation.

4. Im Text ist die Rede von einer deftigen Brotzeit. Was können Sie im Internet über die Brotzeit und das Bier im Frankenland herausfinden? Präsentieren Sie die Ergebnisse an Hand einer PowerPoint-Präsentation.

VI. Schriftliches.

Nach Ihrem Vortrag schreiben Sie ein kleines Essay über Ihre Präsentation. Achten Sie dabei auf genaue grammatische Formulierungen.

VII. Partnerarbeit.

Die Burgen und Schlösser stammen aus verschiedenen Jahrhunderten und haben deshalb unterschiedliche Bedeutungen. Entwickeln Sie mit Ihrem Partner ein Interview über die Bedeutung dieser Burganlagen und Schlösser. Benutzen Sie die angegebenen Vokabeln und stellen Sie jeweils (*each*) fünf Fragen auf, die Ihr Partner dann beantwortet. Nach dem Interview berichtet jeder von Ihnen, was Sie von Ihrem Partner erfahren haben.

12

Potsdam und Berlin als UNESCO-Kulturlandschaft

Aufklärung, die	rationalism, enlightenment	markant	distinctive
ausführen	to implement	Meierei, die	dairy farm
Ausstattung, die	accouterment, appointments	mit Widerwillen	reluctantly
		Prunkstück, das	showpiece
		schmiedeeisern	wrought-iron
austauschen	to swap, interchange	schnappen	to nab, snatch
beauftragen	to commission	Sichtachse, die	vista, visual axis
beengt	cramped	Siedlung, die	housing development
begehrt	desired		
beherbergen	to house	Sorge, die	worry
Bescheidenheit, die	modesty	Stiftung, die	foundation
bestehend	existing	stilvoll	stylish
Bildungsideal, das	educational ideal	strahlen	to shine
Blickfang, der	eye-catcher	Therme, die	thermal bath
die Geschicke lenken	to control the fates	umfangreich	comprehensive
ebenfalls	likewise	umfassen	to comprise
entwerfen	to design	untergebracht	lodged, housed
erzeugen	to generate	verknüpfen	to associate
Gelände, das	terrain	verschont	spared
herausragend	outstanding	verwalten	to maintain
hervorheben	to highlight, emphasize	Wurzel, die	root
		zeugen von	to testify to
Hinterhof, der	backyard	Zeugnis, das	testimony
Kulisse, die	setting	zumeist	for the most part
kunstvoll	artistic		

Im Jahr 1991 nahm die UNESCO die Schlösser und Parks von Potsdam und Berlin, 1999 die Museumsinsel und 2008 die Siedlungen der Berliner Moderne in die Welterbeliste auf. Die Glienicker Brücke, in Hollywood Filmen auch als „Agentenbrücke" bekannt, hat die deutsche Geschichte geprägt. Heute denkt man dabei an den Kalten Krieg. Auf dieser Brücke kam es häufig zu Kontakten zwischen Ost und West. So zum Beispiel wurden hier Agenten (Spione) ausgetauscht, die während ihrer Spionagetätigkeit geschnappt worden waren. Seit 1990 gehört auch das Schloss Glienicke zum UNESCO-Welterbe.

Glienicker Brücke

In fast vier Jahrhunderten entstand zwischen Potsdam und Berlin eine weitläufige Parklandschaft, die einerseits auf die Ideen des französischen Barockgartens zurückgeht, andererseits Stile unterschiedlicher Epochen miteinander verbindet. Dazu trugen Architekten bei, deren Namen noch heute untrennbar mit Preußen verbunden sind: Friedrich II. beauftragte Georg Wenzelslaus von Knobelsdorff im 18. Jahrhundert, das Schloss Sanssouci zu errichten. Auch den Bau der Orangerie und der Bildergalerie führte Knobelsdorff aus. Karl-Friedrich Schinkel und Friedrich August Stüler hinterließen ebenfalls ihre Handschrift. Sie schufen unter anderem die Römischen Thermen, die Friedenskirche und das Chinesische Teehaus.

Der Gartenkünstler und Landschaftsarchitekt Peter Joseph Lenné arbeitete eng mit Schinkel und dessen Schüler Persius zusammen und entwarf die Parklandschaft, die sich an romantischen Gärten orientiert. Besonders markant für seine Arbeit sind die Sichtachsen, die die einzelnen Parkareale miteinander verknüpfen und die Schlösser hervorheben. Lennés Gartenkunst verbindet heute noch die einzelnen Bereiche der Schlösser und Parks. Allein die Potsdamer Parks umfassen ein Gelände von 500 Hektar. Auf Berliner Gebiet liegen heute das von Schinkel erbaute klassizistische Schloss Charlottenhof, das Schloss Glienicke und das Kavaliershaus auf der Pfaueninsel. Seit 1999 gehören unter anderem auch die russische Kolonie Alexandrowka, einst ein Zeichen der preußisch-russischen Freundschaftsbeziehungen, die Sacrower Heilandskirche, die direkt am Havelufer liegt sowie das Belvedere nördlich des Neuen Gartens dazu.

Eine Krone ist lediglich ein Hut, in den es hineinregnet. Die Worte aus dem Mund Friedrich des Großen zeugen von Bescheidenheit. Im 18. Jahrhundert lenkte der König die Geschicke Preußens nicht mit großen Prunk, sondern mit Disziplin. Seine Wünsche waren die eines einfachen Mannes: ohne Sorge zu sein, *sans souci*. Und so ließ er zwischen 1745 und 1747 auf den berühmten Weinbergterrassen das Sommerschloss Sanssouci bauen. Es wurde sein Sommersitz und Lieblingsort, ein Refugium, in das er sich in schweren Zeiten allein mit seinen Hunden zurückzog. Selbst kleine Reparaturen ließ er nur mit Widerwillen durchführen—denn das Schloss war sein Schloss, und es sollte „nur bei meinem Leben dauern". Dieser Wunsch ist glücklicherweise nicht in Erfüllung gegangen. Sanssouci strahlt noch heute in altem Glanz. Die Räume sind mit all ihren eleganten, stilvollen Ausstattungen original erhalten. Und der weitläufige Park mit den anderen Schlossgebäuden wie dem Neuen Palais, den Neuen Kammern, dem Chinesischen Haus, der Orangerie oder dem Schloss Charlottenhof ist schöner und eindrucksvoller als je zuvor.

Zwischen 1794 und 1797 ließ Friedrich Wilhelm II. das weithin sichtbare weiße Schloss der Pfaueninsel bauen. Es sollte der krönende Blickfang einer Sichtachse des Neuen Gartens sein—und dem König gleichzeitig dazu dienen, sich dann und wann von einer Bootsfahrt auszuruhen und eine Nacht mit seiner Geliebten Wilhelmine Encke zu verbringen. Das Schloss ist geprägt von seinen beiden Rundtürmen, die durch eine schmiedeeiserne Brücke verbunden sind und so die Illusion einer mittelal-

terlichen Burg erzeugen. Heute verwaltet die Stiftung Preußische Schlösser und Gärten die Pfaueninsel. Zusammen mit Schloss Glienicke und der Potsdamer Schlösserlandschaft gehört die Insel mit dem kleinen Schloss zum UNESCO-Welterbe. In der kunstvoll gestalteten Gartenlandschaft der Pfaueninsel finden sich viele weitere Gebäude—zum Beispiel der Luisentempel, die alte Meierei und das neogotische Kavaliershaus. Letztes diente in den 1960er Jahren als Kulisse für mehrere Edgar-Wallace-Filme, etwa „Die Tür mit den sieben Schlössern", „Neues vom Hexer" oder „Der Hund von Blackwood Castle".

Die Berliner Museumsinsel ist das Ziel eines jeden Kunstliebhabers, da hier fünf weltweit renommierte Museumsbauten den Besucher beindrucken. Seit Ende der 1870er Jahre spricht man von der „Museumsinsel". Somit gilt die Berliner Museumsinsel aus Sicht der UNESCO als Ensemble, dessen Wurzeln in die Zeit der Aufklärung und ihrer Bildungsideale zurück-

reichen. Das Pergamonmuseum ist mit rund einer Million Besuchern pro Jahr das meistbesuchte Museum Berlins. Das Bode-Museum beherbergt eine umfangreiche Skulpturensammlung sowie Schätze des Museums für byzantinische Kunst und des Münzkabinetts. 1841 begann

Friedrich August Stüler mit dem Bau des Neuen Museums, in dem das Ägyptische Museum sowie das Museum für Vor- und Frühgeschichte untergebracht sind. Prunkstück: die Nofretete. Wie ein antiker Tempel erhebt sich die Alte Nationalgalerie über die Museumsinsel. Vorbild für den Architekten Friedrich August Stüler war die Akropolis von Athen. Das zwischen 1867 und 1876 erbaute Gebäude zeigt Werke des Klassizismus, der Romantik, des Biedermeier, des Impressionismus und der beginnenden Moderne. Das Alte Museum wurde von dem Baumeister Karl Friedrich Schinkel entworfen. Das klassizistische Gebäude mit Rotunde, Kuppel und Säulenportal war 1830 das erste öffentliche Museum in Preußen.

Im Juli 2008 wurden sechs repräsentative Wohnhaussiedlungen der Berliner Moderne auf die Welterbeliste der UNESCO aufgenommen. Im Gegensatz zu den Berliner Wohngebäuden des Kaiserreichs mit den dunklen Hinterhöfen und beengten Wohnungen ohne Tageslicht und mit mangelnder Hygiene entstanden helle Wohnungen. Die Bauten sind wichtige Zeugnisse des sozialen Wohnungsbaus der Zeit und des gesamten 20. Jahrhunderts. Der demokratische Wohnungsbau endete 1933, denn die Nationalsozialisten wollten ein völlig anderes, anti-modernes Konzept. Glücklicherweise wurden die bestehenden Bauten kaum verändert und blieben auch von den Bomben des Zweiten Weltkrieges zumeist verschont. Heute noch sind die Wohnungen und Häuser der Siedlungen der Moderne begehrte Objekte auf dem Immobilienmarkt.

I. Fragen zum Verständnis.

1. Warum wurden die Wohnsiedlungen der Berliner Moderne 2008 in die UNESCO-Welterbeliste aufgenommen?

2. Was für eine Funktion hatte die Glienicker Brücke im Kalten Krieg?

3. Woran erinnert die Alte Nationalgalerie?

4. Welche Gartenbauarchitektur (*landscaping*) finden Sie in der Parklandschaft zwischen Berlin und Potsdam?

5. Was ist das Besondere an der Museumsinsel?

6. Warum ließ Friedrich II. das weiße Schloss auf der Pfaueninsel bauen?

7. Welche Gebäude schufen die Architekten Friedrich des Großen?

8. Was ist das Besondere an den Sichtachsen?

9. Was waren die besonderen Charakteristika Friedrich des Großen?

10. Welche Bedeutung hatte Sanssouci für Friedrich den Großen?

II. Richtig oder falsch? Wenn falsch, korrigieren Sie die falsche Aussage.

1. ___ Das Neue Museum ist besonders stolz auf die byzantinische Kunst.

2. ___ Die Berliner Wohngebäude des Kaiserreichs wurden 2008 ins UNESCO-Welterbe aufgenommen.

3. ___ Das Schloss auf der Pfaueninsel erinnert an das Mittelalter.

4. ___ Friedrich Wilhelm II. ließ das Sommerschloss Sanssouci errichten.

5. ___ Auf der Glienicker Brücke kam es im Kalten Krieg häufig zu Kontakten zwischen West- und Ost Berlin.

6. ___ Die Nationalsozialisten fanden das demokratische Konzept der Wohnhaussiedlungen gut.

7. ___ Sanssouci strahlt auch heute noch im Glanz des 18. Jahrhunderts.

III. Setzen Sie das richtige Wort oder den richtigen Ausdruck ein.

Kulisse, kunstvoll, entwerfen, verwaltet, umfasst, untergebracht, zeugen…
von, Sichtachse, strahlendem, Stiftung, verschont, ausgeführt, Aufklärung,
Zeugnis, beauftragt, Austausch, Ausstattung

1. Der abendliche Spaziergang führt durch die Geschichte von Dr. Eck und
   der Gegenreformation über die Jesuiten und die _____ bis hin zu den
   Illuminaten.

2. Der Habsburger Kaiser Maximilian I. (1459–1519) wollte sich über den Tod
   hinaus künstlerisch und politisch verewigen (*immortalize*). Die Arbeiten an
   seinem Sarkophag in der Innsbrucker Hofkirche wurden von den besten
   Künstlern der Zeit geplant und _____.

3. In der _____ unterscheidet sich das Hotel Penz kaum von anderen
   Vier-Sterne-Designhotels. Aber im fünften Stock erlebt man abends von
   der Bar und dem Restaurant einen spektakulären Blick auf das nächtliche
   Innsbruck.

4. Der _____ mit anderen Kulturen ist lebensnotwendig für die Weiterentwicklung aller Kunstrichtungen (*art movements*).

5. Das Naturhistorische Museum in Wien wurde von Kaiser Franz Josef I. als
   Pendant (*counterpart*) zum Kunsthistorischen Museum _____ und 1889
   eröffnet.

6. Eine weitere Sehenswürdigkeit ist der Königsplatz in München. Der Architekt
   Leo von Klenze erhielt im Jahr 1817 von König Ludwig I. den Auftrag, diesen
   „königlichen Platz" zu _____.

7. Das Schloss Löwenstein im unterfränkischen Kleinheubach ist umgeben von
   einer malerischen _____ direkt am Main und liegt in einem großen
   englischen Landschaftspark.

8. Züpfe (*braided bread*) nennen die Berner ihr _____ geflochtenes Sonn-
   tagsbrot, das aus der traditionellen Bauernküche stammt.

9. Zwischen 1794 und 1797 ließ Friedrich Wilhelm II. das weithin sichtbare
   weiße Schloss der Pfaueninsel bauen. Es sollte der krönende Blickfang einer
   _____ des Neuen Gartens sein.

10. Die Schweiz blieb im Ersten Weltkrieg als neutraler Kleinstaat von direkten
    kriegerischen Ereignissen _____.

11. Skifahren bis weit in den Frühling hinein, bei _____ Sonnenschein
    und angenehmen Temperaturen. Dafür gibt es einige spezielle Skigebiete in
    Österreich.

12. 45 Schlösser, Burgen und Residenzen werden in Bayern von der
    Schlösserverwaltung _____.

13. Das 2011 eröffnete Museum der bayerischen Könige ist im historischen Grand Hotel Alpenrose _____.

14. Auf der Burgenstraße von Mannheim über Rothenburg ob der Tauber, Nürnberg und Bayreuth bis hin nach Prag _____ über 90 Burgen, Schlösser und prächtige Residenzen _____ einer äußerst lebendigen Vergangenheit und warten nur darauf, erobert zu werden.

15. Das Naturhistorische Museum Freiburg in der Schweiz _____ alle Bereiche der Naturwissenschaften.

16. Historisch bedeutsam liegt das Passauer Land an der Grenze zu Österreich, wo Donau und Inn zusammenfließen. Zahlreiche Burgen und Schlösser säumen (*line*) die Region und geben _____ von dieser vergangenen Zeit.

17. Mit 160.000 Werken in rund 80 Sprachen zählt die _____ Martin Bodmer zu den größten Privatbibliotheken der Welt.

IV. Wie steht das im Text?

1. Die dunklen Wohnungen des 19. Jahrhunderts wurden Anfang des 20. Jahrhunderts durch helle Wohnsiedlungen ersetzt.

2. Am liebsten hielt sich dieser Schlossherr in diesem Palast auf, um sich von den Sorgen des Alltags zu befreien.

3. Wer Berlin besucht, kann auf dieser Insel beinahe alles finden, was einen an Kunst interessiert.

4. Das weiße Schloss auf der Pfaueninsel erinnert in seiner Architektur an eine Burg aus dem Mittelalter.

5. Wenn man durch die verschiedenen Parks wandert, sieht man meistens am Horizont Teile eines Schlosses.

6. Berühmte Architekten des 18. Jahrhunderts errichteten Gebäude, ohne die Preußen wohl kaum in der Erinnerung geblieben wäre.

7. In dieser Zeit kam es in Berlin häufig zu West-Ost Kontakten.

V. Aufgabe und Diskussion.

1. Statten Sie der Museumsinsel einen Besuch ab. Sie gehört seit 1999 als weltweit einzigartiges bauliches und kulturelles Ensemble dem Welterbe der UNESCO an. Berichten Sie von den faszinierenden permanenten Ausstellungen in den fünf Museen: das Pergamonmuseum, das Bode-Museum, das Neue Museum, die Alte Nationalgalerie, und das Alte Museum.

2. Berlin hat diverse UNESCO-Welterbestätten. Konzentrieren Sie sich auf die Schlösser und Parkanlagen von Potsdam und Berlin.

3. Befassen Sie sich mit der Geschichte der Glienicker Brücke und der Trennung zwischen West- und Ostberlin.

4. Die Berliner Moderne war ein sozialer Häuserkomplex. Suchen Sie Beispiele im Internet und stellen Sie auch die Architekten vor, die diese Wohnungen gebaut haben. Besuchen Sie auch die Gartenstadt Falkenberg.

5. Im Text werden Friedrich der Große (Friedrich II.) und Friedrich Wilhelm II. erwähnt. Was war die Bedeutung dieser beiden Herrscher?

VI. Schriftliches.

Nach Ihrem Vortrag schreiben Sie ein kleines Essay über Ihre Präsentation. Achten Sie dabei auf genaue grammatische Formulierungen.

VII. Partnerarbeit.

Berlin hat in der deutschen Geschichte schon immer eine wichtige Rolle gespielt. Mit Berlin verbinden sich die Schlösser und Parkanlagen des 18. Jahrhunderts und die Kreation der Museumsinsel im 19. Jahrhundert. Was ist so besonders wertvoll an diesen Zeugnissen deutscher Geschichte, dass sie in das UNESCO-Welterbe aufgenommen wurden? Machen Sie mit Ihrem Partner ein Interview, in dem Sie diese Frage diskutieren. Benutzen Sie die angegebenen Vokabeln und stellen Sie jeweils (*each*) fünf Fragen auf, die Ihr Partner dann beantwortet. Nach dem Interview berichtet jeder von Ihnen, was Sie von Ihrem Partner erfahren haben.

13

Zeugen deutscher Geschichte. Von der Wartburg zur Gedenkstätte „Point Alpha"

abhören	to eavesdrop	entspannt	relaxed
anziehen	to attract	erhalten	maintained,
Anziehungskraft, die	appeal		preserved
auf den Spuren wandeln	to follow [some-	Fluchtversuch, der	escape attempt
	one's] tracks	Funkspruch, der	radio message
auszeichnen	to honor	Gedenkstätte, die	memorial
Begründer, der	founder	Gegenmaßnahme, die	countermeasure
Beobachtungsstütz-	observation	genießen	to enjoy
punkt, der	platform	gescheitert	unsuccessful
Burschenschaft, die	fraternity	Grenzverlauf, der	course of the border
der Sage nach	according to legend	hautnah	very close
eine Veranstaltung	to host an event	höfische Kunst	courtly art
abhalten		schmuck	picture perfect
ein Katzensprung	a stone's throw	Siegel, das	seal
	away	thronen	to tower
(sich) eignen	to be suitable	umfassen	to comprise
einweihen	to consecrate, to	verleihen	to give, to grant
	divulge a secret	Wende, die	turn
entscheidend	decisive		

In Thüringen ist es von einer historischen Stadt zur anderen meist nur ein Katzensprung. Fast überall kann man auf den Spuren großer Persönlichkeiten wie Goethe, Schiller und Luther wandeln, Burgen und Schlösser entdecken, wie zum Beispiel die Wartburg und Schloss Friedenstein oder einfach nur ganz entspannt bummeln und das Flair genießen. Die Landeshauptstadt Thüringens kann auf eine über 1.270-jährige Geschichte zurückblicken. In Erfurt gibt es einen der am besten erhaltenen mittelalterlichen Stadtkerne Deutschlands, schmucke Patrizierhäuser und liebevoll rekonstruierte Fachwerkhäuser. Die bekanntesten Wahrzeichen Erfurts sind das Ensemble des Domes St. Marien und der Severikirche sowie die Krämerbrücke.

Mit 120 m Länge und 32 Häusern ist sie die längste komplett bebaute und bewohnte Brückenstraße Europas. Auf dem Petersberg oberhalb von Erfurt befindet sich die Zitadelle Petersberg. Die Festung wurde in drei Jahrhunderten errichtet (vom 17.

bis 19. Jahrhundert). Deshalb findet man hier auch Bauelemente aus dem Barock. Die romanische Peterskirche stammt aus dem Jahr 1103 und wurde 1147 eingeweiht. Schon immer zog Erfurt als wirtschaftliches, geistiges, kulturelles und politisches Zentrum Thüringens große Persönlichkeiten an, wie Luther, Goethe, Schiller, Bach und Liszt. In Erfurt, wo Martin Luther ab 1501 studierte und 1505 in das Augustinerkloster eintrat, liegen wichtige Wurzeln seiner Theologie und der Reformation. Am 2. Juli 1505 gab es in der Nähe von Erfurt ein schlimmes Gewitter, welches Martin Luthers Leben mit seinen Worten „Hilf, du heilige Anna, ich will ein Mönch werden!" eine entscheidende Wende geben sollte.

In Weimar, der Kulturstadt Europas 1999, waren viele große Persönlichkeiten zu Hause: Goethe, Schiller, Herder, Bach, Liszt, Wieland, Cranach, van de Velde oder Gropius als Begründer des Bauhauses. Zahlreiche Museen und Gedenkstätten in Weimar erinnern an diese Namen und künden vom Ruhm vergangener Zeiten. Noch heute ist die Stadt ein Zentrum von Kunst und Kultur. Seit Generationen lockt Weimar mit dem berühmten Bronzedenkmal von Goethe und Schiller vor dem Deutschen Nationaltheater und vielen Museen und Ausstellungen Gäste aus aller Welt an. Inzwischen sind 16 einzigartige Objekte in die Welterbeliste der UNESCO aufgenommen.

Die über 900-jährige weltbekannte Wartburg thront von weitem sichtbar über der Stadt Eisenach. Der Sage nach soll Ludwig der Springer (1042–1123) die Gründung der Wartburg mit den folgenden Worten verkündet haben: „Wart! Berg, du sollst mir eine Burg werden!" Sie ist nicht nur Burg, sondern Zeuge deutscher Geschichte. Die Wartburg erzählt von der höfischen Kunst des Mittelalters. Martin Luther übersetzte hier das Neue Testament (1522) und legte damit die Wurzeln der modernen deutschen Sprache. Das Fest der deutschen Burschenschaften (1817) wurde auf der Wartburg abgehalten, und Wagner komponierte hier die romantische Oper „Tannhäuser" (1845). All das verleiht der Wartburg noch heute ihre besondere Anziehungskraft und ihren Reiz. Die Wartburg zählt seit 1999 als „ein hervorragendes Denkmal der feudalen Epoche in Mitteleuropa" zum UNESCO-Welterbe.

Geschichte wird am ehemaligen deutsch-deutschen Grenzverlauf lebendig, vor allem am „Point Alpha". *Goethe und Schiller*

US-Armee und DDR-Grenzer standen sich in Geisa jahrzehntelang gegenüber. Die Gedenkstätte war der heißeste Punkt im Kalten Krieg. Geschichte hautnah. Die Gedenkstätte „Point Alpha", zwischen Geisa in Thüringen und Rasdorf in Hessen, erinnert heute an die Zeit des Kalten Krieges. Der US-Beobachtungsstützpunkt „Point Alpha" entstand Anfang der 1950er Jahre. Seine günstige Lage auf einem 411 m hohen Berg eignete sich sehr gut zum Beob-

achten der Gegner auf der anderen Seite der Grenze und zum Abhören von Funksprüchen. Die Gedenkstätte umfasst den ehemaligen amerikanischen Stützpunkt sowie teils originale, teils rekonstruierte Grenzsicherungsanlagen samt Grenzturm auf ostdeutscher Seite. Eine große Dauerausstellung im „Haus auf der Grenze" dokumentiert das unmenschliche Grenzregime der DDR, das tägliche Leben mit der Grenze und informiert über die teils erfolgreichen, zumeist jedoch gescheiterten Fluchtversuche in den Westen und die Gegenmaßnahmen der DDR. Im Jahr 2011 wurde die Gedenkstätte „Point Alpha" mit dem europäischen Kulturerbe-Siegel ausgezeichnet.

I. Fragen zum Verständnis.

1. Was ist in Thüringen historisch interessant?

2. Warum ist die Krämerbrücke so beeindruckend?

3. In welchen Jahrhunderten lebten Goethe, Schiller, Bach und Luther?

4. Welche Informationen über Martin Luther werden im Text erwähnt (*mentioned*)?

5. Warum war und ist Weimar Kulturhauptstadt?

6. Welche wichtigen Ereignisse fanden auf der Wartburg statt?

7. Was war die Bedeutung von „Point Alpha"?

8. Was will die Gedenkstätte dem Besucher zeigen?

II. Richtig oder falsch? Wenn falsch, korrigieren Sie die falsche Aussage.

1. ___ Der Stadtkern von Weimar geht in das Mittelalter zurück.

2. ___ Die Innenstadt von Erfurt ist wegen ihrer Wahrzeichen bekannt.

3. ___ Luther studierte in Eisenach und hier trat er in das Augustinerkloster ein.

4. ___ Wenn man von Goethe, Schiller und Bauhaus spricht, weiß man im Allgemeinen, dass von Weimar die Rede ist.

5. ___ Die Wartburg über der Stadt Erfurt erinnert an Martin Luther.

6. ___ „Point Alpha" war ein Beobachtungsposten der DDR, von dem sie den Westen abhörten.

7. ___ Die Gedenkstätte soll an die Unmenschlichkeit des DDR-Regimes erinnern.

8. ___ In Thüringen liegen die Städte weit auseinander.

9. ___ Die Festung ist beinahe zweitausend Jahre alt.

10. ___ Auf der Zitadelle Petersberg übersetzte Luther die Bibel.

III. Setzen Sie das richtige Wort oder den richtigen Ausdruck ein.

Begründer, entspannt, Grenzverlauf, schmucke, Gedenkstätte, genießen, eignet sich, Fluchtversuche, Katzensprung, der Sage nach, umfasst, thront, Siegel, Anziehungskraft, ausgezeichnet, Funksprüche, abhalten

1. Zur Zeit des Kalten Krieges wurden _____ zwischen Ost und West permanent abgehört.

2. Auf der ganzen Welt gibt es Orte, die auf den Menschen eine besondere _____ ausüben.

3. In Zermatt hat Schweiz Tourismus die Awards der Gastfreundlichkeit verliehen: mit dem PRIX BIENVENU werden bereits zum dritten Mal jene Hotels _____, die in Online-Gästebewertungen und nach Jury-Besuchen in punkto Freundlichkeit am meisten überzeugen konnten.

4. Das Gebäude Goetheanum hat Rudolf Steiner, der _____ der Anthroposophie, entworfen (*designed*) und nach Johann Wolfgang von Goethe benannt.

5. _____ ist das Wasser des Schwarzsees so dunkel, seit ein Riese seine Füße im See gewaschen hat.

6. Eine Eventlocation der besonderen Art findet sich in Berchtesgaden. Hier kann man im Salzbergwerk 650 m unter Tage Veranstaltungen (*events*) mit bis zu 250 Personen _____.

7. Persönlichkeiten wie Goethe, Nietzsche und Dürrenmatt haben sich im Badener Thermalwasser _____.

8. Das City Hotel Ochsen liegt zentral inmitten der schönen Zuger Altstadt und nur einen _____ vom Zugersee entfernt!

9. Bei der Führung werden die Orte aufgesucht, an denen von 1962–1971 Fluchttunnel zwischen West- und Ost-Berlin gegraben wurden. Die Abläufe der _____ und der gelungenen Tunnelfluchten werden besprochen.

10. Die _____ Berliner Mauer umfasst (*comprises*) ein Besucherzentrum mit Filmangebot und einen Aussichtsturm.

11. _____ Sie eine Rundfahrt auf dem idyllischen Hallwilersee bei Kuchen und Kaffee oder einem feinen Glas Wein!

12. Ost- und Westberlin waren einmal durch eine Mauer getrennt. Auf dem Mauerweg kann man den _____ mit dem Fahrrad entweder mitten durch Berlins Zentrum oder eher am Stadtrand abfahren.

13. Haben Sie Lust auf romantische Gassen, _____ Altstädte und gemütliche Cafés? Nehmen Sie sich drei Tage Zeit, um die kulturelle und gastronomische Vielfalt oder die hippe und pulsierende Seite der Schweizer Städte zu entdecken.

14. Das vielseitige Sommer- und Winterangebot in Klosters _____ gut für Familien mit Kindern.

15. Das Kloster in Engelberg ist berühmt für seine alten Schriften und historischen _____.

16. Auf einem kleinen Hügel _____ das mittelalterliche Bilderbuchstädtchen Gruyères.

17. Das landesweite Fernradwegenetz „Bayernnetz für Radler" _____ unzählige Routen mit einer Gesamtlänge von fast 9.000 km.

IV. Wie steht das im Text?

1. In dieser Stadt lassen sich die Größen deutscher Geschichte fast überall finden.

2. In Erfurt erlebt man bei einem Stadtbummel im Zentrum der Stadt Eindrücke aus dem Mittelalter.

3. Weil die Burg in drei verschiedenen Jahrhunderten gebaut wurde, lassen sich Bauelemente unterschiedlicher Epochen feststellen.

4. In Erfurt fühlte sich Martin Luther berufen, Mönch zu werden.

5. Menschen aus aller Welt kommen nach Weimar, um den großen deutschen Dichtern Goethe und Schiller zu huldigen (*to revere*).

6. Wichtige historische Ereignisse entfalteten sich (*unfolded*) auf der Wartburg die Jahrhunderte hindurch.

7. Mit „Point Alpha" verbinden sich deutsch-deutsche Geschichte und die Spannungen zwischen Ost- und Westdeutschland.

V. Aufgabe und Diskussion.

1. Die Geschichte von „Point Alpha" ist im Internet auf Deutsch wie auch auf Englisch zu finden. Machen Sie einen kurzen historischen Abriss (*outline*).

2. Besichtigen Sie die Wartburg und berichten Sie von den historischen Ereignissen.

3. Viele Objekte in Weimar sind heute in der Welterbeliste der UNESCO. Machen Sie eine Internet-Recherche und berichten Sie.

4. Präsentieren Sie die Wahrzeichen von Erfurt und ihre Geschichte.

5. Machen Sie eine Führung durch die Stadt Erfurt und berichten Sie von Ihren Eindrücken.

VI. Schriftliches.

Nach Ihrem Vortrag schreiben Sie ein kleines Essay über Ihre Präsentation. Achten Sie dabei auf genaue grammatische Formulierungen.

VII. Partnerarbeit.

Mit dem Bundesland Thüringen denkt man an Reformation, Weimarer Klassik und klassische Musikgrößen. Erinnerungen an Ost- und Westdeutschland entstehen am bekannten „Point Alpha"-Denkmal. Entwickeln Sie mit Ihrem Partner ein Interview über die wichtigsten Schwerpunkte der Geschichte Thüringens. Benutzen Sie die angegebenen Vokabeln und stellen Sie jeweils (*each*) fünf Fragen auf, die Ihr Partner dann beantwortet. Nach dem Interview berichtet jeder von Ihnen, was Sie von Ihrem Partner erfahren haben.

14

Die tausendjährige Dynastie der Welfen

beachtenswert	*notable*	nachweislich	*verifiably*
Begebenheit, die	*occurrence*	nahezu	*almost*
bergen	*to contain*	Prunkraum, der	*ornate stateroom*
beruhen auf (+ *dat.*)	*to be based on*	sorgen für	*to ensure*
Einrichtung, die	*interior furnishings*	Spur, die	*track, trace*
eng	*tight*	Staatsgemach, das	*stateroom*
Erbprinz, der	*hereditary prince*	Stuckdecke, die	*stucco ceiling*
Gemahlin, die	*wife*	übertreffen	*to surpass*
Herrscher, der	*ruler*	unter anderem (u.a.)	*among other things*
Kurfürstin, die	*electress*	Ursprung, der	*origin*
Liebesbeweis, der	*token of love*	veranschaulichen	*to illustrate*
locken	*to attract*	verbringen	*to spend*
maßgeblich	*significant*	widerspiegeln	*to reflect*
nachempfinden	*to recreate*	wirken	*to exert one's influence*
Nachfahren, die	*descendants*		

Die mehr als tausendjährige Familiengeschichte der Welfen übertrifft alle anderen Dynastien. Die enge Verbindung zum englischen Königshaus sorgte dafür, dass die Prinzen von Hannover und die Herzöge von Braunschweig das europäische Kräftespiel maßgeblich beeinflussten. Ob Schloss Marienburg oder die Herrenhäuser Gärten—

Celler Schloss

die Welfen haben einzigartige Kulturschätze hinterlassen. Das Celler Schloss geht in seinen Ursprüngen auf das 13. Jahrhundert zurück. Unter Herzog Georg Wilhelm erhielt es im 17. Jahrhundert seinen barocken Stil. Das Celler Schloss mit dem Residenzmuseum ist eines der schönsten Welfenschlösser Deutschlands. Die barocken Staatsgemächer locken mit prächtigen Stuckdecken italienischer Meister, weitere eindrucksvolle Schlossräume präsentieren Herrscher der Celler Linie, aus der einst

Könige von Preußen und Großbritannien hervorgingen. Der „Königssaal" beeindruckt mit imposanten Bildern und ausgewählten Kostbarkeiten aus der Zeit der hannoversch-britischen Personalunion und des Königreichs Hannover im 18. und 19. Jahrhundert. Das Schlosstheater ist das älteste Barocktheater Deutschlands. Beachtenswert ist die Schlosskapelle von 1485 mit einer Renaissance-Inneneinrichtung aus dem Jahre 1565 und über 70 Bildern dieser Zeit. Das Residenzmuseum im Celler Schloss veranschaulicht nicht nur die Geschichte des Schlosses und seiner Bewohner, sondern auch die Welfen als ältestes heute noch existierendes Fürstenhaus Europas.

Schloss Wolfenbüttel birgt die einzigen Staats- und Privatappartements des Hoch- und Spätbarock in Niedersachsen. Rund 400 Jahre diente das Schloss bis 1754 als Residenz der Herzöge zu Braunschweig und Lüneburg. Aus einer mittelalterlichen Burg und einem Renaissanceschloss hervorgegangen, präsentiert sich das Schloss heute mit seinen prächtigen Fassaden und den bedeutenden Prunkräumen als Gesamtkunstwerk des Barock. Bedeutende Persönlichkeiten der deutschen und europäischen Geschichte wurden im Schloss geboren, wuchsen hier auf oder wirkten am Hof. So wurden hier u.a. die spätere Kaiserin Elisabeth Christine, Gemahlin Kaiser Karls VI., Mutter der Kaiserin Maria Theresia und Großmutter der französischen Königin Marie Antoinette, sowie Herzogin Anna Amalia von Sachsen-Weimar-Eisenach, Namensgeberin der berühmten Weimarer Bibliothek, geboren. Neben Kurfürstin Sophie von Hannover und ihrem Sohn, dem späteren König Georg I. von Großbritannien, besuchten auch Zar Peter der Große von Russland und die preußischen Könige Friedrich Wilhelm I., der Soldatenkönig, sowie dessen Sohn Friedrich der Große den Welfenhof. In den herzoglichen Appartements wird das höfische Alltagsleben im Zeitalter des Absolutismus wieder lebendig.

Das Märchenschloss der Welfen war Schloss Marienburg. Die noch authentisch erhaltene Sommerresidenz reflektiert die große Liebe zwischen Königin Marie und Georg V., dem letzten König von Hannover. Dieses Schloss ist wie im Märchen, aber die Geschichte beruht auf einer wahren Begebenheit. 1857 schenkte König Georg V.

den Marienberg und das geplante Schloss seiner Gemahlin zu ihrem 39. Geburtstag. Dieser wahrhaft königliche Liebesbeweis gehört heute zu den eindrucksvollsten Baudenkmälern Deutschlands. Das Schicksal wollte es jedoch anders. Vor der Fertigstellung des Schlosses zwangen 1866 die Preußen König Georg V. ins Exil nach Österreich. Ein Jahr später folgte Königin Marie ihrem Mann.

Seit 2004 befindet sich Schloss Marienburg im Besitz des Ur-Ur-Urenkels von Königin Marie und König Georg V. Mit

Erbprinz Ernst August von Hannover erwachte erstmals wieder Leben auf dem Schloss seiner Ur-Ur-Urgroßmutter. Neben informativen Führungen durch die nahezu vollständig und original erhaltenen Räumlichkeiten kann man heute Königin Maries Traum nachempfinden: einen Monument der Liebe und einen kulturellen Mittelpunkt für Musik und Kunst!

Die Welfenfamilie verbrachte die Sommermonate auf dem Sommerschloss Herrenhausen, das auf das Jahr 1638 datiert wird. Allerdings verlor das Schloss seinen Barockstil im 19. Jahrhundert, denn Hofbaumeister Georg Ludwig Friedrich Laves baute es in den Jahren 1819 bis 1821 im klassizistischen Stil um.

I. Fragen zum Verständnis.

1. Wie hat sich der Baustil des Sommerschlosses Herrenhausen in knapp 200 Jahren verändert?

2. Wie konnte der Erbprinz Ernst August von Hannover den Traum seiner Ur-Ur-Urgroßmutter verwirklichen?

3. Warum spricht man heute von einem Märchenschloss?

4. Welche architektonischen Stile vereinigen sich im Schloss Wolfenbüttel?

5. Warum ist im Text die Rede von wichtigen historischen Persönlichkeiten?

6. Welche Bedeutung kommt den Welfen historisch zu?

7. Welche Kulturschätze werden im Text erwähnt?

8. Welche Verbindung besteht zwischen den Welfen und den Königen von Großbritannien?

II. Richtig oder falsch? Wenn falsch, korrigieren Sie die falsche Aussage.

1. ___ Ohne die Welfen wäre es wohl kaum zu einer Verbindung zum englischen Königshaus gekommen.

2. ___ Das Zeitalter der Renaissance spiegelt sich im Celler Schloss wider.

3. ___ Die Schlosskapelle beeindruckt mit ihrer barocken Inneneinrichtung.

4. ___ Die Welfen sind das älteste heute noch existierende Fürstenhaus Europas.

5. ___ Die berühmte Weimarer Bibliothek erhielt ihren Namen von Herzogin Anna Amalia von Weimar-Sachsen-Eisenach.

6. ___ Im Schloss Wolfenbüttel kann man das Zeitalter des Absolutismus erleben.

7. ___ König Georg V. und seine Gemahlin Marie verbrachten die Sommermonate auf ihrem Märchenschloss Marienburg.

8. ___ Die Führung durch das Schloss Marienburg veranschaulicht dem Besucher, was das Königspaar mit diesem Schloss beabsichtigt hatte.

III. Setzen Sie das richtige Wort ein.

Nachfahren, übertrifft, Ursprung, locken, verbringen, Herrscher, Spuren, birgt, beachtenswerte, Stuckdecken, Wirken, veranschaulichen, nachempfinden, Begebenheiten, Liebesbeweis, sorgen, Gemahlin, eng, nachweislich, maßgeblich, beruht, widerspiegeln

1. Herzog Wilhelm IV. erließ 1516 das bekannte Reinheitsgebot, nach welchem für bayerische Biere keine weiteren Zutaten als Wasser, Hopfen und Gerste verwendet werden dürfen. Bayern ist _____ bekannt für seine Brautätigkeit in Deutschland.

2. Der Freizeit- und Themenpark Europa Park im Dreiländereck Deutschland, Frankreich, Schweiz _____ mit seinen Attraktionen, traumhaften Shows und 13 europäischen Themenbereichen alle Erwartungen.

3. Vom frühen Mittelalter bis zum Brand von 1383 stand auf dem Hügel die recht große Burg der Bucheggberger Grafen und ihrer _____.

4. Die Bayerische Staatsoper, seit 1653 in München beheimatet, trägt zum Ruf Münchens als internationale Kulturstadt _____ bei.

5. Die idyllischen Wasserlandschaften sowie zahlreiche Radl- und Wanderwege des Berchtesgadener Landes _____ dafür, dass sich Naturliebhaber und Sonnenanbeter im Alpenklima wohl fühlen.

6. Am Fuße des Matterhorns liegt Zermatt, dessen touristische Entwicklung _____ mit dem wohl berühmtesten Berg der Welt verbunden ist.

7. Die Antwort auf die Frage nach dem _____ des Wortes „Langlauf" kann vielleicht am ehesten im Chiemgau gefunden werden, denn dort hat dieser Sport eine besonders lange Tradition.

8. Eine Besichtigung der prunkvollen Hofgemächer des Schlosses Schönbrunn in Wien bietet Einblick in das Leben der damaligen _____, während man von der Gloriette einen imposanten Ausblick auf das Schloss und seine Parkanlagen genießt.

9. Die Benediktinerabtei Ottobeuren ist weltbekannt für ihre barocke Klosterkirche, die Stuckfiguren und ihre _____.

10. Im Zisterzienserstift Zwettl in Österreich gibt es auch heute noch Teile von mittelalterlichen Bauten. Die Einturmfassade der Kirche, der Abteihof sowie der Bibliothekssaal sind aber _____ Beispiele barocker Architektur.

11. Altötting ist seit über 1.250 Jahren geistliches Zentrum Bayerns. Die Gnadenkapelle _____ in silbernen Urnen die Herzen der bayerischen Könige und Kurfürsten, darunter auch die Herzurne König Ludwigs II.

12. Die einstige Residenzstadt der Landgrafen von Hessen-Homburg hat eine lang zurückreichende Tradition als Kurstadt. Kaiser Wilhelm II. kam besonders gerne, um den Sommer hier zu _____.

13. Bei einer Besichtigung des Aachener Doms, eines der besterhaltenen Baudenkmäler der Karolingerzeit, befindet sich der Besucher auf den _____ Karls des Großen, der nach seinem Tod im Jahre 814 hier seine letzte Ruhestätte fand.

14. Der Weihnachtsmarkt in Bielefeld ist in den Fußgängerstraßen der Bielefelder Innenstadt zu Hause. Rund 120 weihnachtlich dekorierte Buden _____ jedes Jahr tausende Besucher in die Großstadt des Teutoburger Waldes.

15. Das Geburtshaus Ludwig van Beethovens zieht jährlich viele Menschen an. Das Museum beherbergt die größte Beethoven-Sammlung weltweit. Bei einem Rundgang durch die zwölf Museumsräume macht sich der Besucher Gedanken über das _____ dieses großen Komponisten.

16. Im Sommer 1913 beehrte Albert Einstein mit seiner _____ und seinem Sohn das Hotel Schweizerhof mit einem Besuch.

17. Als man mit dem Bau des Schlosses Marienburg begann, konnte noch niemand ahnen, dass dieser wahrhaft königliche _____ einmal zu den eindrucksvollsten Baudenkmälern Deutschlands gehören würde.

18. Durch die Biergartenverordnung von 1812 konnten Brauereien auch außerhalb der Wirtschaft Bier ausschenken. Auf dieser Verordnung _____ auch die Tradition, dass Gäste eigene Speisen mitbringen und kostenlos verzehren dürfen.

19. Im Altmühltal erzählt man sich von schrecklichen _____ rund ums Gefängnis „Am Schrecker" in Weißenburg.

20. Auf der Heidialp kann man _____, weshalb Johanna Spyri hier zu ihren Heidi-Romanen inspiriert wurde.

21. Weihnachtskrippen _____ das Ereignis von Christi Geburt: Maria, Josef und das neugeborene Kind im Stall, die Hirten, Ochs und Esel, der Komet und die Ankunft der Heiligen Drei Könige werden in Tirol inszeniert.

22. Es ist schon etwas Besonderes, wenn man erlebt, wie sich bei Sonnenuntergang die glühenden Bergspitzen im klaren Wasser eines Bergsees _____, wie zum Beispiel die Reflektion des Ammergebirges im Allgäuer Forggensee.

IV. Wie steht das im Text?

1. Im Volksmund heißt es zwar, Träume sind Schäume, aber manchmal werden Träume wahr.

2. Der heutige Baustil dieser Schlösser stammt aus einer ganz anderen Epoche.

3. Deutsche Dynastien haben Märchenschlösser geschaffen, in denen man sich wie in eine märchenhafte Welt versetzt fühlt.

4. Das Schloss Wolfenbüttel ist eng mit bedeutenden historischen Persönlichkeiten verbunden.

5. Die Dynastie der Welfen ist noch nicht ausgestorben.

6. Das Celler Schloss ist ein Gemisch aus Barock, Renaissance und dem 18. und 19. Jahrhundert.

V. Aufgabe und Diskussion.

1. Machen Sie eine Internetreise zum Celler Schloss. Schauen Sie es sich von außen und von innen an. Was hat sich über die Jahre verändert?

2. Das Schloss Wolfenbüttel steht seit vielen Jahrhunderten. Wer hat auf dem Schloss übernachtet? Wer wurde hier geboren? Warum ist das Schloss historisch so relevant?

3. Das Schloss Marienburg gilt auch heute noch als Märchenschloss. Wie kam es dazu, dass so ein Schloss gebaut werden sollte? Gibt es noch andere deutsche Schlösser, die an Märchen erinnern? Machen Sie einen Rundgang durch das Schloss und vergleichen Sie die Inneneinrichtungen mit denen anderer Schlösser.

4. Informieren Sie sich über die Geschichte der Welfen und zeigen Sie die verschiedenen Schlösser, die in den Händen der Welfen waren.

5. Machen Sie einen Abstecher zum Schloss Herrenhausen in Hannover. Besuchen Sie die herrlichen Gartenanlagen und auch das Schlossinnere.

VI. Schriftliches.

Nach Ihrem Vortrag schreiben Sie ein kleines Essay über Ihre Präsentation. Achten Sie dabei auf genaue grammatische Formulierungen.

VII. Partnerarbeit.

Märchenschlösser und Adelsgeschlechter dominieren in der deutschen Geschichte. Im Süden kennt man die Wittelsbacher in Bayern und in Österreich die Habsburger. Im Norden sind die Hohenzoller und die Welfen bekannte Namen. Das Bundesland Niedersachsen weist viele Zeugnisse der Welfen auf. Besuchen Sie also die herrlichen Schlösser und Gartenanlagen. In Ihrem gegenseitigen Interview können Sie abwechselnd die Rolle des Archivars oder Reiseführers spielen, der Ihnen sicherlich so Manches über die Welfen zu erzählen weiß. Benutzen Sie die angegebenen Vokabeln und stellen Sie jeweils (each) fünf Fragen auf, die Ihr Partner dann beantwortet. Nach dem Interview berichtet jeder von Ihnen, was Sie von Ihrem Partner erfahren haben.

15

Das vereinigte Berlin

absperren	to block (off)	nach und nach	gradually
Ausstellung, die	display, exhibit	Scheitern, das	failure
begleiten	to accompany	Schwerpunkt, der	key area
beseitigen	to remove	Sperranlage, die	barrier
eingezäunt	fenced in	stilllegen	to shut down
einprägen	to imprint	Streckenlänge, die	length of the line
Fluchtversuch, der	escape attempt	Todesstreifen, der	death strip
geschichtsträchtig	steeped in history, historic	umgehen	to avoid
		Veranstaltung, die	event
Grenze, die	border	vermitteln	to convey
Jahrestag, der	anniversary	Verrat, der	treachery
Mahnmal, das	memorial	Wachtturm, der	watchtower
Meißel, der	chisel		

Als die Berliner Mauer am Abend des 9. Novembers 1989 fiel, war das ein riesiges historisches Ereignis, das sich bei vielen Menschen auf immer eingeprägt hat. Nach und nach wurden die Betonwände beseitigt und die „Mauerspechte" schlugen mit Hammer und Meißel ein Mauerstück als Memorabilie aus der verhassten Mauer, die die Stadt Berlin und das Land seit 1961 geteilt hatte.

Heute denkt man zwar noch an die Mauer, aber Berlin ist in den folgenden 25 Jahren Weltstadt geworden, und es gibt nur noch Mahnmale, die an diese schreckliche Zeit erinnern. Seit 1989 hat sich der Gesamteindruck der Hauptstadt verändert. Berlin ist heute vor allem ein Kreativstandort, eine Lifestyle-Metropole und ein Schauplatz der Geschichte. Seit dem Mauerbau am 13. August 1961 gab es immer wieder Versuche, die tödlichen Sperranlagen durch Tunnelgrabungen zu umgehen. Der erste Tunnel

entstand im Oktober 1961, der letzte 1982. Insgesamt gab es über siebzig Fluchttunnel, durch die mehr als 300 DDR-Bürger nach West-Berlin kamen. Spektakuläre Aktionen, Verrat und bitteres Scheitern begleiteten diese Aktionen. Zur Geschichte der Fluchttunnel gehören auch die Berliner Geisterbahnhöfe (U-Bahnlinien, die stillgelegt worden waren) und das Absperren der Kanalisation gegen unterirdische Fluchtversuche. Der Schwerpunkt im Fluchttunnelbau lag in der Bernauer Straße. Auf einer Streckenlänge von nur 350 m wurden die Grenzsperranlagen hier siebenmal untertunnelt. Am 9. November 2014 feierte Berlin den 25. Jahrestag des Falls der Berliner Mauer. Zum historischen Ereignis fanden stadtweit viele besondere Veranstaltungen und Ausstellungen statt. Thematisch standen dabei die Teilung der Stadt, der Kalte Krieg und die friedliche Wiedervereinigung im Mittelpunkt. Besucher in Berlin können auch heute noch die Geschichte des geteilten Berlins und die Bedeutung der Berliner Mauer für die Bewohner der Hauptstadt erfahren. Geführte Radtouren auf dem Mauerweg, Besuche der ehemaligen Wachttürme, die East Side Gallery, thematische Schiffstouren sowie Fahrten in den Osten der Stadt vermitteln geschichtsträchtige Erlebnisse dieser einst geteilten Stadt.

Höhepunkt des Jubiläums war die Lichterkette. Entlang des ehemaligen Mauerverlaufs wurde eine große Licht-Installation als „Symbol der Hoffnung für eine Welt ohne Mauern" inszeniert. Aus tausenden illuminierten und mit Helium gefüllten Luftballons entstand vom 7. bis 9. November eine Lichtgrenze, die 15 km durch die Innenstadt führte: vom ehemaligen Grenzübergang Bornholmer Straße durch den Mauerpark, entlang der Bernauer Straße, vorbei an der Gedenkstätte Berliner Mauer, zum Spreeufer nahe des Reichstags, Brandenburger Tor und Potsdamer Platz, bis zum Checkpoint Charlie und schließlich durch Kreuzberg und an der Spree entlang bis zur Oberbaumbrücke. Als Höhepunkt stiegen die 7.000 weißen Ballons am Brandenburger Tor und an sechs weiteren Orten in die Lüfte, begleitet von Beethovens „Ode an die Freude", als Erinnerung an den Mauerfall vor 25 Jahren und als Symbol der friedlichen Revolution 1989. Unter den Ehrengästen war Michael Gorbatschow, ohne den es nicht zur Wiedervereinigung gekommen wäre.

Berliner und Besucher der Stadt können auch heute noch dem Mauerverlauf folgen, der heutzutage durch einen hellen Beton quer durch die Stadt markiert ist. Es gibt heute sehr viel historisches Bildmaterial über die Bornholmer Straße, den Mauerpark, die Mauergedenkstätte Bernauer Straße, das Brandenburger Tor, den Potsdamer Platz, Checkpoint Charlie und die East Side Gallery.

Die „Mauer" verlief nicht nur mitten durch die Stadt, sondern—oft als eingezäunter Todesstreifen—rund um West-Berlin herum. Während der 28 Jahre starben wahrscheinlich 200 Menschen an der Mauer. 25 Jahre nach der Friedlichen Revolution fanden am 7., 8. und 9. Oktober 2014 erstmals gemeinsame Jubiläumsfeierlichkeiten zur Erinnerung an die Ereignisse im Herbst 1989 in den vier entscheidenden Städten Berlin, Plauen, Dresden und Leipzig statt.

I. Fragen zum Verständnis.

1. Warum erinnern sich so viele Menschen an den Mauerfall?

2. Was ist die Bedeutung der im Text erwähnten Memorabilie?

3. Wie hat sich seit dem Fall der Mauer das Gesicht der Großstadt verändert?

4. Warum wurden die Fluchttunnel unter der Mauer gegraben?

5. Warum waren diese Fluchtversuche mit einem hohen Risiko verbunden?

6. Wie versuchte die DDR, die Flucht ihrer Bürger zu verhindern?

7. Warum ist die Bernauer Straße historisch so bedeutsam?

8. Warum ging der 9. November 2014 in die Geschichte ein?

9. Was hat das heutige Berlin den Besuchern historisch zu bieten?

10. Wie wurde der ehemalige Mauerverlauf beim Jubiläum dargestellt?

11. Woran denkt man wohl heute in Berlin, wenn man Beethovens „Ode an die Freude" hört?

II. Richtig oder falsch? Wenn falsch, korrigieren Sie die falsche Aussage.

1. ___ Die Stadt Berlin feierte am 9. November 2014 den Fall der Berliner Mauer.

2. ___ In 21 Jahren gab es mehr als siebzig Fluchtversuche.

3. ___ Besucher können auch heute noch das geteilte Berlin erleben.

4. ___ Geisterbahnhöfe und Kanalisation dienten (*served*) als Fluchtwege.

5. ___ Michael Gorbatschow war eine Schlüsselfigur bei der Wiedervereinigung.

6. ___ Den Mauerverlauf innerhalb der Stadt Berlin kann man heute nicht mehr sehen.

7. ___ Die Mauer bestand nicht nur aus Beton, sondern auch aus eingezäunten Todesstreifen.

III. Setzen Sie das richtige Wort oder den richtigen Ausdruck ein.

begleiten, Ausstellung, Todesstreifen, Wachtturm, Sperranlagen, Mahnmal, Jahrestag, Grenzen, geschichtsträchtige, das Absperren, Fluchtversuche

1. _____ der Kanalisation gegen unterirdische Fluchtversuche wird in Führungen durch Berlin immer wieder erwähnt.

2. Deutsche Filmgeschichte wird in einer besonderen _____ lebendig.

3. Auf der abendlichen Dampferfahrt _____ Feuerwerke vom Ufer aus die Fahrgäste auf ihrem Weg zur Oberbaumbrücke.

4. Das Mauermuseum—das Haus am Checkpoint Charlie—dokumentiert die _____ aus der ehemaligen DDR.

5. Mit der 300 m entfernten U-Bahn-Station Kochstraße ist in 10 Minuten auch der legendäre Potsdamer Platz oder das _____ Brandenburger Tor zu erreichen.

6. Die EU hat alle _____ mit den EU-Nachbarländern aufgehoben.

7. Das Deutsche Historische Museum präsentiert zum 70. _____ des Kriegsendes die Ausstellung „1945—Niederlage. Befreiung".

8. Geführte Radtour (15 km) entlang des Berliner Mauerwegs: das Holocaust-_____ und die Gedenkstätte Berliner Mauer und vieles mehr. Jetzt reservieren!

9. Potsdam und Berlin, einst durch die innerdeutsche Grenze mit ihren _____ geteilt, präsentiert sich heute wieder in harmonischer Geschlossenheit (*unity*).

10. Mauertour Bernauer Straße: Führung durch den ehemaligen _____ an der Mauergedenkstätte.

11. Mit dem DDR-_____ am Potsdamer Platz wird nun eines der letzten historischen Relikte für die Öffentlichkeit zugängig (*accessible*).

IV. Wie steht das im Text?

1. Die „Mauer" teilte zwar die Stadt Berlin, sie ging aber auch um die ganze Stadt herum.

2. Ein Stück der „Mauer" dient vielen heute als Erinnerung an die schreckliche Betonwand, die eine Stadt und ein Land Jahrzehnte voneinander trennten.

3. Mit Berlin verband man früher die DDR und die Mauer. Heute ist Berlin nicht nur Hauptstadt, sondern auch eine Metropole, die mit Weltstädten konkurriert.

4. Der Mauerfall ist eng mit Beethovens „Ode an die Freude" verbunden, denn alle Menschen sollten Brüder werden.

5. Auch heute noch kann man dem ehemaligen Mauerverlauf durch die ganze Stadt folgen.

6. Die Flucht aus der DDR ging auch unterirdisch.

V. Aufgabe und Diskussion.

1. Besuchen Sie das Alliierten Museum in Berlin und berichten Sie über die Sammlungsbereiche (*collection areas*).

2. Besuchen Sie das Bauhaus Archiv mit der weltweit größten Sammlung zur Geschichte und Wirkung des Bauhauses. Berichten Sie von der Architektur und ihren bekannten Vertretern.

3. Besuchen Sie Das Brücke-Museum, das die weltweit umfangreichste Sammlung der expressionistischen Künstlergruppe „Brücke" (gegründet 1905 in Dresden) besitzt.

4. Besuchen Sie Berlins Gedenkstätten und berichten Sie von der deutschen Geschichte.

5. Sie sind Stadtführer und machen eine Stadtführung durch Berlin. Sie können sich an diversen Online-Führungen orientieren.

6. Machen Sie eine Zeitreise durch die architektonischen Bauten in Berlin. Zeigen Sie Beispiele verschiedener Baustile wie Renaissance, Klassizismus und Moderne auf.

7. Gehen Sie „shoppen". Berichten Sie von Berliner Malls, vom Alexanderplatz, von der Friedrichstraße, vom Kürfürstendamm, von der Schönhauser Allee und vielen anderen.

VI. Schriftliches.

Nach Ihrem Vortrag schreiben Sie ein kleines Essay über Ihre Präsentation. Achten Sie dabei auf genaue grammatische Formulierungen.

VII. Partnerarbeit.

Im Text erfahren Sie viel über Berlin und die Mauer. Entwickeln Sie mit Ihrem Partner ein Interview über die deutsche Geschichte bis 1989. Benutzen Sie die angegebenen Vokabeln und stellen Sie jeweils (*each*) fünf Fragen auf, die Ihr Partner dann beantwortet. Nach dem Interview berichtet jeder von Ihnen, was Sie von Ihrem Partner erfahren haben.

16

Der Mauerfall aus der Perspektive von Zeitzeugen

Absicht, die	intention	gipfeln	to culminate, to peak
alles daran setzen	to make every effort		
auf Druck	under pressure	glimpflich	inconsequential
Aufmarsch, der	deployment	Grenzüberquerung, die	border crossing
Aufregung, die	excitement	Manier, die	style, manner
Ausgabe, die	edition	mittlerweile	meanwhile
Beamte, der	civil servant	Redakteur, der	editor
beehren	to grace, to honor	Schlagzeile, die	headline
beruflich	professional	Sprungtuch, das	safety net
Bollwerk, das	bulwark	Stadtbezirk, der	city district
Bundesangestellte, der, die	federal employee	Stempel, der	stamp
		überrollen	to overrun
Bürgersteig, der	sidewalk	ums Leben kommen	to lose one's life
Einreisesperre, die	entry ban	ungläubig	incredulous
erteilen	to issue	veranlassen	to prompt
Fertigelement, das	prefabricated element	verkünden	to announce
		verlaufen	to go
Feuerschutz, der	cover fire	verstopft	congested
Fluchtversuch, der	escape attempt	verstreut	scattered
Folge, die	consequence	Wende, die	reunification
Gedenkstätte, die	memorial		

Dieter, 70 Jahre, damals Berlin Ost

Die Ereignisse dieser Zeit überrollten mich genauso wie die meisten Menschen. Bilder im Westfernsehen um ca. 23 Uhr von der Bornholmer Brücke veranlassten mich, mich persönlich zu informieren. Ich fuhr mit dem Auto zum Grenzübergang Heinrich-Heine-Straße. Um ca. 0.15 Uhr bekam ich meinen Stempel auf das Passbild meines Personalausweises gedrückt. Ich überquerte die Grenze und zehn Minuten später

begrüßten mich Massen von Menschen aus dem anderen Berlin. Sie waren genauso ungläubig wie ich. Seit 1961 waren Ost- und West-Berlin getrennt. Nach dem Besuchen von Freunden in der Hasenheide, Fahrt zum Ku'damm und zu Verwandten in Lichterfelde Süd um 5 Uhr. Um 9 Uhr wurde ich beim Passieren des Checkpoint Charlie von einer freundlichen Berlinerin mit einer Rose beehrt.

Iris, 59 Jahre, damals Berlin Ost

Am 9.11.1989 saß ich um 19 Uhr mit meiner Freundin in Berlin-Pankow am Tisch zum Abendessen. Die politische Aufregung der Tage davor und besonders an diesem Tag gipfelte in dem Satz unserer damals 12-jährigen Tochter, als wir die Information im Radio hörten: „Mutti, Mutti, wir können jetzt in den Westen, hurra, hurra!" Erst glaubten wir unseren Ohren nicht zu trauen, aber am nächsten Tag waren wir dann dabei, als sich die Tore an der Bornholmer Straße plötzlich öffneten, und alle Menschen rannten über die Brücke, und plötzlich waren wir in West-Berlin, und die Welt hatte sich in Sekunden verändert. Noch heute stehen mir Tränen in den Augen.

Roland bis 1988 Berlin Ost, zum Mauerfall in Berlin West

So schnell ging es dann doch nicht: Als die Nachricht vom Mauerfall Deutschland und die Welt mit Begeisterung erfüllte, war ich in Heidelberg und schaffte natürlich nicht mehr den Weg nach Berlin. Ich durfte im Januar 1988 endlich aus der DDR ausreisen. Dadurch wurde ich von meiner Familie getrennt, und die DDR erteilte mir eine Einreisesperre. Nach der Mauerfall-Nacht rief ich im Innerdeutschen Ministerium in Bonn an und fragte nach, ob auch ich wieder in die DDR einreisen dürfte. In typischer vorsichtiger deutscher Beamtenmanier riet mir der Bundesangestellte: „Warten Sie bis Weihnachten und besuchen Sie dann Ihre Familie!" In diesem Moment wusste ich, dass ich in den nächsten 24 Stunden nach Berlin kommen musste, nach Ost-Berlin. Und so verbrachte ich die Nacht auf Autobahnen, die immer verstopfter wurden, je näher ich Berlin kam. Als ich von einem Telefon einer ostdeutschen Raststätte meine Eltern informieren wollte und das Telefon mal wieder defekt war, sagte mir eine fröhliche Angestellte: „Wir haben es geschafft, dass die Mauer gefallen ist. Da werden wir es auch bald schaffen, dass die Telefone funktionieren." Am Vormittag erreichte ich

West-Berlin und setzte alles daran, so schnell wie möglich in den Osten zu kommen. Im Bahnhof Friedrichstraße drängte ich mich gegen die Masse der Menschen, die in den Westen wollten. In mir dachte es: „Wieder schwimmst du gegen den Strom, wie damals in der DDR". Die Überraschung, plötzlich bei meiner Schwester im Hausflur zu stehen, gehört zu den schönsten Erinnerungen in unserem Familienleben. Deshalb durfte auch dieses einzige Mal das „Neue Deutschland" mit aufs Familienfoto, und zwar mit der Ausgabe, deren Schlagzeile die Öffnung der Grenze verkündete. Der Mauerfall hatte auch berufliche Folgen für mich. In den nächsten Monaten besuchte ich oft meine Heimatstadt Halberstadt, schrieb spontan all das auf, was ich erlebte und schickte dies an mehrere Zeitungen. Es wurde mein erster Artikel, dem ein Praktikum und ein Volontariat folgten. Seit 1995 arbeite ich als Redakteur bei einer Tageszeitung und wohne seit sieben Jahren wieder in Berlin—in dem Stadtbezirk, in dem mein erstes Berliner Leben begann. Mittlerweile arbeite ich für die Ausgabe Henningsdorf unserer Zeitung. Da die Stadt an der Grenze zu West-Berlin lag, spielen Geschichten rund um Flucht, Mauer und auch Stasi immer wieder eine große Rolle in meiner Arbeit.

Winfried Tews rannte am 23. Mai 1962 um sein Leben. Er kletterte über zwei Mauern, sprang in einen Kanal. DDR-Grenzbeamte eröffneten das Feuer—und trafen. Lungenschuss. Tews schwamm weiter. Westdeutsche Polizisten gaben dem 14-jährigen Feuerschutz. Er konnte sich schwer verletzt ans westliche Ufer retten und überlebte, getroffen von 17 Kugeln. Ein DDR-Grenzer war tot. Wie viele Tragödien die Berliner Mauer verursachte, weiß niemand. Fest steht, dass mindestens 200 Menschen bei Fluchtversuchen ums Leben kamen. 5.075 Mal glückte die verbotene Grenzüberquerung.

Laut SED-Regime sollte der „antifaschistische Schutzwall" Ostdeutschland vor dem Kapitalismus schützen—tatsächlich war das 160 km lange Bauwerk entworfen worden, um die massive Flucht nach West-Berlin zu stoppen. Fast drei Jahrzehnte wurde das Bollwerk zur Todesfalle für Bürger, die der sozialistischen Diktatur entkommen wollten—und war schließlich das weltweit bekannteste Symbol des Kalten Krieges. „Niemand hat die Absicht, eine Mauer zu errichten", hatte DDR-Staatschef Walter Ulbricht noch im Juni 1961 gelogen. Zwei Monate später begannen auf Druck der Sowjetunion die Bauarbeiten. An der Bernauer Straße, der heutigen Gedenkstätte Berliner Mauer, verlief die Grenze direkt an Ost-Wohnhäusern entlang—bereits die Bürgersteige lagen im Westen.

Die 77-jährige Frieda Schulze floh aus der DDR, indem sie sich am 25. September 1961 aus dem zweiten Stock ihrer Wohnung in ein Sprungtuch der westdeutschen Feuerwehr fallen ließ. Im selben Jahr verlief der Aufmarsch sowjetischer und amerikanischer Panzer vor dem Haus am Checkpoint Charlie gerade noch glimpflich. 1975 sollte die Mauer „schöner" werden—und wurde

aus 45.000 Fertigelementen neu errichtet. Zur geplanten High-Tech-Grenze „Mauer 2000" kam es dank der Wende dann nicht mehr. Heute sind Teile der Mauer über die ganze Welt verstreut. Das längste erhaltene Teilstück in Berlin ist die East Side Gallery.

I. Fragen zum Verständnis.

1. Warum reagierten die West-Berliner so ungläubig auf die Besucher aus der DDR?

2. Warum hat Iris auch heute noch Tränen in den Augen, wenn sie sich an den 9. November 1989 erinnert?

3. Warum erfüllte sich für Roland 1988 ein Traum?

4. Was tat Roland kurz nach dem 9. November 1989?

5. Was bedeutet seine Aussage: „Wieder schwimmst du gegen den Strom, wie damals in der DDR" im Kontext?

6. Woran erinnert das Familienfoto heute noch?

7. Wie hat sich Rolands Karriere nach dem Mauerfall verändert?

8. Warum erscheint es heute wie ein Wunder, wenn wir den Bericht über Winfried Tews Flucht aus der DDR lesen?

9. Warum wurde eigentlich die Mauer gebaut?

10. Wie überlebte Frieda Schulz den Bau der Mauer?

11. Wie wurde die Mauer 1975 „schöner" gemacht?

12. Warum ist die East Side Gallery auch heute noch von so großer Bedeutung?

II. Richtig oder falsch? Wenn falsch, korrigieren Sie die falsche Aussage.

1. ___ Man konnte die Grenze überqueren, aber man musste das illegal tun.

2. ___ Wenn man die DDR permanent verließ, erhielt man automatisch eine Einreisesperre.

3. ___ Die Menschen rannten am 9. November 1989 von West-Berlin nach Ost-Berlin, um sich die DDR anzuschauen.

4. ___ In den Jahren 1961 bis 1989 konnte man immer in den Westen fahren.

5. ___ Die Häuser an der Mauer lagen im Osten und die Bürgersteige im Westen.

6. ___ Die Mauer sollte den Osten vor dem Kapitalismus des Westens schützen.

III. Setzen Sie das richtige Wort oder den richtigen Ausdruck ein.

auf Druck, Ausgabe, Fluchtversuche, Sprungtuch, glimpflicher, setzen alles daran, verstopft, Einreisesperre, gipfelte, ungläubig, verlief, beehrt, veranlasst, überrollt, Wende, Schlagzeilen, verkünden, kamen ... ums Leben, Folgen, Grenzüberquerung, Redakteur, beruflich, Stadtbezirk, Absicht

1. Wer Schlimmeres vermeiden konnte, hat einfach Glück gehabt, sagt man so. Ein _____ Fahrradunfall ist gerade noch mal gut gegangen.

2. Günter Grass gehört zu denen, die nach der _____ von 1989 das alte Arbeiterquartier Prenzlauer Berg zum literarischen Schauplatz werden ließen.

3. Wenn Menschen aus brennenden Häusern springen, benutzt die Feuerwehr ein _____.

4. Bei der illegalen _____ von der DDR in die BRD _____ mehrere Menschen _____.

5. Wo _____ eigentlich die Mauer genau? Heute muss man schon genau hinschauen, um Mauerreste und Folgen der Teilung im Stadtbild zu erkennen.

6. _____ der Sowjetunion wurde mit dem Bau der Berliner Mauer begonnen.

7. War es ein Versehen (*mistake*) oder _____? Erfahren Sie auf dieser spannenden Führung durch die Altstadt Schaffhausen, was die Alliierten in ihrem Bombenangriff am 1. April 1944 zerstörten.

8. Unterirdische _____ von Berlin und nach Berlin gab es immer.

9. Das Hotel liegt zentral in einer ruhigen Seitenstraße im Berliner _____ Mitte/Tiergarten.

10. Das Ullstein-Verlagshaus in Berlin-Tempelhof war in den 20er Jahren das größte Druck- und Redaktionshaus für Zeitungen, Zeitschriften und Bücher in Europa. Von 1925 bis 1926 arbeitete Bertolt Brecht hier als _____.

11. Eine Denunziation und ihre _____. Im Herbst 1991 erfuhr der Schriftsteller Klaus Schlesinger, dass er ein Stasi-Spitzel gewesen sein solle.

12. Effektives Stimmtraining für Menschen, die _____ viel sprechen müssen und gehört werden wollen.

13. Für den Karneval in Evolène in der Schweiz _____ die Jugendlichen auf einem Fahrzeug und mit Kuhglocken die Zeit der Masken.

14. Sie waren die erste Rap-Formation, die mit „Deutschem Sprechgesang", wie die Fantastischen Vier ihre Musik nennen, bundesweit _____ machte. Heute gehören die Fantastischen Vier zu den erfolgreichsten Hip-Hop-Bands aller Zeiten.

15. Was gibt's Neues in Berlin? Mit unserem Newsletter sind Sie immer auf dem Laufenden. Lesen Sie die letzte _____ hier.

16. Die Organisatoren _____, um den Schweizer Topathleten ideale Voraussetzungen zu bieten.

17. Gegen 17 Uhr ist in den meisten Städten Deutschlands der Verkehr am schlimmsten und auf den Stadtautobahnen ist fast alles total _____.

18. Wenn man aus der DDR permanent ausreiste, erhielt man eine _____ und konnte nie mehr zurück.

19. Die Konflikte zwischen Obrigkeiten (*authorities*) und Untertanen der Standorte Luzern, Bern, Solothurn und Basel _____ 1653 im Schweizer Bauernkrieg.

20. _____ reagierten viele Menschen in der DDR auf die plötzliche Öffnung der Mauer.

21. Die bekannte Hip-Hop Gruppe die Fantastischen Vier _____ ihre Fans mit neuen Liedern.

22. Im Herzen Österreichs, leicht und bequem erreichbar, liegt Salzburgs einziges Gletscherskigebiet, das Kitzsteinhorn. Es _____ viele Skibegeisterte, in dieses absolut schneesichere Gebiet zu reisen.

23. Die ganze Welt wurde von den Ereignissen am 9. November 1989 _____.

IV. Wie steht das im Text?

1. Aus der DDR fliehen war nicht einfach. Einige mussten ihr Leben lassen, aber vielen gelang die Flucht in den Westen.

2. Von 1961 bis 1989 war die Mauer untrennbar mit der deutsch-deutschen Geschichte verbunden.

3. Es kam immer wieder zu „beinahe" Eskalationen zwischen Ost und West.

4. Die Menschen aus beiden Teilen Berlins reagierten total überrascht auf die Öffnung der Mauer.

5. Die Öffnung der Mauer führte zu einer ganz neuen Perspektive.

6. Wenn man einmal aus der DDR ausgewiesen worden war, konnte man nicht mehr zurückkehren.

7. Die Ereignisse des 9. November 1989 führten dazu, dass man kaum noch mit dem Auto nach Berlin konnte.

8. Roland blickt mit Freude auf den Zeitpunkt zurück, als er wieder mit seiner Familie vereinigt war.

9. Die Geschichte der DDR und West-Berlins haben einen großen Einfluss auf Rolands Beruf.

V. Aufgabe und Diskussion.

1. Wichtige Straßen werden im Text erwähnt. Berichten Sie über die historischen Ereignisse, die die Bornholmer Brücke, die Heinrich-Heine-Straße und den Kurfürstendamm betreffen. Im Internet gibt es sowohl im Deutschen wie auch im Englischen viele gute Informationen mit Bildern.

2. Machen Sie eine historische Reportage über den Checkpoint Charlie. Was war er während des „Kalten Krieges" und was ist er heute?

3. Die Flucht aus der DDR, auch Republikflucht genannt, war mit vielen Risiken verbunden. Machen Sie eine Recherche im Internet. Berichten Sie von geglückten und missglückten Versuchen, die Grenze zu überqueren.

4. Untersuchen Sie im Internet den Bau der Berliner Mauer und den 9. November 1989. Dokumentieren Sie den Bau am 13. August 1961 und schließlich den Mauerfall.

VI. Schriftliches.

Nach Ihrem Vortrag schreiben Sie ein kleines Essay über Ihre Präsentation. Achten Sie dabei auf genaue grammatische Formulierungen.

VII. Partnerarbeit.

Die Reaktion auf die überraschende Öffnung der Berliner Mauer am 9. November 1989 spiegelt sich in diesem Kapitel wider. Zeitzeugen berichten von ihren persönlichen Eindrücken und auch ihrer Ungläubigkeit. Entwickeln Sie mit Ihrem Partner ein Interview über die Berliner Mauer und ihre Geschichte. Benutzen Sie die angegebenen Vokabeln und stellen Sie jeweils (each) fünf Fragen auf, die Ihr Partner dann beantwortet. Nach dem Interview berichtet jeder von Ihnen, was Sie von Ihrem Partner erfahren haben.

17

„O'zapft is!" Bayern und sein Oktoberfest

Ableger, der	offshoot	Maß Bier, die	liter of beer
ablehnen	to reject	O'zapft is	the tap is on
Abschluss, der	end	Rutsche, die	slide
Achterbahn, die	roller coaster	Scheibe, die	disc
anlässlich	on the occasion of	Schmankerl, das	delicacy
Bedienung, die	serving staff	Schütze, der	rifleman
Böllerschießen, das	cannon shooting	Schützengesellschaft, die	rifle society
Braut, die	bride	Schützenumzug, der	riflemen parade
Einzug, der	marching in, entry	Standkonzert, das	open-air concert
ermäßigt	reduced	Trachtenumzug, der	traditional-costume parade
Fahrgeschäft, das	fairground ride		
feierlich	festively	veranstalten	to organize
Förderband, das	conveyer belt	verlegen	to move
gebrannte Mandeln	roasted almonds	Vermählung, die	wedding
geschmückt	decorated	Wirt, der	innkeeper
Kutsche, die	horse-drawn carriage	Zuckerwatte, die	cotton candy

Jedes Jahr im September, wenn es wieder heißt „O'zapft is!" findet in München zwei Wochen lang das Oktoberfest statt. Das Fest beginnt allerdings nicht im Oktober. Weil das Wetter im September besser ist, wurde das Volksfest bereits im Jahr 1872 in den September verlegt. Es ist das größte Volksfest der Welt: Alljährlich kommen rund sieben Millionen Menschen auf die Theresienwiese, um dort zu feiern und natürlich auch um köstliche Schmankerl und ausgezeichnetes Bier zu genießen. 2014 tranken die Besucher 6,5 Millionen Maß Bier.

Das Oktoberfest kann inzwischen auf eine über 200-jährige Tradition zurückblicken. Am 12. Oktober des Jahres 1810 fand die Vermählung des Kronprinzen Ludwig—er wurde später König Ludwig I.—mit Prinzessin Therese von Sachsen-Hildburghausen statt. Fünf Tage lang wurde in der

Innenstadt gefeiert, musiziert, gegessen und getrunken. Die Schützen der National-
garde und die bürgerlichen Schützengesellschaften veranstalteten beeindruckende
Paraden. Zum Abschluss des Festes gab es dann ein Pferderennen vor den Toren der
Stadt. „Die Theresienwiese" geht auf den Namen der Braut zurück. Die Entscheidung,
das Rennen jedes Jahr zu wiederholen, führte zur Tradition des alljährlichen Oktoberfestes. Seit dem Jahr 1896 gibt es auf der „Wiesn"—wie das Fest von den Münchnern
genannt wird—die großen „Bierburgen" der Münchner Brauereien. Als aber der erste
Maßkrug aus Glas in die Zelte kam, waren nicht alle begeistert: Viele fanden den traditionellen Steinkrug besser, denn das Bier konnte darin länger kalt bleiben.

Heute lockt die Wiesn Besucher aus der ganzen Welt an. Egal ob Italiener, Japaner,
Australier oder Amerikaner, alle wollen an der bayerischen Lebensfreude teilhaben.
In 14 großen Bierzelten gibt es Platz für 10.000 Besucher. Hier bieten die bekannten
Münchener Brauereien (Augustiner, Paulaner, Spaten, Hacker-Pschorr, Hofbräu und
Löwenbräu) ihr besonderes Oktoberfestbier an. Es gibt aber auch noch 21 kleinere Ga-
stronomiezelte. Trotz der dadurch gebotenen 105.000 Sitzplätze sind die Zelte gerade
an den Wochenenden bereits vormittags wegen Überfüllung geschlossen. Bei gutem
Wetter ist die Atmosphäre in den Biergärten der Zelte gemütlich. Auch für Familien
mit Kindern lohnt sich ein Besuch auf dem Oktoberfest. Es stehen unzählige Fahrgeschäfte zur Auswahl und überall gibt es Zuckerwatte und gebrannte Mandeln. Jeden
Dienstag ist Familientag: Die Schausteller bieten dann ermäßigte Preise an. Zu den
beliebtesten und traditionsreichsten Fahrgeschäften zählt die Krinoline (ein Karussell
mit eigener Blaskapelle), das Teufelsrad (eine sich drehende Scheibe, auf der sich die
Besucher so lange halten müssen wie möglich), der Olympia Looping (eine Achter-
bahn mit 5 Loopings) und der Toboggan (eine Rutsche, bei der die Besucher über ein
schnell laufendes Förderband nach oben transportiert werden, was immer wieder zu
lustigen Situationen führt).
  Verbunden ist das Oktoberfest mit 4 Veranstaltungshöhepunkten:

• Am ersten Samstag findet der Einzug der Wiesn-Wirte statt. Die Festwirte ziehen
  vor dem Anzapfen auf feierlich geschmückten Kutschen gemeinsam mit ihren
  Bedienungen auf die Theresienwiese ein.

• Am ersten Sonntag folgt der Trachten- und Schützenumzug. Er ist der größte der
  Welt, rund 9.000 Teilnehmer aus Bayern und der Welt ziehen durch die Münchner
  Innenstadt.

- Am zweiten Wiesn-Sonntag findet auf der Treppe zu Füßen der Bavaria das große Standkonzert der Wiesn-Kapellen statt. Die Musikanten aus den verschiedenen Festzelten spielen hier ein gemeinsames Konzert.
- Am letzten Sonntag schließlich findet das Böllerschießen vor der Bavaria statt.

Das Oktoberfest ist heute eines der bekanntesten Feste der Welt und man findet zahlreiche Ableger: Von China, über Berlin und den USA bis nach Brasilien. An die einzigartige Atmosphäre des bayerischen Originals reichen diese aber natürlich nicht heran.

I. Fragen zum Verständnis.

1. Inwieweit ist das bayrische Oktoberfest anders als die internationalen Ableger?

2. Was für Attraktionen bietet das Oktoberfest Familien mit Kindern?

3. Warum gehen die Besucher gerne in die großen Bierzelte?

4. Warum finden internationale Gäste das Oktoberfest so attraktiv?

5. Warum lehnte man anfangs den Maßkrug aus Glas ab?

6. Wie kam es zum alljährlichen Oktoberfest?

7. Warum feiert man das Oktoberfest schon im September?

8. Was ist der geschichtliche Hintergrund des Oktoberfestes?

9. Welche Bedeutung hat das Schlagwort „O'zapft is!" für das Oktoberfest?

II. Richtig oder falsch? Wenn falsch, korrigieren Sie die falsche Aussage.

1. ___ Das Böllerschießen vor der Bavaria ist ein Wahrzeichen des Oktoberfestes.

2. ___ Die Tradition des alljährlichen Oktoberfestes beruhte auf dem Pferderennen vor der Stadt.

3. ___ Das Oktoberfest geht auf den Namen der Braut zurück.

4. ___ Die feierlich geschmückten Kutschen ziehen durch die Münchener Innenstadt.

5. ___ Donnerstags bekommen Familien reduzierte Preise.

6. ___ Auf dem Oktoberfest gibt es speziell gebraute Biere.

7. ___ Der Maßkrug aus Glas fand bei vielen Beifall.

8. ___ Kinder vergnügen sich bei den verschiedenen Fahrgeschäften.

9. ___ Trachten- und Schützenumzüge finden am letzten Sonntag statt.

10. ___ Die Biergartenatmosphäre in den Zelten lockt viele internationale Besucher an.

III. Setzen Sie das richtige Wort oder den richtigen Ausdruck ein.

Ableger, Standkonzert, Wirt, Einzug, Förderband, Scheibe, Achterbahnen, feierlich, geschmückt, Schützen, Kutsche, veranstalten, Wasserrutsche, Schützenumzug, Abschluss, Fahrgeschäfte, gebrannte Mandeln, ermäßigt, Schmankerl, Vermählung, Bedienung, anlässlich, Braut

1. Im Jagdschloss Hopferau im Ostallgäu feiern _____ und Bräutigam in historischen Räumen den schönsten Tag ihres Lebens.

2. Ein neuer Jazzclub in Montreux in der Schweiz heißt „Nähe" und gilt als
   _____ des Montreux Jazz Festivals, wo man ganz spezielle Musik
   erleben kann.

3. _____ der 700-Jahr-Feier der Schweizer Eidgenossenschaft im Jahre 1991
   wurde Savognin ein Kräutergarten geschenkt.

4. Am zweiten Wiesn-Sonntag findet auf der Treppe zu Füßen der Bavaria das
   große _____ der Wiesn-Kapellen statt.

5. Bei den Herbstfesten in Erding und Rosenheim kann man die schönsten
   Trachten aus Bayern und dem Rest der Welt am zweiten Festtag beim Trachten-
   und _____ bewundern.

6. Vom Restaurant mit _____ im ersten Stock genießt man eine sehr
   schöne Aussicht. Das Restaurant mit Selbstbedienung befindet sich im
   Erdgeschoss.

7. Lernen Sie Niederösterreich kennen. Wer es gerne gemütlich hat, der erkundet
   die Region mit einer Pferde_____.

8. Wenn der Sommer sich dem Ende zuneigt und die Temperaturen wieder
   kühler werden, ziehen die Kühe von den Alpen prächtig _____ wieder
   ins Tal auf die Bauernhöfe.

9. Die Jesuitenkirche in Luzern ist der erste große, sakrale Barockbau in der
   Schweiz. 1666 begann der Bau, 1677 wurde die Jesuitenkirche _____
   eingeweiht.

10. Auf 1.937 m hoch über dem Dorf Jeizinen kann man ein beeindruckendes
    Panorama über die Walliser Hochalpen genießen. Kulinarisch wird man vom
    _____ Franz Tscherry persönlich verwöhnt, unter anderem mit dem
    „Trächufondue", ein Käsefondue mit Tomaten und feinen Alpenkräutern.

11. Von Wien aus trat das Akkordeon seinen Siegeszug um die ganze Welt an, wo
    es _____ in die unterschiedlichsten Volksmusiken fand.

12. Das Kinderskiland liegt bei der Talstation der Sesselbahn Fronalpstock und
    unmittelbar neben dem Hotel-Restaurant Alpstübli. Es gibt ein 63 m langes
    _____, welches Kinder bei ihren ersten Fahrversuchen im Schnee ideal
    unterstützt.

13. Der prominenteste Kärntner Badesee ist der Wörthersee. An seinem Ostufer
    befindet sich das größte Binnenseestrandbad Europas mit einer _____
    von 114 m Länge.

14. Im Dreiländereck Deutschland, Frankreich, Schweiz gelegen, wartet der größte
    saisonale Freizeitpark der Welt mit immer neuen Superlativen auf. Über 100
    Attraktionen, traumhafte Shows, 11 _____ und 13 europäische Themen-
    bereiche erwarten den Besucher.

15. Das Teufelsrad beim Oktoberfest ist eine sich drehende _____, auf der
    sich die Besucher so lange halten müssen wie möglich.

16. Viel sehen und dabei viel Geld sparen: Mit den Vorteilskarten der Bundesländer und Regionen Österreichs gibt's unzählige Sehenswürdigkeiten, öffentliche Verkehrsmittel und Veranstaltungen gratis oder stark _____.

17. Unterseener Bauern im Berner Oberland bieten ihren Alpkäse auf dem Augustinmärit an. _____, Zuckerwatte oder eine Bratwurst gibt es auf jeden Fall.

18. Bei den Attraktionen des Allgäu Skyline Parks ist für jeden etwas dabei. Die Mitarbeiter der _____ sind Menschen mit Behinderungen beim Ein- und Aussteigen behilflich.

19. Entlang der schönsten Rheinabschnitte finden jährlich ab Mai die traditionellen Feuerwerksspektakel „Rhein in Flammen" statt. Den krönenden _____ des Events, das seit mehr als 25 Jahren stattfindet, bildet ein musiksynchrones Feuerspektakel in Bonn.

20. Die Wiener Philharmoniker laden sogar zu sich „nach Hause" ein—in die prächtigen Säle des Musikvereinsgebäudes, in dem sie ihren Ball _____.

21. In der Schweiz gibt es das sogenannte Chilbischießen, bei dem _____ zeigen können, wie gut ihr Zielscheibenschießen ist.

22. Die Hochzeitsbäckerinnen, die früher von einer _____ zur anderen zogen, hatten ein einzigartiges Repertoire an Rezepten und organisierten die kollektive Bäckerei.

23. Auf dem Ostermarkt in der Parkanlage des Schlosses Schönbrunn werden Handwerk aus Österreich und den Nachbarländern sowie leckere _____ zwei Wochen lang von mittlerweile über 60 Kunsthandwerkern und Gastronomen präsentiert und angeboten.

IV. Wie steht das im Text?

1. Wenn man es genau nimmt, ist der Begriff „Oktoberfest" eigentlich irreführend.

2. Aus dem ursprünglich fünf Tage dauernden Volksfest ist heute etwas anderes geworden.

3. Damals wie heute repräsentieren sich die großen Brauereien auf dem Oktoberfest.

4. Der Oberbürgermeister von München muss der Tradition nach das erste Fass anzapfen.

5. Es dauerte ein bisschen, bis sich die Oktoberfestfans für den Maßkrug aus Glas begeisterten.

6. Der Abschluss des Oktoberfestes hat sich traditionsgemäß etwas verändert.

V. Aufgabe und Diskussion.

1. Besuchen Sie die verschiedenen Fahrgeschäfte, die besonders für Familien mit Kindern interessant sind. Machen Sie eine PowerPoint-Präsentation der diversen Unterhaltungsmöglichkeiten.

2. Besuchen Sie die großen Bierzelte der sechs Brauereien. Erzählen Sie etwas über die Geschichte der einzelnen Brauereien.

3. Bevor das Oktoberfest beginnt, finden in München Trachten- und Schützen-umzüge statt. Informieren Sie sich und berichten Sie an Hand einer PowerPoint-Präsentation.

4. Das Oktoberfest ist international bekannt. Berichten Sie von anderen Oktober-festen außerhalb Deutschlands. Wie populär sind sie? Was ist das größte im Ausland? Kann man es mit München vergleichen?

VI. Schriftliches.

Nach Ihrem Vortrag schreiben Sie ein kleines Essay über Ihre Präsentation. Achten Sie dabei auf genaue grammatische Formulierungen.

VII. Partnerarbeit.

Das Münchener Oktoberfest ist in der ganzen Welt bekannt. Es gibt allerdings auch Oktoberfeste in anderen Ländern. Entwickeln Sie mit Ihrem Partner ein Interview über die Bedeutung des Oktoberfestes. Benutzen Sie die angegebenen Vokabeln und stellen Sie jeweils (*each*) fünf Fragen auf, die Ihr Partner dann beantwortet. Nach dem Interview berichtet jeder von Ihnen, was Sie von Ihrem Partner erfahren haben.

ÖSTERREICH

Alpine Traditionen

abgeschlossen	*closed off*	Lebensraum, der	*habitat, living space*
Alm, die	*mountain meadow*	liefern	*to provide*
Almauf- und -abtrieb, der	*mountain cattle drives*	Pfingsten	*Pentecost*
ausgedehnt	*far-flung*	prachtvoll	*splendid*
begleitet	*accompanied*	Säumer, der	*freight hauler*
bereits	*already*	Saumpfad, der	*mule track*
beschwerlich	*arduous*	Scheitelpunkt, der	*top, peak*
bevorzugen	*to favor*	Senner, der	*dairyman*
Beweis, der	*proof, evidence*	Siedler, der	*settler*
Bewohner, der	*resident*	Spediteur, der	*carrier, shipper*
eine Rast einlegen	*to take a break*	Stützpunkt, der	*base*
Eisen, das	*iron*	tosend	*rushing*
eng	*close*	überschreiten	*to cross, conquer*
(sich) erhalten	*to live on, to preserve*	Überwurf, der	*cover*
		unüberwindbar	*insurmountable*
Haflinger, der	*mule*	uralt	*ancient*
Handel betreiben	*to trade*	vermeintlich	*supposedly*
herabstürzend	*crashing*	vermurt	*covered by mud*
herausgeputzt	*decorated*	vermutlich	*allegedly*
Hirt, der	*herdsman*	versumpft	*swampy*
Hochfläche, die	*high plateau*	Viehzucht, die	*cattle raising*
Hochgebirgsregion, die	*high alpine region*	weglos	*without a footpath*
irren	*to be mistaken*	Zinn, das	*tin, pewter*
Kamm, der	*ridge*	zugänglich	*accessible*
Kopfschmuck, der	*headdress*	Zusammenhang, der	*connection*

Wer annimmt, dass Österreichs Berge eine abgeschlossene Welt sind, der irrt. Schon immer pflegten ihre Bewohner den Kontakt und Austausch mit anderen Regionen und Kulturen. Bereits die ersten Siedler in den Hochgebirgsregionen Westösterreichs bevorzugten als Lebensraum die schwer zugänglichen Hochflächen der Berge, die ihnen attraktiver erschienen als die damals häufig versumpften, weglosen und

vermurten Täler. Die vermeintlich unüberwindbaren Grenzen der Berge wurden daher bereits in der Frühgeschichte überschritten und bis in den mediterranen Raum hinein Handel betrieben. Den besten Beweis hierfür lieferte der 1991 entdeckte Mann im Eis, „Ötzi", der auf 3.200 m am Gletscher der Ötztaler Alpen gefunden wurde und vor 5.300 Jahren Handel mit der Region rund um den Gardasee betrieb.

Bis heute haben sich viele Traditionen der alpinen Lebenskultur erhalten. Sie stehen in engem Zusammenhang mit der Viehzucht, die von Anbeginn im wirtschaftlichen Zentrum der Siedler stand. So ist der Almauf- und -abtrieb eine der lebendigsten Traditionen, die sich in den alpinen Regionen Österreichs erhalten haben. Im Frühsommer, rund um Pfingsten, wird das Vieh von Hirten und Sennern auf die Alm getrieben, meist Mitte September geht es wieder zurück ins Tal. Vor allem der Almabtrieb wird von einem festlichen Zeremoniell begleitet. Wenn der Sommer vorbei ist, werden die Herden für den Abtrieb besonders herausgeputzt, und die Kühe tragen einen Kopfschmuck aus Alpenblumen.

Viele Volksgruppen in den Alpen waren ursprünglich Bauern und Säumer. Säumer waren die ersten „Spediteure" der Alpen. Jahrhundertelang transportierten sie Salz, Wein, Schnaps, aber auch Gold und Silber auf den Rücken der Haflinger über die hohen Alpenpässe. Wanderer können die Saumpfade im Gebirge noch heute nacherleben wie etwa in den Hohen Tauern, auf der kürzesten, aber auch beschwerlichsten Verbindung in den Süden. Einer der spektakulärsten alten Säumerwege liegt im Salzburger Pinzgau und führt an den Krimmler Wasserfällen vorbei, den höchsten Wasserfällen Europas. Hat man diese Welt des tosenden, herabstürzenden Gletscherwassers hinter sich gelassen, erreicht man über ein prachtvolles Hochtal mit ausgedehnten Almwiesen das Krimmler Tauernhaus, das über 600 Jahre alt ist und früher ein wichtiger Stützpunkt der Säumer war. Die original erhaltene alte Gaststube steht heute unter Denkmalschutz. Der vermutlich älteste Säumerweg der Alpen ist heute ganz bequem mit dem Auto zu überwinden: die Großglockner-Hochalpenstraße. Als man in den frühen 30er Jahren des vergangenen Jahrhunderts diese imposante Passstraße baute, machte der Architekt der Straße, Franz Wallack, eine merkwürdige Entdeckung. Er stellte fest, dass es bereits einen Weg gab. Der Beweis fand sich am Scheitelpunkt der Passstraße, am Hochtor auf 2.504 m Seehöhe: Es wurde eine kleine Bronzestatue mit einem Überwurf aus Löwenfell entdeckt. Mit dem Bau der Straße hatte man den uralten Handelsweg der Kelten über die Tauern entdeckt, die kürzeste Verbindung zwischen Salzburg und der Adria. Heute besteht zwischen Mai und Oktober die Möglichkeit, den Tauernkamm entlang Österreichs höchsten Berg mit dem Auto, Motorrad oder mit dem Rad zu überqueren. Wer am Hochtor eine Rast einlegt, sollte daran denken, dass hier bereits vor 3.000 Jahren Eisen, Salz, Zinn, Holz, Flachs, Wolle und Schuhe in den Mittelmeerraum gebracht wurden.

I. Fragen zum Verständnis.

1. Waren die Bewohner der Berge ein isoliertes Volk?

2. Warum hatten sich die ersten Siedler lieber auf den Hochflächen der Berge niedergelassen?

3. Wie konnten diese Siedler mit dem Süden Handel betreiben?

4. Warum war der Mann im Eis eine Sensation?

5. Warum war die Viehzucht so wichtig?

6. Was für eine Tradition hat sich im alpinen Lebensraum erhalten?

7. Was war die Aufgabe der Säumer?

8. Was können Wanderer heutzutage in den Hohen Tauern nacherleben?

9. Wofür sind die Krimmler Wasserfälle bekannt?

10. Was ist die Bedeutung des Krimmler Tauernhauses?

11. Welche Entdeckung machte man beim Bau der Großglockner-Hochalpenstraße?

II. Richtig oder falsch? Wenn falsch, korrigieren Sie die falsche Aussage.

1. ___ Die Bergbewohner hatten keinen Kontakt mit der Außenwelt.

2. ___ Die Überquerung der Alpen ist in der heutigen Zeit ganz einfach.

3. ___ Der Architekt der Großglockner-Hochalpenstraße folgte dem Pfad der Kelten beim Bau der Passstrasse.

4. ___ Am Hochtor befindet sich eine kleine Bronzestatue aus der Zeit der Kelten.

5. ___ Der älteste Säumerweg der Alpen liegt im Salzburger Pinzgau.

6. ___ Man baute in der Frühgeschichte lieber in den Tälern, wo es warm war.

7. ___ Der Handelsweg über die Alpen verband den Norden mit dem Süden.

8. ___ Ohne die Viehzucht gäbe es nicht so viele lebendige Traditionen.

9. ___ Die Säumer waren einfache Bergleute, die das Land besiedelten.

10. ___ Das Krimmler Tauernhaus ist historisch so bedeutsam, dass es heute unter Denkmalschutz steht.

III. Setzen Sie das richtige Wort oder den richtigen Ausdruck ein.

die Bewohner, Siedler, Senner, Saumpfad, der Almabtrieb, unüberwindbar, Lebensraum, Hochflächen, bereits, Scheitelpunkt, tosendem, irrt, Viehzucht, Hochgebirgsregion, erhalten, abgeschlossen, Handel betrieben

1. Das Val Ferret ist ein wildromantisches Tal, das auf der Westseite vom Mont-blanc Massiv _____ wird.

2. Wer glaubt, dass Columbus der Entdecker Amerikas war, der _____.

3. _____ um 1180 gab es den Ort Winterthur. Die Römer nannten die Siedlung damals Vitudurum.

4. Seit der ersten Hälfte des 13. Jahrhunderts zogen die aus dem Wallis stammenden _____ ostwärts in das Gebiet des Park Adula.

5. Im Sommer schwitzen _____ vieler Metropolen wegen der extremen Hitze.

6. Der rund 120 km lange Hauptkamm der imposanten _____ Hohe Tauern bildet die geografische Mitte der Ostalpen.

7. Mächtige Gebirgsmassive vom Vorarlberger Rätikon im Westen bis zu den Gutensteiner Alpen im Osten bilden einen _____, der seit Jahrtausenden besiedelt wird.

8. Almtäler, _____ und Berge bilden ein ideales Skitourengebiet für Touren bis auf 3.000 m Seehöhe.

9. Der Simplon Pass in der Schweiz erschien selbst den Baumeistern der römischen Zeit als _____.

10. Früher wurde zwischen Oberösterreich und Böhmen—vor allem mit Salz und Eisen—_____.

11. Und sagenumwoben (*legendarily*) mystisch—das sind auch sie selbst: die vielen urtümlichen (*unspoiled*) Hoch- und Niedermoore, die sich in Österreich seit der Eiszeit _____ haben.

12. Auf der Speisekarte findet man frische Fische aus dem Turnauer Teich, Wild aus den umliegenden Wäldern oder Fleisch aus der eigenen _____.

13. _____ steht alljährlich für das Ende des Sommers—wenn die Kühe von der Alm in den heimischen Stall gebracht werden.

14. Ob weich oder hart, ob mild oder pikant (*spicy*)—Österreichs _____ produzieren aus der Milch ihrer Tiere Käsespezialitäten nach kunstvoller Tradition und von höchster Qualität.

15. Auf dem _____ Grimselpass in der Schweiz transportierten die Säumer ihre Handelsware auf die Märkte Norditaliens.

16. Der Staubbachwasserfall im Berner Oberland schießt mit _____ Geräusch über die Kante (*cliff*) einer senkrechten und 300 m hohen Felswand.

17. Nach dem Anstieg (*ascent*) durch die Klamm (*gorge*) legt man am _____ der Tour beim Almgasthof „Zum Guten Hirten" eine Rast ein.

IV. Wie steht das im Text?

1. Als man diese Hochalpinenstraße baute, fand man frühe Spuren der Kelten.

2. Am Scheitelpunkt des Großglocknerpasses sollte man daran denken, dass schon tausende Jahre zuvor Säumer den Berg überschritten hatten.

3. Die Säumer legten in diesem historisch erhaltenen Haus eine Rast ein.

4. Wanderer können in den österreichischen Bergen noch heute die alten Säumerpfade entdecken.

5. In den alpinen Dörfern kann man besonders im Herbst traditionelle Zeremonien erleben, wenn die Kühe von den Almen kommen.

6. Schon in der frühen Geschichte Österreichs siedelten sich die Siedler hoch oben auf den Bergen an, denn die Topographie der Täler war unberechenbar (*unpredictable*).

7. Der Mann im Eis bestätigte (*confirmed*) die Theorie, dass schon in der Frühgeschichte Handel zwischen den Nordalpen und der Adria stattgefunden hatte.

V. Aufgabe und Diskussion.

1. Suchen Sie im Internet nach Ausstellungen oder Museen, die dem Mann im Eis gewidmet sind. Stellen Sie eine PowerPoint-Präsentation zusammen.

2. Es gibt viele Beispiele für die Tradition des Almauftriebs und Almabtriebs. Berichten Sie mit Bildern und Kurzfilmen auf YouTube.

3. Informieren Sie sich im Internet über Saumpfade in Österreich und in der Schweiz. Berichten Sie von der Geschichte und fügen Sie Ihrer PowerPoint-Präsentation Bilder bei. Sie können auch Informationen aus dem Text benutzen.

4. Berichten Sie von dem Bau der Großglockner-Hochalpenstraße und wie sie heute aussieht.

VI. Schriftliches.

Nach Ihrem Vortrag schreiben Sie ein kleines Essay über Ihre Präsentation. Achten Sie dabei auf genaue grammatische Formulierungen.

VII. Partnerarbeit.

Die Identität des Eismenschen „Ötzi" enthüllte (*revealed*) den Handel zwischen Österreich und Italien vor 5.600 Jahren. Der Keltenfund beim Bau der Großglockner Straße bestätigte (*confirmed*) diese Theorie. Die Tradition des Handels und auch andere Traditionen existieren also seit Jahrhunderten und Jahrtausenden. Entwickeln Sie mit Ihrem Partner ein Interview über Traditionen in Österreich. Benutzen Sie die angegebenen Vokabeln und stellen Sie jeweils (*each*) fünf Fragen auf, die Ihr Partner dann beantwortet. Nach dem Interview berichtet jeder von Ihnen, was Sie von Ihrem Partner erfahren haben.

Auf den Spuren des Salzes

Abfahrt, die	descent	milliardenschwer	billion-dollar-worth
abgeschieden	remote	Natrium, das	sodium
Bergmannsrutsche, die	miner's slide	niederschlagen	to affect
Blutdruck, der	blood pressure	Pass, der	mountain pass
eingreifen	to foil	Reiz, der	attraction, charm
enthalten	to contain	schimmern	to sparkle
entschärfen	to defuse	sichern	to secure
fördern	to mine, promote	Solebad, das	brine bath
geschichtsträchtig	historic	Sprengung, die	explosion
Geschwindigkeits- messung, die	speed check	Tummelplatz, der	mecca
		unbedingt	by all means
Holzladen, der	wooden box	Ursprung, der	origin
Hügel, der	hill	verdanken	to attribute
im Gegensatz	in contrast	vernichten	to destroy
Knappe, der	miner	vertreiben	to sell
Kreislauf, der	circulation	verziert	decorated
k. und k. [= kaiserlich und königlich]	imperial and royal	vorhanden sein	to be in place
		Wellness-Therme, die	wellness spa
lagern	to store	Winkel, der	corner
liefern	to deliver	Wirkung, die	effect
Luftkurort, der	resort	Zusammenfluss, der	confluence

Das „weiße Gold" hat das Salzkammergut reich gemacht. Wer in einer der spannendsten Regionen Österreichs auf der historischen Salzstraße unterwegs ist, folgt den Spuren geschichtsträchtiger Figuren. Wenn Helmut Tucek in seiner „Salzkammer" in St. Wolfgang vom Salz spricht und durch sein Geschäft führt, möchte man sofort von den Salzmischungen in den kleinen, verzierten Holzladen kosten. „Natursalz ist mehr als nur Natrium und Chlorid", erzählt Herr Tucek und hält dabei einen schimmernden Stein in Händen, der Ursprung aller Salze hier ist: „Der Ausseer Bergkern enthält nicht

weniger als 84 Mineralien, alles Elemente, die auch in unserem Körper vorhanden sind, deshalb hat dieses Salz auf unseren Organismus auch so eine wohltuende Wirkung". Das durchsichtig, in rötlichem Gold schimmernde Salz schlägt sich im Gegensatz zum Industriesalz nicht negativ auf Blutdruck und Kreislauf nieder, und wegen der vielen Mineralien schmeckt es auch viel besser. Man möchte das Salz nicht nur kosten, man will sehen, wo es herkommt.

Denn diese Gegend ist eine der spektakulärsten in Europa. Vom wunderschönen St. Wolfgang, wo Herr Tucek in der Nähe vom berühmten „Weißen Rössl" sein „weißes Gold" vertreibt, geht es über Hügel und Pässe in das Herz der Salzregion—nach Hallstatt, wo schon vor Jahrtausenden die Menschen Salz gefördert und nach ganz Europa geliefert haben. Auf dem Weg dorthin

versteht man den Reiz des Salzkammerguts, in dem sich ein See an den anderen reiht. Eine Gegend, die Geschichte atmet, vor allem rund um den dunkel schimmernden Hallstätter See mit seinem Hochtal 300 m über dem See, wo auf dem berühmten Salzberg in Hallstatt das älteste Salzbergwerk der Welt steht. Im Hallstätter Salzbergtal bestaunt der Besucher erstaunliche 7.000 Jahre Kulturgeschichte. Salz wird in Hallstatt immer noch gefördert.

Beim Besuch des Salzbergwerks sollte man unbedingt die Abfahrt über zwei Bergmannsrutschen mit Geschwindigkeitsmessung und Foto inklusive erleben.

Das Salz wurde früher von Bad Ischl über die Traun bis zur Donau verschifft, wo es bis nach Ungarn, Böhmen und Slowenien weitertransportiert wurde. Heute ist

Bad Ischl als Luftkurort bekannt— und als Tummelplatz für k. und k. Nostalgiker. Kaiser Franz Joseph I. verbrachte seine Sommermonate hier und zwar 82 Sommer seines 86-jährigen Lebens. In Bad Ischl gibt es auch das älteste Solebad Österreichs, heute eine hochmoderne Wellness-Therme.

Von der kleinen Stadt am Zusammenfluss von Traun und Ischl kommt man über den Pötschenpass ins Ausseerland und von dort in den abgeschiedensten, stillsten Winkel der Region, nach Altaussee. Hier findet man den „Sandling" als salzreichsten Berg der Region. Eine Führung durch das Salzbergwerk geht 700 m in den Berg hinein, wo man das purpurn schimmernde Salzkristall im Gestein bewundern kann. Dass die Saline überhaupt noch besteht, verdanken die Altausseer einigen mutigen Knappen aus der jüngeren Geschichte: Als 1944 die Nationalsozialisten hier mehr als 30.000 Kunstgegenstände aus ganz Europa lagerten—das wertvollste Kunstlager aller Zeiten—und zu Kriegsende die Kunstschätze durch Sprengungen vernichtet werden sollten, griffen die Bergleute von Altaussee ein. In einer Aktion des Widerstands brachten sie im Mai 1945 heimlich die vier 500-Kilo-Fliegerbomben aus dem Bergwerk und entschärften sie, einerseits um ihr eigenes Leben, andererseits um auch die Zukunft der Saline zu schützen. Wenige Tage später trafen amerikanische Soldaten ein und sicherten das milliardenschwere Kunstdepot. Eine kleine Heldengeschichte. Kein Wunder, dass auch Hollywood darauf aufmerksam wurde: George Clooney hat den Stoff unter dem Titel *The Monuments Men* verfilmt und mit ihm als Hauptdarsteller ins Kino gebracht.

I. Fragen zum Verständnis.

1. Warum ist Bad Ischl ein geschichtsträchtiger Ort?

2. Wie wurde das Salz in alten Zeiten transportiert?

3. Was macht den Besuch des Salzbergwerkes so spannend?

4. Warum sollte man unbedingt einen Besuch in Hallstatt einplanen?

5. Was ist das Besondere an dem Natursalz?

6. Was erlebt man bei einer Führung durch den „Sandling"?

7. Was konnten die Bergleute von Altaussee verhindern?

8. Warum wird George Clooney in diesem Text erwähnt?

II. Richtig oder falsch? Wenn falsch, korrigieren Sie die falsche Aussage.

1. ___ Die Bergleute entschärften die Fliegerbomben, um die Kunstgegenstände zu schützen.

2. ___ Der „Sandling" ist als salzreichster Berg weit bekannt.

3. ___ Bad Ischl ist nicht nur wegen des Salzes, sondern auch wegen des ältesten Salzbergwerkes bekannt.

4. ___ Schon vor Jahrhunderten wurde hier Salz gefördert und überallhin geliefert.

5. ___ Hallstatt ist als das Herz der Region bekannt.

6. ___ Aus dem Natursalz muss erst Industriesalz werden, damit der Körper es vertragen (*tolerate*) kann.

III. Setzen Sie das richtige Wort oder den richtigen Ausdruck ein.

Bergmannsrutsche, Pass, abgeschieden, verdanken, verziert, liefern, geschichtsträchtiger, Luftkurort, lagern, k. und k., fördert, enthalten, Winkel, Reiz, Zusammenfluss, Wirkung, Abfahrten, vorhanden

1. Majestätisch thront das Schloss über dem mittelalterlichen Städtchen Laupen am _____ von Sense und Saane.

2. Die Hahnensee-Piste im Skigebiet Corvatsch-Furtschellas gilt als eine der schönsten _____ des Engadins.

3. In Baden wird die wohltuende _____ der Thermalquellen seit 2.000 Jahren genutzt.

4. In Bad Bleiberg saust (*rushes*) man über die mit 69 m längste _____ Europas hinab—Alternativen sind Treppen oder Fahrstuhl.

5. Die Thermalbäder von Craveggia wurden nicht stark frequentiert, da ihre Lage sehr _____ ist.

6. Mit dem E-Bike oder dem Fahrrad entdecken die Besucher auf Nebenstraßen unbekannte _____ des Emmentals.

7. Der Stubaier Gletscher (*glacier*) ist mit 12 km² Fläche das größte Ganzjahres-wintersportgebiet Österreichs. Durch seine Höhenlage von 1.750 bis 3.200 m ist von Oktober bis Juli immer genug Schnee _____.

8. Ein reichhaltiges Frühstücksbuffet ist im Hotelpreis _____.

9. Die Bundeskunsthalle in der ehemaligen Bundeshauptstadt Bonn bereichert (*enriches*) das kulturelle Leben in Deutschland und _____ den kulturel-len Austausch.

10. Schloss Homburg ist ein _____ Ort, der seinen Besuchern nicht nur im Museum viel zu erzählen hat.

11. In der „Wiener Küche" leben die Einflüsse aus allen Ländern der ehemaligen _____ Monarchie wieder auf.

12. In der ehemaligen Stasi-Zentrale _____ Bild- und Tondokumente.

13. Bauern aus der Umgebung _____ den Familien im Dorf ihre naturnah produzierte Milch.

14. Früher als _____ bekannt, bietet Arosa heute für Jung und Alt unbe-grenzte sportliche und entspannende Möglichkeiten.

15. Der Simplon _____ (2.005 m) verbindet den Kanton Wallis von Brig aus mit dem Val Divedro und Domodossola in Oberitalien.

16. Der Weissensee in Kärnten lässt besonders im Winter seinen _____ spüren. Die Eisdecke ist bis zu 40 cm dick.

17. Heidi. Dass dieser Name zum Inbegriff (*epitome*) des Schweizer Mädchens wurde, ist der Zürcher Autorin Johanna Spyri zu _____.

18. Über der mittelalterlichen Altstadt Schaffhausen thront die imposante Festung Munot. Die Altstadthäuser sind reich _____ mit kostbar bemalten Hausfassaden.

IV. Wie steht das im Text?

1. Zeit seines Lebens zog es diesen Aristokraten immer wieder an diesen Ort.

2. Das Salzkammergut hat neben dem Salz auch eine reiche Seenplatte anzubieten.

3. Das Natursalz ist für unseren Körper besonders gut geeignet.

4. Die Bergleute von Altaussee änderten den Verlauf der Geschichte.

V. Aufgabe und Diskussion.

1. Besuchen Sie die Webseite https://www.salzwelten.at/de/hallein/ und wählen
    Sie „Altaussee". Klicken Sie dann auf „Geschichte" und berichten Sie von den
    geschichtlichen Ereignissen, die den Zweiten Weltkrieg betreffen.

2. Machen Sie eine Reise nach Bad Ischl. Stellen Sie die Sehenswürdigkeiten der
    Stadt vor.

3. Besuchen Sie das älteste Salzbergwerk der Welt in Hallstatt. Die Webseite
    https://www.salzwelten.at/de/hallstatt/ gibt Ihnen einen informativen Über-
    blick. Wählen Sie „Hallstatt".

4. Informieren Sie sich über das Salzkammergut. Präsentieren Sie an Hand einer
    PowerPoint-Präsentation den Wolfgangsee, den Traunsee und den Toplitzsee.

VI. Schriftliches.

Nach Ihrem Vortrag schreiben Sie ein kleines Essay über Ihre Präsentation. Achten Sie
dabei auf genaue grammatische Formulierungen.

VII. Partnerarbeit.

Das Salzkammergut bietet dem Besucher diverse Themen: das goldene Salz, herrliche
Seen, kaiserliche Erholungsgebiete und auch einen Hollywoodfilm, der mit der Gegend
zu tun hat. Entwickeln Sie also mit Ihrem Partner ein Interview über die Region. Benutzen Sie die angegebenen Vokabeln und stellen Sie jeweils (*each*) fünf Fragen auf, die
Ihr Partner dann beantwortet. Nach dem Interview berichtet jeder von Ihnen, was Sie
von Ihrem Partner erfahren haben.

20

Imperiales Österreich

Abstecher, der	detour, short trip	Hofloge, die	imperial box (theater)
alljährlich	annually		
Amtsgeschäft, das	official transaction	Hofstaat, der	royal household
Anraten, das	recommendation	Kaisergruft, die	imperial tomb
anschaulich	clear	Kalkül, das	calculation
anspruchsvoll	fastidious, demanding	k. und k. [= kaiserlich und königlich]	imperial and royal
Aufwand, der	expense	Kuraufenthalt, der	stay at a health resort
ausschweifend	extravagant		
beeindruckend	impressive	Ruhestätte, die	resting place
Belagerer, der	besieger	schnuppern	to get a whiff
bestaunen	to marvel at	sich niederlassen	to settle
Einheimische, der, die	local, resident	Sommerfrische, die	summer resort
Erbe, das	inheritance, heritage	unvorstellbar	unimaginable
		verwöhnen	to indulge
erfordern	to require	Vielfalt, die	variety
erlesen	exquisite	Vormachtstellung, die	hegemony, supremacy
Gaumen, der	palate		
Geschicklichkeit, die	skill	Wahrzeichen, das	landmark
Herrschaft, die	reign	zugänglich	accessible
Hochwohlgeborene, der, die	member of the nobility		

Die Habsburger waren während ihrer jahrhundertelangen Vormachtstellung in Europa nicht nur baufreudig, sondern auch reiselustig. Das sieht man an der Vielfalt imperialer Bauten. Im ganzen Land kann man das Erbe der imperialen Vergangenheit Österreichs spüren. In Wien wird der Besucher überall an das Kaiserhaus erinnert. Und eines der prunkvollsten Schlösser der Welt steht hier: Schloss Schönbrunn. Die prächtigen Salons und Wohnräume der Kaiserfamilie werden jährlich von rund 1,5 Millionen Besuchern bestaunt; doch alleine die kunstvollen Parkanlagen wären schon einen Besuch wert. Nicht nur

Urlaubsgäste, auch viele Einheimische gehen hier täglich spazieren, besuchen die Gloriette, das am schönsten gelegene Kaffeehaus Wiens oder machen einen Abstecher zum ältesten noch bestehenden Tiergarten der Welt. Hier im Schlosspark findet auch das alljährliche Sommerkonzert der Wiener Philharmoniker statt—ein Musikerlebnis der besonderen Art, bei freiem Eintritt und vor der beeindruckenden Kulisse des erleuchteten Schlosses.

Beim Besuch eines der vielen historischen Kaffeehäuser lässt sich kaiserliches Flair schnuppern. Die Augustinerkirche am Josefplatz war einst Schauplatz der Habsburger-Trauungen, während die Kaisergruft unter der Kapuzinerkirche als letzte Ruhestätte diente. Auch in der Wiener Hofburg, die vor allem Repräsentationszwecken diente, können die ehemaligen Kaiserappartements besichtigt werden. Besonders anschaulich wird der kaiserliche Alltag in der Silberkammer dokumentiert:

Allein die ausschweifende Tafelkultur der Habsburger zeigt, welch riesigen Aufwand ein Hofstaat mit bis zu 5.000 Leuten erforderte. Das Sisi Museum wiederum erlaubt Einblicke in das Privatleben der berühmten Kaiserin.

Doch Österreich hat noch viel mehr Imperiales zu bieten. Die Reise auf den Spuren der Habsburger führt durch das ganze Land. Im ehemaligen Festschloss Hof in Niederösterreich kann man bei dort stattfindenden Barockfesten das ausschweifende Lebensgefühl der damaligen Zeit kennen lernen. Das opulente Festschloss war ursprünglich eine fürstliche Belohnung, die Prinz Eugen von Savoyen von den Habsburgern als Dank für den Sieg über die türkischen Belagerer erhielt.

In der Kaiservilla in Bad Ischl verbrachten die Hochwohlgeborenen ihre Sommermonate. Kaum ging der Sommer ins Land, zog es die Habsburger ins Salzkammergut.

Begonnen hatte alles mit einem reinen Kuraufenthalt, den das damals noch kinderlose Kaiserpaar Franz Karl und Sophie von Bayern auf Anraten ihres Arztes unternahm. Doch auch ihr Sohn Kaiser Franz Joseph und seine Frau Elisabeth verbrachten viele

Sommer in ihrer Kaiservilla in Bad Ischl—diese ist während der Sommermonate zugänglich und bietet das gleiche Bild wie einst dem Kaiser und seiner Familie. Schon damals verwöhnte die k. und k. Hofbäckerei Zauner anspruchsvolle Gaumen mit erlesenen Mehlspeisen—und bis heute ist ein Besuch in Bad Ischl ohne einen Abstecher zum „Zauner" unvorstellbar.

Weniger zur Erholung als vielmehr aus politischem Kalkül ließen sich die Habsburger auch in Tirol nieder. Innsbruck, die „Hauptstadt der Alpen", diente Kaiser Maximilian I. als ideal gelegene Residenz, um nach Westeuropa zu expandieren. Heute erinnert unter anderem das legendäre „Goldene Dachl" an seine Herrschaft: Diese Art Hofloge mit bester Sicht auf den Hauptplatz entwickelte sich schnell zum Wahrzeichen Innsbrucks. Das Grabdenkmal des Kaisers in der Innsbrucker Hofkirche gilt bis heute als eines der künstlerisch bedeutendsten Werke der Renaissancekunst in Mitteleuropa.

Eher ein Geheimtipp ist hingegen der Herzogshof in Graz, in dem die Habsburger ihren Amtsgeschäften als Landesfürsten der Steiermark nachgingen: Die gesamte Fassade des Hauses wurde vom Barockmaler Johann Mayer mit Fresken bemalt, die Götter der griechisch-römischen Mythologie darstellen. Sie hatten eben einen erlesenen Geschmack, diese Habsburger. Und man muss kein Fan der Donaumonarchie sein, um sich auch heute noch daran zu erfreuen.

I. Fragen zum Verständnis.

1. Welche historische Bedeutung hat der Herzogshof in Graz?

2. Warum machten die Habsburger Innsbruck zu einer Residenzstadt?

3. Warum sprachen die Innsbrucker von einer „Hofloge"?

4. Was war der wahre Grund für den Kuraufenthalt des kaiserlichen Paares?

5. Welche Bedeutung hatte die Bäckerei Zauner in der k. und k. Zeit?

6. Welche Bedeutung hat das Festschloss Hof in Niederösterreich?

7. Welche Wiener Kulturgüter erinnern den Besucher an die Kaiserzeit?

8. Ist das kaiserliche Flair nur auf die Bundeshauptstadt begrenzt?

9. Welche Charakteristika zeichneten die Habsburger aus?

II. Richtig oder falsch? Wenn falsch, korrigieren Sie die falsche Aussage.

1. ___ Die Fassade des Herzogshofs ist mit gotisch-germanischen Darstellungen geschmückt.

2. ___ Innsbrucks geographische Lage förderte die Expansionspolitik des Kaisers.

3. ___ Die Innsbrucker Hofkirche ist auch heute noch ein bedeutendes Bauwerk der Renaissance.

4. ___ Maximilian I. benutzte das Festschloss Hof als seine Residenz.

5. ___ In der k. und k. Zeit ließ sich die kaiserliche Familie von der Bäckerei Zauner verwöhnen.

6. ___ Prinz Eugen von Savoyen erhielt das Festschloss Hof als Belohnung, denn er hatte Wien von den Türken befreit.

7. ___ Das kaiserliche Flair lässt sich nur im Schloss Schönbrunn erleben.

8. ___ Die Hofburg zeigt dem Besucher, dass es nicht einfach war, einen Hofstaat zu unterhalten.

III. Setzen Sie das richtige Wort oder den richtigen Ausdruck ein.

Aufwand, Belagerern, Hoflogen, verwöhnen, erfordern, Einheimische, Abstecher, Anraten, Kalkül, schnuppern, Kaisergruft, Ruhestätte, ausschweifend, Kuraufenthalt, Herrschaft, anschaulich, Vormachtstellung, ließen, Wahrzeichen, zugänglich, anspruchsvolle, erlesen, Gaumen, k. und k., Amtsgeschäfte

1. Der Kaiserhof ließ sich nur von den Besten beliefern. Wer in den Kreis der Erwählten aufgenommen wurde, durfte sich von da an _____. Hoflieferant nennen. Diese Ehre erhielten beispielsweise die Zuckerbäckerei Demel oder das Hotel Sacher.

2. Als Landesfürsten erledigten die Habsburger ihre _____ in der Steiermark.

3. Die _____ der Habsburger überdauerte mehrere Jahrhunderte.

4. Die Außenpolitik der Habsburger basierte auf einem politischen _____.

5. Oben auf 1.493 m hat man noch die Gelegenheit, seinen _____ im Berghaus Riggisalp verwöhnen zu lassen, bevor dann die rasante Abfahrt ins Tal folgt.

6. In unserem traditionsreichen Vier-Sterne Business Hotel mit Stil und Charme bieten wir Ihnen 43 _____ eingerichtete Zimmer.

7. Die _____ Bergtour beginnt im Dorf Binn und verläuft im ersten Teil immer Richtung Eggerhorn.

8. Die Uhr am Zytturm aus dem Jahre 1535 ist die älteste der Stadt Luzern. Vier Türme der gut erhaltenen Stadtmauer sind öffentlich _____.

9. Auf _____ des Hofarztes sollte das kaiserliche Paar jedes Jahr zur Kur nach Bad Ischl fahren.

10. Ob Ferien, Seminar- oder _____: Das Zentrum Ländli im Herzen der Schweiz bietet die passende Infrastruktur für jede Auszeit.

11. In der Zeit der Könige und Kaiser gab es in Europa in den Opernhäusern und Theatern _____ für die Hochwohlgeborenen.

12. Die weltberühmte Kapellbrücke ist das _____ von Luzern und die älteste Holzbrücke Europas.

13. Die Skigebiete in der Schweiz und in Österreich _____ hohe Geschicklichkeit von den Skiern.

14. 33 km Loipen rund um das Dorf und den See Isola _____ Langläufer.

15. Kapuzinermönche _____ sich 1581 in Altdorf nieder und gründeten das Kloster Altdorf, das als die älteste Niederlassung des Ordens nördlich der Alpen gilt.

16. Prinz Eugen von Savoyen befreite Wien von den türkischen _____.

17. Die spannende Geschichte des Bergbaus wird im Bergbaumuseum Graubünden _____ erzählt.

18. Der Zugang zur Grottenburg wurde mit viel _____ restauriert.

19. Bei einem Besuch auf der St. Petersinsel feierte Kaiserin Joséphine _____ und auch das Volk ließ es sich gut gehen.

20. Schloss Artstetten war der Familiensitz und die Sommerresidenz der kaiserlichen Familie. Erzherzog Franz Ferdinand und seine Gemahlin fanden hier ihre letzte _____.

21. Bei einem Besuch der Kapuzinerkirche in Wien sollte man unbedingt die _____ des Hauses Habsburg besichtigen.

22. Man kann im Städtchen Leuk einen Hauch Mittelalter _____ und durch die Rebberge zu der futuristisch aussehenden Satellitenbodenstation in Brentjong wandern.

23. Ein _____ auf die Sonnenterrasse Isenthal mit der einzigartigen Bergkulisse lohnt sich.

24. Von ihrem Land begeisterte _____ bieten geführte Spaziergänge durch Montreux und Vevey an.

25. Die religiös motivierten Villmergerkriege 1656 und 1712 führten zum Verlust der katholischen _____ in der Schweiz.

IV. Wie steht das im Text?

1. Die Habsburger förderten auch die Kunst, und in der Steiermark kann man deshalb barocke Fresken bewundern.

2. Mit seiner imperialen Residenzstadt in Tirol verfolgte der Kaiser außenpolitische Zwecke.

3. In den Sommermonaten belebt klassische Musik die abendliche Schlossatmosphäre.

4. Die Amtsperiode der Habsburger reicht bis ins Mittelalter zurück.

5. Auch Wiener bummeln gern durch Schönbrunns Parkanlagen.

6. Überall im ganzen Land findet man prächtige architektonische Beispiele aus der Kaiserzeit.

7. Touristen aus der ganzen Welt bestaunen das Innere und Äußere der Schönbrunnanlage.

8. In der Bundeshauptstadt selbst lebt die imperiale Zeit an vielen Ecken wieder auf.

9. Die Hofburg hinterlässt bei jedem Besucher einen bleibenden Eindruck, weil man sich heute kaum vorstellen kann, wie man damals so ein Schloss bewirtschaftete.

10. Die kaiserlichen Sommermonate wurden damals nicht in Wien verbracht, sondern auf dem Land.

V. Aufgabe und Diskussion.

1. Machen Sie eine Reise durch Österreich und berichten Sie von den imperialen Bauwerken und Residenzstädten der Habsburger.

2. Besuchen Sie das Schloss Schönbrunn. Berichten Sie über die historische Bedeutung und die Gartenanlagen. Machen Sie auch einen Rundgang durch das Schloss und zeigen Sie die Räume, die man bei einer Führung besichtigen kann.

3. Machen Sie einen Rundgang durch die Hofburg. Erzählen Sie Ereignisse aus der Geschichte, besuchen Sie die Schatzkammer und auch die Parkanlagen.

4. Das Festschloss Hof in Niederösterreich diente der Unterhaltung. Lassen Sie das Schloss in Ihrer Präsentation wieder aufleben und berichten Sie von den Festen, die hier stattfanden.

5. Die Kaiservilla in Bad Ischl ist von großer historischer Bedeutung. Machen Sie einen Rundgang, der dem Besucher zeigt, wie man damals gelebt hat.

6. Fahren Sie nach Innsbruck und betrachten Sie die Stadt aus historischer Sicht.

VI. Schriftliches.

Nach Ihrem Vortrag schreiben Sie ein kleines Essay über Ihre Präsentation. Achten Sie dabei auf genaue grammatische Formulierungen.

VII. Partnerarbeit.

Mit den Habsburgern verbindet sich die imperiale Vergangenheit und die prächtige Architektur der Zeit, die nicht nur in der Hauptstadt Wien anzutreffen ist. Vielerorts findet man herrliche Gartenanlagen und Erinnerungen an die k. und k. Zeit. Entwickeln Sie also mit Ihrem Partner ein Interview über die Habsburger und ihre imperiale Zeit. Benutzen Sie die angegebenen Vokabeln und stellen Sie jeweils (*each*) fünf Fragen auf, die Ihr Partner dann beantwortet. Nach dem Interview berichtet jeder von Ihnen, was Sie von Ihrem Partner erfahren haben.

21

Mountainbiking in den Bundesländern

abgestimmt	*coordinated*	Etappe, die	*stage*
abhängen von	*to depend on*	etappenweise	*in stages*
abkürzen	*to shorten*	herausfordernd	*challenging*
Alm, die	*mountain pasture*	sanft	*smooth*
ausgebaut	*developed*	Schilf, das	*reed*
Bedürfnis, das	*need*	Schlucht, die	*gorge*
beschildert	*signposted*	unbeschwert	*carefree*
einheitlich	*consistent*	Ursprung, der	*source*
Einkehrmöglichkeit, die	*rest stop*	verlaufen	*to pass*
Einstieg, der	*start*		

Es gibt viele Mountainbike-Routen in Tirol. Das Herz der Alpen ist ein wahres Bike-Paradies. Es hängt von der Landschaft ab, wie schwierig das Terrain sein soll. Das Netz der Wege ist gut ausgebaut und beschildert. Anfänger wie auch Profis finden hier ihre individuelle Tour. Der Bike Trail Tirol ist der längste zusammenhängende Mountainbike-Rundkurs der Alpen. Er führt auf 32 Etappen und 1.000 km Länge durch die vielfältigen Regionen des Landes. Die einfache Orientierung durch die landesweit einheitliche Beschilderung erlaubt es den Bikern, sich ganz auf unbeschwertes Fahrvergnügen zu konzentrieren—mitten in der Tiroler Bergwelt.

Das Burgenland auf der Sonnenseite Österreichs und zu einem Drittel ein einzigartiges Naturreservat ist ein richtiger Genuss für Biker. Asphaltierte Tagesrundwege wie der Rotweinweg, der Waldquellenradweg oder der Naturparkradweg bieten den

richtigen Einstieg. Zwei Tage etwa sollte man für die Umrundung des Neusiedler Sees auf einem der beliebtesten Radwege des Burgenlandes einplanen, wobei der Weg durch Schilfgürtel, vorbei an Weinkellern und durch idyllische Ortschaften auch abgekürzt werden kann, wenn man den See mit einem Schiff überquert.

Vorarlbergs Landschaften sind für Radfahrer wie auch Mountainbiker wie geschaffen. Besonders beliebt ist der Bodensee-Radwanderweg entlang des österreichischen, deutschen und Schweizer Seeufers. Biker finden hier alles, von leichten Höhenwegen bis zu herausfordernden Gipfeltouren. Jedes Jahr wird das Wegenetz attraktiver und variantenreicher. In den letzten Jahren wurden in ganz Vorarlberg rund 1.500 km Mountainbike-Wege einheitlich beschildert und zum Teil auch neu angelegt. Bei der Auswahl der Routen standen Sicherheit, Naturschutz und die Attraktivität im Vordergrund. Die Mountainbike-Wege führen durch sanft gewellte Landschaften zu den Alpen und hinauf auf die Gipfel. An allen Strecken gibt es Einkehrmöglichkeiten.

Durch das grüne Herz Österreichs fließen vier Flüsse—die Mur, die Enns, die Feistritz und die Raab. Als längster Flussradweg führt der Murradweg vom Ursprung in den Hohen Tauern bis nach Bad Radkersburg. Die jüngste Flusswanderroute entlang der Enns ist eine der schönsten: vorbei am imposanten Massiv des Grimmings verläuft die malerische Route durch das Gesäuse und das wildromantische Reichraminger Hintergebirge nach Enns. Besonders spektakulär und für Mountainbiker einzigartig in Europa ist die Alpentour, die durch die Steiermark und Niederösterreich führt: Als „Mountainbike-Weitwanderweg" konzipiert, bietet sie die Möglichkeit, etappenweise von Ort zu Ort und von Alpentour-Wirt zu Alpentour-Wirt zu fahren. Mit rund 4.000 km Mountainbike-Wegen ist das Salzburger Land ein Eldorado für alle Mountainbiker. Die Mountainbike-Wege führen über Almen, durch Schluchten und bis auf die höchsten Gipfel. Allesamt bestens beschildert und in allen Schwierigkeitsgraden. Zu den besten Trails der Alpen gehören die „Big-5-Bike-Challenge" zwischen Saalbach Hinterglemm und Leogang sowie der „Nine-Knights-Trail" der Wildkogel-Arena in Neukirchen. Ein Großteil der Touren ist bereits per GPS erfasst und damit ideal planbar. Insgesamt haben im Salzburger Land über 21 Bike-Hotels ihr Angebot auf die Bedürfnisse von Mountainbikern abgestimmt.

I. Fragen zum Verständnis.

1. Warum sollte man als Mountainbiker das Salzburger Land auswählen?

2. Warum spricht man hier von einem Eldorado?

3. Welche Route würden Sie als Mountainbiker in der Steiermark empfehlen?

4. Welche Alternativen stehen Ihnen im Vorarlberg zur Verfügung?

5. Warum sind Radtouren im Burgenland so beliebt?

6. Warum ist Mountainbiking in Tirol besonders reizvoll?

7. In welchen von den fünf vorgestellten Bundesländern würden Sie eine Radtour machen? Nennen Sie ein paar Gründe.

II. Richtig oder falsch? Wenn falsch, korrigieren Sie die falsche Aussage.

1. ___ In den Hohen Tauern sind die Mountainbike-Wege besonders malerisch.

2. ___ Auf 32 Etappen führt der Mountainbike-Weitwanderweg durch vielfältige Regionen.

3. ___ Der Murradweg verläuft durch Schluchten und führt schließlich auf die höchsten Gipfel.

4. ___ Es gibt auch einfache Radwanderwege an den Seeufern entlang.

5. ___ Beschilderte und gut ausgebaute Trails in Tirol lassen das Herz eines jeden Bikers schneller schlagen.

6. ___ Der Bike Trail in Tirol ist der kürzeste Trail der Alpen.

7. ___ Wer keine Lust mehr hat, weiter zu radeln, kann die Route auch per Schiff verkürzen.

III. Setzen Sie das richtige Wort oder den richtigen Ausdruck ein.

Alm, Einkehrmöglichkeit, beschildert, abkürzen, einheitlich, Einstieg, Schilf, sanften, herausfordernden, Ursprung, hängt, etappenweise, ausgebaut, unbeschwert, verlaufen, die Schlucht, abgestimmt

1. Beim Urlaub in den Bergen ist es generell so, dass die Preise bei den Hotels und Pensionen untereinander so _____ sind, dass keine gravierenden Unterschiede existieren.

2. In der Schweiz sollte man unbedingt die Durnand-_____ besichtigen, denn zwischen riesigen Felswänden links und rechts schießt hier das Wildwasser über 14 Stufen hinunter in das Tal der Dranse.

3. Urlauber wandern gern in den Alpen und auf den Bergen findet man immer wieder eine _____. Das sind meistens rustikale Restaurants, von denen man ein grandioses Bergpanorama genießen kann.

4. Im Frühjahr werden die Kühe auf die _____ getrieben, wo sie den ganzen Sommer lang auf saftigen, grünen Wiesen weiden.

5. Auf den Spuren der sagenhaften schweizerischen Beatus-Geschichte erfährt man viel über die einzigartige Kultur der Region. Die Sage des Beatus wird an verschiedenen Stationen _____ erzählt.

6. Heute _____ Straßen im Tal und die historische Route dient als wunderschöner Wanderweg.

7. Der wichtigste Fluss der Westschweiz hat seinen _____ im Gotthardmassiv—wo auch die Flüsse Rhein, Reuss und Ticino entspringen.

8. Der Malcantone mit seiner _____ Hügellandschaft zieht sich vom Golf von Agno am Luganersee bis zum Monte Lema hinauf.

9. Österreichs Skiregionen sorgen dafür, dass das Skivergnügen auch neben der Piste zu einem _____ und genussvollen Erlebnis wird.

10. Sessellifte und Bergbahnen lassen große Strecken der Wanderung _____.

11. Der Neusiedler See im Burgenland ist umgeben von einem der größten zusammenhängenden _____ gürtel.

12. Der _____ in die Schlucht ist noch nicht besonders spektakulär. Nach den ersten Treppen wechselt dann das Bild. Meterhohe Felswände türmen sich links und rechts des Baches.

13. Gepäcktransport in der Schweiz, 365 Tage im Jahr—von 7 bis 23 Uhr. So reisen Sie _____ mit dem Zug in die Ferien und wieder nach Hause.

14. Weit über 100 km _____ markierte Schneeschuhtrails stehen für ein stilles Wintererlebnis allein im Freiburger Land bereit.

15. Die Anfahrt über Murg ist gut _____. Von Mornen führt ein ca. 1,5 m breiter Weg direkt zum Bergrestaurant Murgsee.

16. Mehr Komfort in Tirol. Wer Winterurlaubern Komfort auf höchstem Niveau bieten will, darf bei den Investitionen nicht sparen. Darum wurden Tirols Ski-regionen wieder ordentlich _____, verbessert und verfeinert.

17. Eine gute Skiausrüstung mit Stiefeln, Stöcken und Helm kostet pro Woche zwischen 99 und 200 Euro. Das _____ natürlich davon ab, welche Kate-gorie man bei den Skiern wählt, ob es ein Mittelklasse- oder ein Topmodell sein soll.

IV. Wie steht das im Text?

1. Hotels und Pensionen im Salzburger Land sprechen sich untereinander ab, welche Angebote sie den Mountainbikern in der Saison anbieten.

2. Man kann sich weder verlaufen noch verfahren, denn alle Trails sind sehr gut markiert.

3. Auf vielen Trails kann man auch mit Unterbrechungen fahren.

4. In Flussregionen findet man häufig spektakuläre Panoramen.

5. Viele Trails steigen ganz langsam an und werden allmählich steiler.

6. Man kann den Neusiedler See auch mit dem Fahrrad abfahren und so die Regionen in ihrer Vielfalt genießen und kennen lernen.

7. Im Tiroler Land kann man seine Biking-Routen selbst planen, denn es gibt für jeden, vom Anfänger bis zum Experten, gut ausgebaute Trails.

8. Im Gegensatz zu den meisten Trails bietet der Bodensee-Radwanderweg die Möglichkeit, in einem multikulturellen Dreiländereck zu radeln.

V. Aufgabe und Diskussion.

1. Machen Sie eine PowerPoint-Präsentation über die im Text erwähnten Trails im Salzburger Land: „Big-5-Bike Challenge" und „Nine Knights-Trail". Wie ist der Schwierigkeitsgrad? Was bieten diese Trails und was kann man hier alles erleben? Wie beliebt sind sie bei den Bikern?

2. Verfolgen Sie die Flusswanderroute entlang der Enns. Präsentieren Sie die wunderbaren Naturerlebnisse auf dieser Tour: das Grimmig Massiv, das Gesäuse und das wildromantische Reichraminger Hintergebirge.

3. Planen Sie einen Ausflug auf dem Flussradweg entlang der Mur. Im Internet finden Sie reichhaltige Informationen. Wählen Sie eine Tour aus und berichten Sie von der Region und einer historischen Stadt.

4. Der Bodensee-Radwanderweg bietet 17 verschiedene Touren an. Wählen Sie eine aus und folgen Sie der Route. Berichten Sie, was man alles auf dieser Bike-Route erleben kann.

5. Besuchen Sie das Burgenland online. Informieren Sie sich über den Rotwein-weg, den Waldquellenradweg und den Naturparkradweg. Planen Sie einen Ausflug in dieses Gebiet und stellen Sie die wichtigsten und schönsten Eindrü-cke dieser Region vor.

6. In Tirol gibt es den bekannten Bike Trail. Im Internet gibt es viele Informa-tionen über diese beliebte Mountainbike-Tour. Wählen Sie aus, ob Sie eine Tagestour oder eine Mehrtagestour planen. Verschaffen Sie sich einen Über-blick über die Gegenden.

7. Besuchen Sie die vier anderen Bundesländer Österreichs inklusive Wien und erstellen Sie eine PowerPoint-Präsentation über diese Regionen. Was ist hier touristisch und kulturell attraktiv? Vielleicht können Sie ja hier auch Rad- und Wanderwege entdecken.

VI. Schriftliches.

Nach Ihrem Vortrag schreiben Sie ein kleines Essay über Ihre Präsentation. Achten Sie dabei auf genaue grammatische Formulierungen.

VII. Partnerarbeit.

Mountainbiking in den Alpen bietet ein wahres Eldorado für den enthusiastischen Radler. In ganz Österreich gibt es verschiedene Routen. Für jeden Mountain-Biker gibt es einfache und anspruchsvolle Routen. Entwickeln Sie also mit Ihrem Partner ein Interview über Mountainbiking in Österreich. Benutzen Sie die angegebenen Vokabeln und stellen Sie jeweils (*each*) fünf Fragen auf, die Ihr Partner dann beantwortet. Nach dem Interview berichtet jeder von Ihnen, was Sie von Ihrem Partner erfahren haben.

22

Österreich und seine Musikgeschichte

Anregung, die	inspiration	Reisen bildet	travel broadens
Bedenken, das	concern	bekanntlich	the mind
beruhen auf (+ dat.)	to be based on	schillernd	colorful
Berühmtheit, die	famous person, luminary	schließlich	after all
		undenkbar	unimaginable
bestehen aus	to consist of	unter freiem Himmel	in the open air, outdoors
bestimmt	undoubtedly		
bisherig	previous	unzählig	countless
bunt	colorful, diverse	(sich) verbunden fühlen	to feel connected
damalig, damals	at that time	vertiefen	to deepen
derb	coarse	verwenden	to make use of
Einheimische, der, die	local	verzaubern	to captivate
entzücken	to delight	vielfältig	diverse
Gassenhauermusik, die	popular tune	Völkergemisch, das	ethnic mix
heimatverbunden	tied to one's roots	Weiterentwicklung, die	continued development
in der Fremde	while abroad		
Kompositionsregel, die	rule of composition	wie aus einem Guss	homogeneous
markant	distinctive	Wirkungsstätte, die	domain
Notenvorgabe, die	printed music	Wirtshaus, das	tavern
prägen	to influence	Zigeunertonleiter, die	gypsy scale
		zuordnen	to match

Reisen bildet bekanntlich. Das stimmt besonders bei Musikern. Die Werke von Wolfgang Amadeus Mozart, Joseph Haydn, Franz Liszt oder Gustav Mahler wären in ihrer Form undenkbar, wären diese Komponisten nicht zeitlebens gereist. In den großen Städten Europas verzauberten sie nicht nur das Publikum mit ihrer Musik, sondern holten sich Ideen, Anregungen und Inspirationen für viele ihrer Werke. Wenn in Wien beim Konzert für Europa jedes Jahr an die 150.000 Menschen unter freiem Himmel den Wiener Philharmonikern lauschen, dann ist auch das Publikum bunt gemischt. Im Park von Schloss Schönbrunn sieht man dann Opernfreunde, Einheimische wie auch Wienbesucher, die die Musik weltbekannter Komponisten genießen wollen. Unter ihnen auch österreichische Berühmtheiten wie Mozart, Haydn, Liszt und Mahler, die sich in dem Völkergemisch hier bestimmt wohl gefühlt hätten—schließlich

entwickelten sie gerade durch Reisen und den Austausch mit anderen Kulturen ihren markanten musikalischen Stil.

Im Alter von sechs Jahren unternahm Wolfgang Amadeus Mozart mit seiner Familie für damalige Verhältnisse eine Reise der Superlative. Über unzählige Städte in Deutschland und Belgien ging es nach Paris und London, wo das Wunderkind auf dem Klavier die Besucher entzückte. Auch wenn uns Mozarts Werke heute wie aus einem Guss erscheinen, so sind sie doch ein Konglomerat der Einflüsse und Impulse verschiedener Kulturräume. Der große Einfluss, den Italien auf Mozarts Werk hatte, beruhte auf der Zusammenarbeit mit dem Venezianischen Librettisten Lorenzo da Ponte.

Selbst für einen so heimatverbundenen Komponisten wie Joseph Haydn waren Reisen und der europäische Kulturaustausch wichtig für die Weiterentwicklung seines Stils. Als der fast zeitlebens im Dienste der Fürsten Esterházy stehende Haydn 1791 einen Kompositionsauftrag in London erhielt, nahm er sofort an. Auf Mozarts Bedenken, dass er nicht einmal Englisch spreche, erwiderte Haydn: „Meine Sprache versteht man durch die ganze Welt!" Die vier Jahre, die Haydn in England verbrachte, waren besonders kreativ. Die Werke, die er hier komponierte, wären das Lebenswerk anderer Komponisten gewesen. Nicht weniger als 250 Kompositionen, darunter seine Oper „Orfeo" und die „12 Londoner Symphonien", entstanden hier. Haydn besann sich gerade in der Fremde auf seine burgenländischen Wurzeln, was für die Briten sehr exotisch geklungen haben muss: So benutzte Haydn in den Londoner Symphonien ungarische und kroatische Volkslieder und verwendete dafür die sogenannte „Zigeunertonleiter".

Franz Liszt fühlte sich genauso stark mit dem heutigen Burgenland verbunden. Er selbst nannte sich gerne Liszt Ferencz. Schon als Kind war er in Raiding von den Musikern der ungarischen Roma fasziniert. Sie hatten ein großes Repertoire und andere Kompositionen. Es gab keine Notenvorgaben oder Kompositionsregeln. Obwohl er schon mit zwölf Jahren sein Heimatland verließ, blieb er diesen Wurzeln musikalisch immer treu. So schillernd und vielfältig wie sein Leben ist auch seine Musik, die die Einflüsse der Wiener Klassik, den kulturellen und politischen Geist des Paris im 19. Jahrhundert, die Musikkultur Italiens, Russlands und Deutschlands und sein ungarisches Erbe reflektiert. Auch heute noch kann man sein Werk keinerlei Kategorie zuordnen.

Ein Kosmopolit war auch Gustav Mahler, der als Sohn einer jüdischen Familie in Mähren geboren wurde. Schon früh prägten ihn die vielfältigen musikalischen Einflüsse seiner Umgebung, die mährische Volksmusik, Militärmusikkapellen, bis hin zur derben Gassenhauermusik in den Wirtshäusern. Schon bald nach dem Studium in Wien wurde er als talentierter Dirigent bekannt, als welcher er in Laibach, Olmütz, Kassel, Prag, Leipzig, Budapest und Hamburg arbeitete, bis er schließlich Hofoperndirektor in Wien wurde.

Der Einfluss Österreichs großer Musiker ist auch noch sehr lebendig: Das Land wird zum Treffpunkt von Musikfreunden aus aller Welt, die Festivals, Museen und Wirkungsstätten der Komponisten besuchen, um das bisherige Verständnis ihrer Musik zu vertiefen.

I. Fragen zum Verständnis.

1. Warum sind die Werke dieser Komponisten so vielfältig?

2. Warum zieht es jedes Jahr so viele Menschen in den Park von Schloss Schönbrunn?

3. Was ist der Grund für die Vielfalt von Mozarts Kompositionen?

4. Was brauchte Haydn trotz seiner Heimatverbundenheit?

5. Was war das Genie, das in Haydn steckte?

6. Was beeinflusste den Komponisten Franz Liszt schon in jungen Jahren?

7. Warum kann man sagen, dass sein Werk nicht aus einem Guss ist?

8. Wie entwickelte sich Gustav Mahlers Karriere?

II. Richtig oder falsch? Wenn falsch, korrigieren Sie die falsche Aussage.

1. ___ Ohne die europäischen Reisen hätten diese Komponisten kaum so vielfältige Musik komponieren können.

2. ___ Die Wiener Philharmoniker spielen im Park von Schloss Schönbrunn die Musik ihrer klassischen Berühmtheiten.

3. ___ Mozarts Musik klingt wie aus einem Guss.

4. ___ Schon in jungen Jahren galt Mozart als Wunderkind und wurde an allen europäischen Höfen verehrt.

5. ___ Haydn ging nach London, weil er gut Englisch sprechen konnte.

6. ___ Franz Liszt bevorzugte die Musik der Roma, weil sie so unregelmäßig war.

7. ___ Liszts homogene Musik kann man der ungarischen Kategorie zuordnen.

8. ___ Gustav Mahler dirigierte in vielen europäischen Städten als Hofoperndirektor.

9. ___ Viele Musikfans der klassischen Musik entdecken Österreich und seine Komponisten immer wieder, weil sie sich intensiver mit ihrer Musik beschäftigen wollen.

III. Setzen Sie das richtige Wort oder den richtigen Ausdruck ein.

unter freiem Himmel, vertiefen, vielfältig, Wirtshaus, zuordnen, prägen, verwenden, verzaubert, die Wirkungsstätte, entzücken, damals, Einheimische, unvorstellbar, fühlt ... sich ... verbunden

1. Eine Welt ohne Franz Schubert oder Anton Bruckner wäre einfach
   _____ .

2. Chur, die älteste Stadt der Schweiz, _____ inmitten einer imposanten Bergwelt mit verwinkelten Gassen und historischen Gebäuden.

3. Im August 2003 wurde im Schloss Hallwyl erstmals ein Theater _____ aufgeführt.

4. Im Gasthaus Rössli in Brülisau finden sich am letzten Samstag im Monat _____ ein, die zusammen fröhliche Appenzeller Lieder singen.

5. Wien war _____ das geografische Zentrum Europas. Und unter der Habsburgerkrone waren Deutsche, Tschechen, Ungarn, Slowaken und Bosnier vereint.

6. Die berühmten Schweizer Grandhotels erzählen von der Pionierzeit: Mit zurückhaltendem Glamour, elegantem Interieur, vornehmen Materialien und gepflegtem Service _____ sie noch heute ihre Gäste.

7. Der Küchenchef und sein Team verwöhnen (*indulge*) die Gäste mit feinen saisonalen Gerichten (*dishes*), für die sie soweit möglich regionale und biologische Produkte _____.

8. Wenn man über die überdachte Kapellbrücke der Stadt Luzern geht, _____ man _____ zugleich fest mit beiden Ufern _____.

9. Das mittelalterliche Willisau liegt in der Luzerner Landschaft am Fuß des Berges Napf. Die Stadt und ihr kulturelles Angebot sind sehr _____.

10. Machen Sie bei unserem Wettbewerb (*competition*) mit. Alles, was Sie tun müssen: Hotels richtig _____—und auf Ihr Glück hoffen!

11. Fantastische Ausblicke auf den Zürichsee _____ die technisch einfache Biketour von Kaltbrunn hinauf zur Breitenau.

12. In dem rustikalen _____ Gmoakeller in Wien, das in der Nähe vom Akademietheater und Konzerthaus liegt, scheint die Zeit stehen geblieben zu sein.

13. Mit München verbindet man _____ der Künstlergruppe Der Blaue Reiter und mit Dresden Die Brücke.

14. In Parpan in der Ostschweiz gibt es eine Käserei (*dairy*) im Bergrestaurant Tschugga. Hier kann man nicht nur den selbstproduzierten Käse als Fondue genießen, sondern informative Videos _____ auch das Wissen rund um die Alpkäseproduktion.

IV. Wie steht das im Text?

1. Seine musikalischen Einflüsse standen eigentlich im Gegensatz zu seiner späteren Berufung (*appointment*) als Hofoperndirektor in Wien.

2. Die kulturelle Vielfalt fremder Länder führt dazu, dass man sein Wissen vertieft.

3. Reisen ins Ausland bedeuten auch kulturelle Erfahrungen und musikalische Erlebnisse, die einen Komponisten prägen können.

4. Es gibt in der Musikgeschichte Berühmtheiten, die in kürzester Zeit das schufen, wofür andere ihr ganzes Leben brauchten.

5. Als Liebhaber klassischer Musik lohnt sich ein Besuch der Europastadt Wien.

6. Mit Mozart verbindet man bekannte Klavierkonzerte und Symphonien, aber eigentlich denkt man selten an den Ursprung dieser Klänge.

7. Musik kann einen großen Einfluss ausüben, und in manchen Fällen kommt man sein Leben lang von diesen Klängen nicht mehr los.

V. Aufgabe und Diskussion.

1. Informieren Sie sich im Internet über Wolfgang Amadeus Mozart. Entwickeln Sie ein kurzes Porträt mit einer Zeitreise. Wie heißen seine wichtigsten Kompositionen? Stellen Sie einige Audioexemplare zusammen.

2. Informieren Sie sich im Internet über Joseph Haydn. Entwickeln Sie ein kurzes Porträt mit einer Zeitreise. Wie heißen seine wichtigsten Kompositionen? Stellen Sie einige Audioexemplare zusammen.

3. Informieren Sie sich im Internet über Franz Liszt. Entwickeln Sie ein kurzes Porträt mit einer Zeitreise. Wie heißen seine wichtigsten Kompositionen? Stellen Sie einige Audioexemplare zusammen.

4. Informieren Sie sich im Internet über Gustav Mahler. Entwickeln Sie ein kurzes Porträt mit einer Zeitreise. Wie heißen seine wichtigsten Kompositionen? Stellen Sie einige Audioexemplare zusammen.

5. Besuchen Sie Eisenstadt und berichten Sie über Fürst Esterházy und sein Leben.

VI. Schriftliches.

Nach Ihrem Vortrag schreiben Sie ein kleines Essay über Ihre Präsentation. Achten Sie dabei auf genaue grammatische Formulierungen.

VII. Partnerarbeit.

Klassische Musik und Österreich. Man denkt sofort an Wolfgang Amadeus Mozart, Joseph Haydn, Franz Liszt oder Gustav Mahler. Die Lebensgeschichte eines jeden Komponisten ist uns weniger vertraut als deren Musik. Entwickeln Sie also mit Ihrem Partner ein Interview über diese berühmten Komponisten und den Reiz (*attraction*) ihrer Musik. Benutzen Sie die angegebenen Vokabeln und stellen Sie jeweils (*each*) fünf Fragen auf, die Ihr Partner dann beantwortet. Nach dem Interview berichtet jeder von Ihnen, was Sie von Ihrem Partner erfahren haben.

23

Eine Zeitreise durch Österreichs Küche

ableiten	*to derive*	Ruf, der	*reputation*
ansiedeln	*to settle*	seit jeher	*ever since*
Ausgrabung, die	*excavation*	Streifzug, der	*foray*
beispiellos	*unparalleled*	Teig, der	*dough*
Bezeichnung, die	*term*	umhüllen	*to coat*
Darstellung, die	*image, depiction*	unterschiedlich	*different*
erstmals	*for the first time*	unvergleichlich	*incomparable*
Genussmensch, der	*connoisseur*	verdanken	*to owe*
Gericht, das	*dish*	verraten	*to give away*
haltbar	*preserved*	Vielfalt, die	*variety*
(sich) herausstellen	*to become clear*	Weißbrotbrösel (*pl.*)	*bread crumbs*
Kräuter (*pl.*)	*herbs*	wohlriechend	*aromatic*
Lebensraum, der	*habitat*	würzig	*spicy*
Nährwert, der	*nutritional value*	Zitat, das	*quote*
Pfahlbaudorf, das	*village of piled dwellings*	Zubereitung, die	*preparation*
		zustande kommen	*to come into being*

„Man ist, was man isst". Es ist ein bekanntes Zitat mit tiefem Hintergrund. Spätestens beim Essen stellt sich heraus, wie ein Land tickt. Was würden dann die vielen regionalen Spezialitäten über die Österreicher verraten? Ganz bestimmt, dass sie Genussmenschen sind und ihre heimische Küche lieben. Die kulinarische Küche reflektiert schließlich auch einen Kulturkreis—und die nationale Einheit. Die kulinarischen Spezialitäten sind Wahrzeichen ihres Landes, ihrer Regionen. Und sie verraten viel über die Seele der Bewohner eines Landes und über die Offenheit gegenüber anderen Kulturen. In der malerischen Flusslandschaft Wachau findet man zum Beispiel die leckeren Marillenknödel. Allerdings setzt sich der Ursprung dieses Rezepts aus der

Verbindung einer chinesischen Frucht (Marille) mit einer Pflanze aus dem indischen Ozean (Zucker) und einer böhmischen Zubereitungsidee (Knödel) zusammen.

Viele Rezepturen und Gerichte mögen als typisch österreichisch, als Landesspezialität gelten— sie wären aber ohne interkulturellen Austausch niemals zustande gekommen. Gerade die Österreicher sind seit jeher Meister darin, verschiedenste kulturelle Einflüsse auf den Teller zu bringen. Die österreichische Speisekarte liest sich wie ein Streifzug durch die europäische Kulturgeschichte, wie eine Reise in die Vergangenheit. Zum Beispiel hat das berühmte Wiener Schnitzel seinen Ursprung nicht in Wien, sondern in Venezien. Italienische Köche backten schon im 16. Jahrhundert Fleisch in Weißbrotbröseln und zuvor wahrscheinlich auch die jüdische Bevölkerung in Konstantinopel. Das Schnitzel kam der Legende nach um das Jahr 1857 durch den österreichischen Feldmarschall Radetzky nach Österreich. Das Gericht wurde während der Kaiserzeit so perfektioniert, dass es heute das ist, wofür es bekannt ist: eine unvergleichliche österreichische Spezialität.

Die Linzer Torte ist ebenfalls weit über die Landesgrenzen hinaus bekannt. Die oberösterreichische Landeshauptstadt gab ihr den besagten Namen. Einzigartig daran ist, dass ihr Rezept als erstes schriftliches Tortenrezept der Welt gilt. Ein Franke machte die Köstlichkeit berühmt: Johann Konrad Vogel begann 1822 bei der Linzer Zuckerbäckerwitwe Katherina Kress zu arbeiten. Und hier begann auch die Erfolgsgeschichte.

Heute genießt die Linzer Torte einen ähnlich guten Ruf wie die Sachertorte und ist genauso beliebt.

Der Schokoladenkuchen wurde nicht in Wien erfunden, wohl aber die legendäre Sachertorte. Die 1832 erstmals vom klugen Koch-Lehrling Franz Sacher gebackene Torte beeindruckt vor allem durch Geschmack und Design. Die Sachertorte, die berühmteste aller Schokotorten, ist allerdings seinem Sohn zu verdanken: Eduard Sacher. Er schaffte es gegen Ende des 19. Jahrhunderts, die Schokotorte beinahe überall bekannt zu machen.

Den Knödel gibt es landesweit auf allen Speisekarten. Seine Geschichte beginnt an den Ufern des oberösterreichischen Mondsees, wo sich vor fast 4.000 Jahren Steinzeitmenschen in Pfahlbaudörfern ansiedelten. Dort fand man bei Ausgrabungen prähistorische Knödelreste.

Zumindest deuten die Teigstücke darauf hin, dass sie einst Obst oder Fleisch umhüllt haben könnten. Offenbar ist der Knödel ein echter (Ober-) Österreicher. Die Bezeichnung leitet sich vom mittelhochdeutschen „knode" für Knoten ab. Die erste Darstellung einer gekochten Teigkugel findet sich in Südtirol auf einem Fresko in der Burgkapelle von Hocheppan. Ob er nun seinen Ursprung im Alpenvorland hat oder nicht, der Knödel ist heute ein internationaler Klassiker. Man findet ihn als Kloß oder Klops in Deutschland genauso wie als *matzah ball* in Israel oder als *meatball* in den USA.

Im Westen Österreichs wird eine würzige, wohlriechende Spezialität hergestellt: der Bergkäse. Seinen Ursprung hat der Käse an sich im Mittleren Osten, wo schon während der Steinzeit der Nährwert von Milch erkannt wurde. In die Alpen hat es die Rezeptur aus ganz praktischen Gründen schon früh geschafft: Der Rohstoff Milch ist auf den Almen einfach zu beschaffen und der produzierte Hartkäse ist lange haltbar. Damit machte der Käse das Leben in den alpinen Regionen möglich. Heute sorgen die unterschiedlichen Gras- und Kräutersorten, die die Kühe auf den Almen fressen, für eine willkommene Geschmacksvielfalt.

I. Fragen zum Verständnis.

1. Warum schmeckt der Käse in den Gebirgsregionen nicht immer gleich?

2. Warum gibt es den Knödel auf der österreichischen Speisekarte?

3. Man sagt: „Das Auge isst mit". Was macht die Sacher Torte also so anders?

4. Wie hat sich der Käse in Österreich etabliert?

5. Was ist an der Linzer Torte so einzigartig?

6. Was ist der Ursprung des Schnitzels?

7. Warum gibt es eigentlich kein original österreichisches Gericht?

8. Was sagen die kulinarischen Gerichte über ein Land aus?

II. Richtig oder falsch? Wenn falsch, korrigieren Sie die falsche Aussage.

1. ___ Der Bergkäse trug dazu bei, dass die Menschen sich auf den Almen ernähren konnten.

2. ___ Ohne den Steinzeitmenschen wären die internationalen Speisekarten um ein Gericht ärmer.

3. ___ Eduard Sacher schuf die heute weltbekannte Sachertorte.

4. ___ Die Linzer Torte hat ihren Namen der Zuckerbäckerwitwe Katherina Kress zu verdanken.

5. ___ Die Marillenknödel haben ihren Ursprung in der Flusslandschaft Wachau.

6. ___ Das Schnitzel konnte sich erst in Österreich zu einer Spezialität
entwickeln.

7. ___ Speisekarten sagen im Allgemeinen nicht viel über regionale Spezialitäten
aus.

III. Setzen Sie das richtige Wort oder den richtigen Ausdruck ein.

Bezeichnungen, ansiedeln, würzig, verdanken, Zubereitung, Nährwert,
Darstellung, Ruf, erstmals, umhüllt, beispiellos, Pfahlbaudörfer, Streifzug,
seit jeher, wohlriechend, unvergleichliche, Weißbrotbrösel, zustande kommen, Zitat, unterschiedlich, Genussmenschen, verraten, Vielfalt, Kräuter,
haltbar, Gerichte, ableiten, Teig, Ausgrabungen

1. Die Schweizer Küche verbindet Einflüsse aus der deutschen, französischen und
norditalienischen Küche. Sie ist jedoch regional sehr _____.

2. Das Saastal (Schweiz) verfügt über eine Topinfrastruktur für Familien, Spit-
zensportler, _____, Abenteurer und Erholungssuchende.

3. Wir _____ Ihnen ein Geheiminis: Der Bannalpsee (Schweiz) ist einer
der schönsten Seen in der Region. Der Ausflug zum Bannalpsee ist ein absolu-
ter Geheimtipp.

4. Der Huttwiler Käsemarkt ist eine Präsentationsplattform für die _____
des Schweizer Käses.

5. Alle Ricola _____ stammen aus biologischem Anbau aus dem Schweizer
Berggebiet.

6. Wegen des Sommerbrauverbotes in Bayern mussten die Biere für die Herbst-
feste noch im März gebraut werden. Damit es aber den ganzen Sommer lang
in den Felsenkellern _____ blieb, war es stärker und hatte auch mehr
konservierenden Hopfen.

7. Der 3-Sterne-Koch Christian Jürgens vom Restaurant Überfahrt am Tegernsee
erzählt in einem Interview, wieso er Bayern liebt und warum seine _____
traditionelle Namen haben.

8. _____-süßer Weißwurstsenf kommt aus München.

9. Das Aroma der Pinie ist sehr _____. Es beruhigt den Kreislauf.

10. Der Fokus des Naturhistorischen Museums in Bern ist die _____ von
Tieren in ihrem natürlichen Lebensraum.

11. Was für einen Schokoladengeschmack kann man aus einer weißen, hellbraunen,
dunkelbraunen oder schwarzen Farbe _____?

12. Weltstadt mit Herz, Deutschlands heimliche Hauptstadt, Isar-Athen—es gibt viele schöne _____ für die Messestadt Münche—unter anderem eine Stadt mit führenden internationalen Messen (*fairs*).

13. Ein besonders beliebtes Gericht in Deutschland ist Schweinefilet mit Blätterteig _____.

14. Für den _____ Mehl, Salz, Zucker und Zitronenschale mischen.

15. Seinen Ursprung hat der Käse an sich im Mittleren Osten, wo schon während der Steinzeit der _____ von Milch erkannt wurde.

16. Das Museum der Stadt Füssen befindet sich in der barocken Vierflügelanlage des ehemaligen Benediktinerklosters St. Mang. Besonders sehenswert sind die _____ im mittelalterlichen Kreuzgang.

17. Die fünf _____ am Bielersee zählen zu den schönsten prähistorischen Stätten der Welt.

18. Die Schnellstraße, die nach langen Diskussionen nun doch zwischen Wien und Prag gebaut wird, führt in weitem Bogen um die Ortschaft Thaya herum. Es bestehen kaum Chancen, dass sich hier in Zukunft Betriebe _____.

19. Aarau, Hauptort des Kantons Aargau im Schweizer Mittelland, liegt am Fluss Aare, dem Stadt und Kanton auch ihre Namen _____.

20. In der _____ verlassen sich die Köche auf frische und regionale Produkte.

21. Die Bärwurzpflanze heilt (*heals*) und mindert (*reduces*) Schmerzen. Sie ist bereits seit über 200 Jahren bekannt. Um 1920 entdeckte der Mediziner Karl Eckert _____ auch den feinen Geschmack ihres Destillats.

22. Die längste Abfahrt im Hochtal der Lenzerheide beginnt am höchsten Punkt des Skigebiets. Das Panorama auf dem 2.865 m hohen Rothorn ist _____.

23. Der Naturpark Frankenwald ist ein wahrer Wanderwald. Mit über 4.000 km markierter Wanderwege wird er diesem _____ gerecht.

24. Die _____ Landschaft rund um Murnau hat große Meister zu großen Taten inspiriert: Wassily Kandinsky und Gabriele Münter sind wohl die bekanntesten Maler.

25. Beim _____ durch das Areal des ehemaligen Klosters Rheinau stößt man auf viele architektonisch und historisch bedeutsame Bauten.

26. Für die Kräuterkruste schlagen Sie die Butter schaumig und geben anschließend das Eigelb und die gehackten Kräuter dazu. Schmecken Sie mit Salz und Pfeffer ab. Kneten Sie nun die _____ unter die Masse und vermengen alles gut.

27. In diesem Therapiekurs erfahren Sie, wie Schulterschmerzen _____, was man nicht tun sollte und welche konservativen Therapien zur Auswahl stehen.

28. Auf den Weiden des Berner Oberlands grasen _____ die Kühe.

29. Das Goethe _____ „Mir ist's unter allen Gegenden, die ich kenne, die liebste und interessanteste" bezieht sich auf das Urserntal im Kanton Uri am Fuße des Gotthardpasses.

IV. Wie steht das im Text?

1. Gerichte auf einer Speisekarte sind meistens typisch für eine Region.

2. Manchmal ist es gut, wenn der Sohn in die Fußstapfen des Vaters tritt.

3. Die Linzer Torte wurde nur deshalb so berühmt, weil man das Rezept aufgeschrieben hatte und es sich dadurch in Windeseile verbreiten konnte.

4. Marillenknödel sind kein typisches Nationalgericht.

5. Das viel gepriesene Schnitzel kommt gar nicht aus Österreich.

6. Die Steinzeitmenschen trugen dazu bei, dass man heutzutage ihre damalige Spezialität international genießen kann.

7. Die Kühe auf den Almen machen es möglich, dass es heute eine große Käsevielfalt in Österreich gibt.

V. Aufgabe und Diskussion.

1. Besuchen Sie die Flusslandschaft Wachau. Berichten Sie von der Geographie und den touristischen Sehenswürdigkeiten. Wie wird hier der Marillenknödel vermarktet? Machen Sie eine PowerPoint-Präsentation.

2. Machen Sie eine Recherche über das Schnitzel. Suchen Sie im Internet nach Informationen, die den Text erweitern. Machen Sie eine PowerPoint-Präsentation.

3. Untersuchen Sie die Linzer Torte und die Sachertorte. Suchen Sie im Internet nach Informationen, die den Text erweitern. Was ist hier vielleicht historisch relevant?

4. Was waren die Ursprungsrezepte? Machen Sie eine PowerPoint-Präsentation.

5. Zeigen Sie die internationalen Unterschiede bei der Verwendung von Knödeln auf. Wie und wo werden Knödel serviert? Suchen Sie im Internet nach Informationen, die den Text erweitern. Machen Sie eine PowerPoint-Präsentation.

6. Berichten Sie von der Käseproduktion in Österreich und auch besonders von dem Bergkäse in den Gebirgslandschaften. Wie wird dieser in der Wirtschaft vermarktet?

VI. Schriftliches.

Nach Ihrem Vortrag schreiben Sie ein kleines Essay über Ihre Präsentation. Achten Sie dabei auf genaue grammatische Formulierungen.

VII. Partnerarbeit.

Wenn man heutzutage an kulinarische Speisen in Österreich denkt, spricht man wohl zuerst vom bekannten Schnitzel, das ja, wie wir alle glauben, typisch österreichisch ist und als Landesspezialität gilt. Aber ohne interkulturellen Austausch gäbe es das Schnitzel nicht, wie auch andere Spezialitäten des Landes. Entwerfen (*develop*) Sie also mit Ihrem Partner ein Interview über die berühmten Landesspezialitäten. Benutzen Sie die angegebenen Vokabeln und stellen Sie jeweils (*each*) fünf Fragen auf, die Ihr Partner dann beantwortet. Nach dem Interview berichtet jeder von Ihnen, was Sie von Ihrem Partner erfahren haben.

Rundreise durch die Bundesländer Österreichs

aneinanderreihen	to string together	Leichtigkeit, die	simplicity, ease
Anlass, der	social event	passieren	to pass
Anziehungspunkt, der	attraction	Pracht, die	splendor
Ausflug, der	excursion	Regierungsviertel, das	government district
ausgedehnt	widespread	Reihe, die	row
Austragungsort, der	venue, site	sich verwandeln	to transform oneself
auszeichnen	to honor	spannend	exciting
beeindruckend	impressive	Stadtrecht, das	town charter,
beurteilen	to assess		municipal law
einfügen	to fit in	Stift, das	monastery
einzigartig	unique	übersiedeln	to move
Erhaltung, die	preservation	unglaublich	unbelievable
Erscheinungsbild, das	appearance	untrennbar verbunden	inextricably linked
etwas ins rechte Licht	to present some-	mit	with
rücken	thing in the	verbrieft	documented
	proper light	verkehrstechnisch	in terms of traffic
Gegenstück, das	counterpart	verleihen	to vest, to confer
Gegenwart, die	presence	verschmelzen	to blend
Geheimtipp, der	insider tip	verzichten	to do without
geprägt	shaped	Vielfalt, die	variety
Geschäftigkeit, die	bustle	vorbildlich	exemplary
günstig	convenient	Wahrzeichen, das	landmark
herausragend	outstanding	wehrhaft	well-fortified
inmitten	in the middle of	Weise, die	way
Kapellmeister, der	conductor	Zeugnis, das	proof
Landeshauptstadt, die	state capital		

Österreichs Städte bieten immer wieder etwas Überraschendes. Die kulturelle Reise durch das Land verspricht eine unglaubliche Vielfalt an Erlebnissen und Eindrücken. Österreich bietet seinen Besuchern einen Blick in die Geschichte und auch in die Zukunft. Wien hat ein intaktes historisches Stadtbild wie kaum eine andere Groß-stadt, geprägt von Prunkbauten aus der Barock- und Gründerzeit. Auf einer Fahrt über die Wiener Ringstraße passiert man die Staatsoper, das Burgtheater, das Parlament, die Votivkirche, das Kunst- und Kulturhistorische Museum und das Rathaus. Wien

erscheint gleich zwei Mal auf der UNESCO-Weltkulturerbeliste: die herrliche historische Altstadt und das barocke Schloss und seine Parkanlagen. Schloss Schönbrunn wurde Mitte des 18. Jahrhunderts zu seiner jetzigen Größe ausgebaut und war Sommersitz und Residenzschloss der kaiserlichen Familie. Die Schlösser und Parkanlagen der Habsburgerzeit geben der Stadt ein imperiales Aussehen. Wien ist eine alte Seele, heißt es. Aber eine, die mit der Leichtigkeit der Walzerstadt alte und neue Avantgarde inspiriert. Das Resultat: eine Mischung aus prächtiger Architektur und liebenswertem Charme. Ein halbes Jahrtausend wurde hier Weltgeschichte geschrieben. Im Zentrum erinnert der gotische Stephansdom an das Mittelalter.

Erst 1986 wurde Sankt Pölten zur niederösterreichischen Landeshauptstadt. Damit begann für die alte Stadt an der Traisen ein neues, spannendes Kapitel, und die Stadt zeigte der Welt ihre Pracht zwischen Barock und Moderne. Heute präsentiert sich die Stadt mit einem hypermodernen Regierungsviertel. Daneben liegt der nicht weniger moderne Kulturbezirk mit seinem futuristischen Festspielhaus. Die jüngste Landeshauptstadt Österreichs, Sankt Pölten blickt

auf eine alte Geschichte zurück, denn ihr verbrieftes Stadtrecht, das älteste verbriefte Stadtrecht Österreichs, geht auf das 12. Jahrhundert zurück. Bereits 1159 wurde ihr dieses vom Passauer Bischof Konrad verliehen. Zugleich ist Sankt Pölten eine Hauptstadt des Barock, geprägt durch die Handschrift des Erbauers von Stift Melk. Nachdem der Barock-Baumeister Jakob Prandtauer 1689

hierher übersiedelte, veränderte ein wahrer Bauboom die verkehrstechnisch günstig gelegene Stadt. Das Karmeliterinnenkloster geht auf diese Jahre zurück. Die Fassaden der Fuhrmanngasse und des Herrenplatzes sind auch Zeugnisse barocker Pracht.

Die Kulturhauptstadt Europas 2009 fasziniert jeden—Klassik und Moderne vermischen sich auf eine spezielle Weise und somit beweist

sich die Stadt Linz als Geheimtipp. Linz verbindet ein Miteinander von traditioneller und zeitgenössischer Architektur. In der Stadt an der Donau verschmelzen Kunst, Wissenschaft und Technologie auf beeindruckende Weise miteinander. Eine Reihe moderner Bauten, wie etwa das Ars Electronica Center, bilden das Gegenstück zur Altstadt mit Barock- und Renaissancegebäuden. Das „Museum der Zukunft" bietet einen faszinierenden Blick in digitale Computerwelten und neueste Technologien und Medien. Auch das Kunstmuseum Lentos und das Musiktheater sind herausragende moderne Bauten und Anziehungspunkte für jeden Stadtbesucher.

Wer durch die Barockstadt Salzburg spaziert, erlebt gewachsene Kultur. Klassik und Jazz, barocke und moderne Kunst verbinden sich hier zu einem lebhaften Gesamtkunstwerk. Die barocke Altstadt der Mozart- und Festspielstadt Salzburg wurde 1997 zum UNESCO-Weltkulturerbe ernannt. Zahlreiche Kirchen und Palais prägen das Stadtbild gemeinsam mit den Barockschlössern Mirabell und Hellbrunn. Der Salzburger Dom und die mittelalterliche Festung Hohensalzburg sind weitere bauliche Höhepunkte. Wer Salzburg besucht, sollte nicht auf ein süßes Souvenir verzichten: die originale Salzburger Mozartkugel. Salzburgs historisches Flair lässt auch an Wolfgang Amadeus Mozart denken, der im Salzburger Dom getauft wurde. Man kann das Mozart-Geburtshaus in der Getreidegasse besuchen oder das Mozart-Wohnhaus, in dem der Komponist acht Jahre wohnte.

Das Besondere an Innsbruck ist nicht nur die einzigartige Lage inmitten einer mächtigen Tiroler Bergwelt. In der Innsbrucker Altstadt erlebt man das Mittelalter immer wieder. Wehrhafte Bauten und Glanz aus alten Tagen. Das von Kaiser Maximilian I. errichtete Goldene Dachl (1500), die Kunstschätze im Renaissanceschloss Ambras und die Hofkirche sind sehenswerte Attraktionen. Um den gotischen Wohnturm der Ottoburg (1494), Teil der Innsbrucker Stadtburg, pulsiert jetzt moderne Geschäf-

tigkeit. Und die Hofburg aus der Zeit um 1460, zu der auch das Hoftheater und der Hofgarten gehören, hat ihr prächtiges barockes Erscheinungsbild zu Zeiten Maria Theresias bekommen. Die Fahrt mit der Hungerburgbahn und der Panoramablick von der 2.000 m hohen Seegrube rücken Innsbrucks enge Verbindung mit der alpinen Bergwelt ins rechte Licht. Gleich zweimal, 1964 und 1976, war die Stadt Austragungsort Olympischer Winterspiele.

Die Geschichte von Bregenz begann bereits vor zweitausend Jahren mit einer Römersiedlung. Heute prägt der mittelalterliche Martinsturm mit dem barocken Zwiebelturm den Stadtkern. Entlang des Bodensee-Ufers reihen sich großartige moderne Bauwerke aneinander und fügen sich harmonisch in das Stadtbild ein: das Festspielhaus, das Kunsthaus und das 2013 eröffnete Vorarlberg Museum. Schaut man vom 1.064 m hohen Berg Pfänder auf den Bodensee hinab, erlebt man einen Panoramablick mit den Schweizer Bergen, dem Bodensee bis hinüber zum Allgäu und den Gipfeln des Bregenzerwaldes. Ideal zum Biken, Paragleiten, Radfahren und für jede Art von Wassersport. Bootsausflüge laden zur mittelalterlichen Inselstadt Lindau und der Blumeninsel Mainau ein. Die Bregenzer Festspiele sind seit Jahrzehnten ein Garant für erstklassigen Opern-Genuss.

Ein Lindwurm als starkes Wahrzeichen und das Ufer des türkisgrün schimmernden Wörthersees als Promenade mit Restaurants, Strandbad und dem idyllischen Restaurant Maria Loretto am Wörthersee: Selbstbewusst flirtet Kärntens Landeshauptstadt Klagenfurt mit ihrer urbanen Gegenwart. Die malerische Altstadt von Klagenfurt erhält durch ihre Renaissancebauten, die schönen Arkadenhöfe und engen historischen Passagen ihr mediterranes Flair und wird auch das „Renaissancejuwel am Wörthersee" genannt. Italienische Baumeister prägten die 800 Jahre alte Stadt mit ihren hervorragend restaurierten Palais, Innenhöfen und Plätzen. Das Stadttheater, im Jugendstil erbaut, ist ein Architekturjuwel von ganz besonderer Eleganz. Gleich drei Mal wurde Klagenfurt mit dem begehrten Europa-Nostra-Diplom für vorbildliche Altstadterhaltung ausgezeichnet. Der Welt-Romancier Robert Musil und die Schriftstellerin Ingeborg Bachmann wurden hier geboren und prägten das Bild der Stadt auf ihre Weise mit. Jeden Sommer verwandelt sich Klagenfurt in den Hotspot der deutschsprachigen Literatur. Dann wird im Rahmen des Ingeborg-Bachmann-Literaturwettbewerbs live gelesen und live beurteilt.

In Graz erlebt man südliches Flair in den Arkaden und Renaissance-Innenhöfen in der Altstadt. Graz, die zweitgrößte Stadt Österreichs, hat zwei UNESCO-Welterbestätten: die Altstadt aus Gotik, Renaissance, Barock und Historismus und Schloss Eggenberg, ein einzigartiges Gesamtkunstwerk des Barock. Seit 2011 trägt Graz den Titel „UNESCO City of Design" und zählt damit zu den kreativen und zukunftsorientierten Städten. Architektonische Beispiele dafür sind das Kunsthaus und die Murinsel. Auf dem bewaldeten Schlossberg steht das alte Wahrzeichen der Stadt: der

Grazer Uhrturm, Teil der ehemaligen Festungsanlage. Der
spätgotische Grazer Dom erinnert an die Tage, als Graz Kaiserstadt war. Das Landhaus aus dem
Jahr 1527 erscheint wie ein vene-
zianischer Palazzo.

   In Eisenstadt, der Landeshauptstadt des Burgenlandes,
wird man immer wieder einem
Namen begegnen: Joseph Haydn.
Im Schloss Esterházy, dem Wahrzeichen der Stadt, finden das ganze Jahr über Kon-
zerte statt. Das Schloss ist eine ursprünglich gotische Burg (1364), die von den Fürsten
Esterházy großzügig aus- und umgebaut (1663–1672) und zum Zentrum des höfischen
Lebens gemacht wurde. Im Haydnsaal hört man bei festlichen Anlässen und Konzerten die Melodien Joseph Haydns. Ab dem Jahr 1761 wirkte er mehr als vierzig Jahre als
Kapellmeister am Esterházyschen Hof. Heute erinnert man sich an sein Leben und
Werk in der Haydnkirche (Bergkirche), im Haydn-Mausoleum sowie im barocken
Haydn-Haus und vor allem bei den Internationalen Haydntagen im September mit
den weltbesten Haydn-Interpreten. Höfische Eleganz prägt die einstige Residenzstadt
der Esterházys. Die Umgebung der Stadt ist landschaftlich sehr reizvoll: Sie liegt einge-
bettet in ein ausgedehntes Weinbaugebiet mit vielen Winzerbetrieben.

I. Fragen zum Verständnis.

1.   Warum nennt man Klagenfurt das „Rennaisancejuwel am Wörthersee"?

2.   Warum sollte man Österreichs Städte besuchen?

3.   Wie präsentiert sich die Stadt Linz dem Besucher?

4.   Warum ist das Stadtbild von Salzburg so beeindruckend?

5.   Welche historischen Gebäude charakterisieren Graz?

6.   Was verbindet Joseph Haydn mit Eisenstadt?

7.   Warum ist Sankt Pölten eine Reise wert?

8. Was macht Innsbruck historisch so relevant?

9. Warum sollte man auf jeden Fall auf den „Pfänder" bei Bregenz?

10. Was würden Sie dem Besucher der Stadt Wien besonders empfehlen?

II. Richtig oder falsch? Wenn falsch, korrigieren Sie die falsche Aussage.

1. ___ Mit Eisenstadt verbindet der Besucher Joseph Haydn und den Fürsten Esterházy.

2. ___ Die barocke Altstadt der Stadt Klagenfurt rühmt sich mit ihrem mediterranischen Flair.

3. ___ In Graz erlebt man verschiedene Epochen in der Architektur.

4. ___ Der gotische Wohnturm der Ottoburg prägt den Stadtkern von Bregenz.

5. ___ Die Salzburger Mozartkugeln wurden in das UNESCO-Weltkulturerbe aufgenommen.

6. ___ Innsbruck ist ein wahres Eldorado für Historiker.

7. ___ Linz konzentriert sich in der Architektur auf das Moderne.

8. ___ Sankt Pölten blickt auf eine langjährige Geschichte zurück, in der der Stadt auch das Stadtrecht verliehen wurde.

III. Setzen Sie das richtige Wort ein.

Austragungsort, verliehen, einzigartiges, wehrhaft, verschmelzen, Anziehungspunkt, beeindruckenden, Geheimtipp, Pracht, geprägt, Stift, verbrieft, Vielfalt, Stadtrecht, unglaublich, Regierungsviertel, Landeshauptstadt, spannenden

1. Im Juni 1264 erhielt die Schweizer Stadt Winterthur vom Grafen Rudolf von Habsburg ein neues _____.

2. Die Konditorei (*pastry shop*) Treichler in der Schweizer Stadt Zug gilt als Erfinderin der Zuger Kirschtorte, was auch ganz offiziell im „Inventar des kulinarischen Erbes der Schweiz" _____ ist.

3. Lernen Sie auf einer Radtour von Kulmbach in Oberfranken nach Mittenwald in den oberbayerischen Alpen die _____ des Bayerischen Bieres kennen.

4. Der Bayerische Wald bietet Familien _____ viele Möglichkeiten für erlebnisreiche Tage.

5. Im Münchner Norden, direkt neben dem berühmten Olympiapark, können Sie in einem der Architekturhighlights der bayerischen _____ exklusive Events in beeindruckender und einmaliger Kulisse veranstalten.

6. Entdecken und erleben Sie die schöne Stadt Fürstenfeldbruck auf einer _____ und informativen Führung.

7. An der Ostseite des großzügigen Peter-Kaiser-Platzes befindet sich das _____ von Vaduz.

8. Am 18. Schweizer Ferientag in Zermatt hat Schweiz Tourismus die Awards der Gastfreundlichkeit _____.

9. Die Stadt Eichstätt im Altmühltal ist von der Zeit der Fürstbischöfe _____.

10. _____ Urach, ein klösterliches Gebäude aus dem 15. Jahrhundert, liegt mitten im Herzen von Bad Urach, 4 Gehminuten vom Bahnhof, 35 Autominuten vom Flughafen Stuttgart.

11. Schneeschuhwandern durch die Winterlandschaft bietet ein wunderbares Naturerlebnis und Kontakt mit der weißen _____.

12. Im Jahre 2012 war Passau der _____, denn die Stadt feierte das Jubiläum 350 Jahre Barockstadt.

13. In Bayern gibt es viele wunderschöne Schlösser und Burgen, allen voran die _____ Schlösser von König Ludwig II.

14. Im Emmentaler Dorf Trubschachen _____ Tradition und Innovation.

15. Seit jeher gilt Dinkelsbühl als _____ für die Touristen.

16. Mit der weltlängsten Burg und romantischen Altstadt ist Burghausen ein _____ Erlebnis.

17. Schloss Neu Bechburg in Oensingen in der Schweiz erscheint mit seinen mächtigen Türmen und Mauern noch heute _____ und mittelalterlich.

18. Der Olympia Bob Run St. Moritz–Celerina ist die älteste Bobbahn der Welt. In seiner 125-jährigen Geschichte war er _____ von zwei Olympischen Winterspielen sowie 24 Weltmeisterschaften.

IV. Wie steht das im Text?

1. An vielen Orten dieser Stadt spürt man die Präsenz von Joseph Haydn.

2. Die Habsburger machten ihre Geburtsstadt zu einer Kaiserstadt.

3. Diese Stadt hat es geschafft, ihrem Stadtbild eine symbiotische Architektur zu verleihen.

4. Österreichs zweitgrößte Stadt präsentiert historische Gebäude unterschiedlicher Epochen.

5. Nicht jede Stadt kann auf eine knapp 900-jährige Geschichte zurückblicken.

6. Der Architekt von Stift Melk ließ sich später in dieser Stadt nieder.

7. Diese Stadt und Umgebung kennt man auch als Dreiländereck.

8. Der wohl berühmteste Komponist Österreichs lebte in dieser Stadt.

9. Es kommt heute selten vor, dass eine Stadt die Olympischen Spiele zweimal austragen darf.

V. Aufgabe und Diskussion.

1. Planen Sie eine Reise nach Klagenfurt und besichtigen Sie das „Renaissancejuwel am Wörthersee". Was ist hier für den Touristen von Bedeutung?

2. Besuchen Sie Sankt Pölten und machen Sie einen Bummel durch die Stadt. Sankt Pölten erinnert an die Handschrift des Erbauers von Stift Melk. Wie sieht die Architektur von Sankt Pölten aus?

3. Linz war 2009 Kulturhauptstadt Europas. Verschaffen Sie sich einen Eindruck von Linz und präsentieren Sie Ihre Eindrücke.

4. Salzburg ist der Geburtsort von Mozart. Machen Sie einen Gang durch die Stadt und lassen Sie die alte Barockstadt in Bildern aufleben.

5. Wenn man an Graz denkt, verbindet man Barock und Renaissance. Besichtigen Sie die ehemalige Kaiserstadt und präsentieren Sie Ihre Eindrücke.

6. Wien erinnert an die Zeit der Habsburger. Schauen Sie sich die Stadt und die herrlichen Schlösser an. Machen Sie auch einen Abstecher (*side trip*) nach Grinzing. Wie kann man Wien am besten kennen lernen?

7. Innsbruck erinnert an Olympische Spiele. Dennoch hat die Stadt auch historische Bedeutung. Besichtigen Sie die historischen Sehenswürdigkeiten der Stadt. Wie sieht Innsbruck von oben aus?

8. Machen Sie eine Reise an den Bodensee und stellen Sie Bregenz vor. Diese Gegend ist auch als Dreiländereck bekannt. Was macht diese Stadt und das Umfeld (*surroundings*) für Touristen so interessant?

9. Joseph Haydn und der Fürst Esterházy sind sicherlich die Namen, die man mit Eisenstadt verbindet. Besichtigen Sie die Residenzstadt und berichten Sie vom Leben und Wirken des Komponisten und des Fürsten. Was macht diese Stadt so bedeutend?

VI. Schriftliches.

Nach Ihrem Vortrag schreiben Sie ein kleines Essay über Ihre Präsentation. Achten Sie dabei auf genaue grammatische Formulierungen.

VII. Partnerarbeit.

Das älteste verbriefte Stadtrecht Österreichs, traditionelle und zeitgenössische Architektur, das von Kaiser Maximilian I. errichtete Goldene Dachl (1500), Renaissancebauten, barocke Zeugnisse und vieles mehr lassen sich bei einer Rundreise durch Österreich erkunden. Entwickeln Sie mit Ihrem Partner ein Interview über die herrlichen Hauptstädte der Bundesländer und ihre Besonderheiten. Benutzen Sie die angegebenen Vokabeln und stellen Sie jeweils (*each*) fünf Fragen auf, die Ihr Partner dann beantwortet. Nach dem Interview berichtet jeder von Ihnen, was Sie von Ihrem Partner erfahren haben.

Die Bundeshauptstadt Wien

angereichert	*enriched*	locken	*to attract*
Aue, die	*floodplain*	Melange, die	*blend*
auf eigene Faust	*on one's own*	Naherholungsgebiet, das	*local recreational area*
aufregend	*exciting*		
Bestandteil, der	*component*	Parkanlage, die	*grounds*
bewundern	*to admire*	Pforte, die	*gate*
entscheidend	*decisively*	prächtig	*splendid*
Entspannung, die	*relaxation*	prägen	*to shape*
flanieren	*to saunter, to stroll*	prunkvoll	*magnificent*
genussvoll	*delightful*	Riesenrad, das	*ferris wheel*
Gestüt, das	*stud farm*	Schatzkammer, die	*treasure chamber*
Gründerzeit, die	*years of rapid indus-trial expansion*	überwiegend	*predominant, predominantly*
Jugendstil, der	*art nouveau*	unterschiedlich	*diverse*
klangtechnisch	*acoustically*	Zeugnis, das	*testimony*

Die Bundeshauptstadt Wien lässt keine Wünsche offen—fantastisches Essen, wundervolle Architektur und Kultur, faszinierende Geschichte und viel Kunstprogramm. Man flaniert gemütlich durch die Altstadt von Wien, vorbei an romantischen Kaffeehäusern und historischen Bauten. Österreichs Städte locken mit faszinierender Architektur—von Gotik über Renaissance, Barock, Gründerzeit und Jugendstil bis hin zur Postmoderne. Historische Kulissen für aufregende Kulturevents von heute, für gemütliches Shopping sowie für genussvolle Stunden bei Köstlichkeiten aus Küche und Keller.

Wien ist eine Melange aus prächtiger Architektur und liebenswertem Charme. Ein halbes Jahrtausend wurde hier Weltgeschichte geschrieben. Wien hat ein intaktes historisches Stadtbild wie kaum eine andere Großstadt. Die Wiener Ringstraße offeriert

dem Besucher eine Palette architektonischer und kunsthistorischer Impressionen. Ganz im Zentrum entdeckt man den gotischen Stephansdom und damit ein mittelalterliches Bauwerk.

Die Schlösser und Parkanlagen der Habsburger Zeit—Schloss Schönbrunn mit der Gloriette und dem Tiergarten, das Belvedere, der gigantische Gebäudekomplex der Hofburg mit den Kaiserappartements, dem Sisi Museum und der Silberkammer—geben der Stadt ein imperiales Aussehen, angereichert durch wunderschöne Bauten aus der Jugendstilzeit.

Die Winterreitschule in der Wiener Hofburg ist die prächtige Kulisse für die Vorführungen des berühmten Lipizzaner-Balletts der Spanischen Hofreitschule. Nur in Wien hat sich die Reitkunst der Lipizzaner bis heute erhalten. Nun sind die Lipizzaner, die ihren Namen von einem der ehemaligen kaiserlichen Gestüte in der Nähe von Triest erhielten, die älteste Kulturpferderasse Europas. Und die Spanische Hofreitschule ist die einzige Institution der Welt, an der die klassische Reitkunst seit der Renaissance durchgehend gepflegt wird.

Eine einzigartige, tropische Oase der Ruhe und Entspannung ist das Schmetterlingshaus. In unmittelbarer Nähe zur Hofburg, in einem der herrlichsten Jugendstilgebäude der Welt, können rund 500 frei lebende und fliegende Schmetterlinge das ganze Jahr über bewundert werden.

In der „Weltstadt der Musik" ist mit den Wiener Philharmonikern eines der besten Orchester der Welt zuhause. Der „Große Saal" des Wiener Musikvereins, auch „Goldener Saal" genannt, ist Wiens schönste Konzerthalle und gilt auch klangtechnisch als wahres Wunderwerk. Die Wiener Sängerknaben begeistern mit ihren großartigen Stimmen Musikfreunde rund um den Globus.

Das Kunsthistorische Museum (KHM) ist nicht nur ein Ort für die Kunst, es ist auch ein Kunstwerk für sich. 1891 öffnete der monumentale Prachtbau an der Wiener Ringstraße mit seinem prunkvollen Interieur aus Stuck und Marmor zum ersten Mal seine Pforten. Mit Objekten aus sieben Jahrtausenden, vom Alten Ägypten bis zum Ende des 18. Jahrhunderts, zählt das KHM zu den größten und bedeutendsten Museen der Welt.

Die Kaiserliche Schatzkammer in der Hofburg illustriert die Insignien des Heiligen Römischen Reiches und die Kaiserkrone repräsentiert die Macht der Habsburger als bedeutendste Herrscherdynastie Europas.

In Wien ist das Kaffeehaus nicht nur ein beliebter Treffpunkt: Es ist eine Institution. Zeitung lesen und dabei etwas Gebäck und einen starken Espresso genießen—dies ist laut UNESCO ein offizieller Bestandteil der Wiener Kultur. Noch immer wird der überwiegende Teil der jährlichen Wiener Weinproduktion direkt beim Heurigen konsumiert. Auf einfachen Holzbänken und ganz harmonisch sitzen hier unterschiedliche Gäste. Heurige gibt es dort, wo der Wein wächst. Die meisten in den Weinorten Grinzing, Sievering, Nussdorf, Heiligenstadt und Neustift-Salmannsdorf.

Und es gibt auch noch eine weitere Besonderheit in Wien: eine für Großstädte außergewöhnliche Anzahl an Grünflächen und Naherholungsgebieten wie den Wienerwald, die Praterauen oder die Donauinsel. Umgeben von Gärten, Liegewiesen, Restaurants mit Terrassen am Wasser, Promenaden mit Fuß- und Radwegen lockt die Alte Donau Schwimmer, Segler, Ruderer und Surfer im Sommer sowie Eisläufer im Winter. Das dreitägige Donauinselfest, alljährlich im Juni, ist mit rund 3 Millionen Besuchern die größte Jugend-Party Europas.

I. Fragen zum Verständnis.

1. Welche Aktivitäten stehen Sportbegeisterten zur Verfügung?

2. Warum ist Wien auch für junge Leute so attraktiv?

3. Warum ist Wien geradezu ein Eldorado für Genießer von Kaffee und Wein?

4. Was macht die Hofburg historisch so relevant?

5. Warum ist der Besuch des Kunsthistorischen Museums empfehlenswert?

6. Warum kann man sich Wien ohne Musik nicht vorstellen?

7. Welche historischen Bauwerke machen Wien zu einem unvergesslichen Erlebnis?

8. Was macht das Flair der Stadt aus?

II. Richtig oder falsch? Wenn falsch, korrigieren Sie die falsche Aussage.

1. ___ Das Donauinselfest, das im Juli stattfindet, lockt mehrere Millionen Touristen und Jugendliche nach Wien.

2. ___ Vom Alltagsstress kann man sich besonders gut auf der Donauinsel erholen.

3. ___ Die UNESCO, ein fester Bestandteil der Wiener Kultur, schätzt das Wiener Kaffeehaus.

4. ___ Die Altstadt lockt den Weingenießer mit ihren historischen Bauten.

5. ___ Im Heurigen kann man den jährlichen Wein trinken.

6. ___ In einem Jugendstilgebäude der Hofburg kann man Schmetterlinge
      bewundern.

7. ___ Das Lipizzaner-Ballett wird von der Winterreitschule vorgeführt.

8. ___ Man spürt den Geist der Habsburger Dynastie beim Stadtbummel.

9. ___ Österreichische Städte haben häufig ein Spektrum vom Mittelalter bis
      zur Neuzeit.

III. Setzen Sie das richtige Wort oder den richtigen Ausdruck ein.

Jugendstil, genussvolle, überwiegend, bewundern, Gründerzeit, aufregen-
der, flanieren, angereichert, Melange, prächtigen, Zeugnisse, entscheidend,
Schatzkammer, Parkanlagen, Riesenrad, klangtechnische, unterschiedlichen,
auf eigene Faust, Entspannung, prägen, Naherholungsgebiet, Gestüten, Bestandteil, prunkvoll, Pforten, Auen, lockt

1. Entlang der Donau gibt es rechts und links _____, die das Land vor
    Hochwasser schützen sollen.

2. Nach dem Ende des Zweiten Weltkriegs öffnete das Schloss Schönbrunn
    seinen Besuchern die _____.

3. Pferde aus diversen deutschen _____ konnten im Ausland Preise
    erringen.

4. Eine gute _____ Musikaufnahme hängt von der Akustik einer
    Musikhalle ab.

5. Die Romantische Straße ist für ihre _____ Burgen und Schlösser
    bekannt.

6. Die Zeit der deutschen Industrialisierung im 19. Jahrhundert nennt man auch
    die _____.

7. In der Architektur bedeutet _____ die Entwicklung neuer, moderner
    Stile, die praktisch und funktionell sein sollten.

8. Nach einem stressigen Tag sorgen die Nymphenburger _____ für Ruhe und _____.

9. Die deutsche Sprache wird seit Jahren durch Fremdwörter und auch Modewörter _____.

10. In den Wiener Cafés bestellt man am besten eine _____.

11. Es ist sicherlich eine _____ Alternative, im Hotel Sacher eine Sachertorte zu bestellen.

12. Es ist ein _____ Moment, die Stadt Wien vom Riesenrad im Prater zu betrachten.

13. Jedes Jahr _____ das Oktoberfest tausende Besucher nach München.

14. In Salzburg _____ die Touristen durch die Getreidegasse und schauen sich die vielen Schaufenster an.

15. Bachs Motetten, die _____ in der Leipziger Zeit entstanden, gehören seit jeher zu seinen bekanntesten und beliebtesten Kompositionen.

16. Genießen Sie ein exklusives Silvester-Dinner und _____ Sie das große Feuerwerk vor Zürich vom Schiff aus.

17. Ein österreichisches Sprichwort sagt: „Wer nie mit dem _____ gefahren ist, der war nie wirklich in Wien".

18. Ob traditionell in der Kirche oder ganz _____ in zahlreichen Burgen und Schlössern—überall können Sie Ihren schönsten Tag des Lebens im Salzburger Land begehen.

19. Klosterneuburg vor den Toren Wiens ist um eine besondere Attraktion reicher: Erstmals ist die _____, in der Kostbarkeiten von enormem historischen Wert bewahrt werden, für Besucher zugänglich. Höhepunkt ist die „heilige Krone" des Erzherzog Maximilian III.

20. Die Skulpturenwoche ist ein fester _____ im Veranstaltungskalender von Brunnen.

21. Seit den Olympischen Spielen 1972 ist der Park mit seinen beeindruckenden architektonischen Meisterwerken ein beliebtes _____ und ein viel genutzter Veranstaltungsort für die Münchner und für Gäste aus der ganzen Welt.

22. In Oberstaufen findet der Wintersportler 12 Loipen mit 100 Streckenkilometern und zwar mit _____ Schwierigkeitsgraden.

23. Die Region Franken hat viele Gartenschätze. In Franken kann man imposante _____ europäischer Gartenkunst bewundern.

24. Hohe Berge und tiefe Schluchten _____ das Zugspitzland im Süden Bayerns.

25. Der Kanton Schaffhausen ist stolz auf seine Geschichte und den Weinbau, der bis in die Römerzeit zurückgeht. Der Weinbau lag in den Händen der Mönche, und sie trugen _____ zur Verbreitung des Weinbaus bei. Schaffhausen wurde während dieser Zeit zum wichtigsten Weinlieferanten der Schweiz.

26. In der unberührten, weiß verschneiten Bergwelt genießt man Natur und Ruhe. Zwei markierte Schneeschuhrouten, die _____ erkundet werden können, stehen zur Verfügung.

IV. Wie steht das im Text?

1. Erholung- und Entspannungsuchende finden außerhalb der Stadt viele Möglichkeiten, sich in der Natur wohl zu fühlen.

2. Die Stadt Wien produziert ihren eigenen Wein, den man in diversen Stadtteilen und Vororten probieren kann.

3. Mit der Geschichte Osterreichs ist das Haus Habsburg eng verbunden.

4. Siebentausend Jahre Geschichte wird hier wieder lebendig.

5. Wien hat ein internationales musikalisches Flair.

6. Dort, wo es einen Ruhepol gibt, kann man abschalten und sich erholen.

7. Diese Pferderasse stammt aus der Zeit der Habsburger.

8. Das Erlernen der Reitkunst hat die Jahrhunderte überdauert.

9. Wien ist eine Stadt mit vielen historischen Gebäuden aus verschiedenen Epochen.

V. Aufgabe und Diskussion.

1. Die Habsburger Dynastie hat das Stadtbild von Wien entscheidend geprägt. Recherchieren Sie die historische Bedeutung der Habsburger und präsentieren Sie die wichtigsten architektonischen Zeugnisse dieser Epochen.

2. Besuchen Sie den Prater und das Donauinselfest. Recherchieren Sie bei beiden die Entstehung und den Erfolg dieser Einrichtungen.

3. Wien ist bekannt für seine Kaffeehausatmosphäre. Was lässt sich geschichtlich darüber herausfinden? Welche Kaffeehäuser sind in Wien am beliebtesten? Welche gibt es schon sehr lange? Welches finden Sie am besten?

4. Sie sind der Reiseführer und planen eine Besichtigung der Stadt Wien. Stellen Sie die Stadt mit all ihren Facetten dar. Was sollte man auch auf eigene Faust unternehmen?

5. Es gibt in Wien viele Zeugnisse vom Mittelalter bis zur Neuzeit. Machen Sie einen Gang durch die Stadt und zeigen Sie die Gebäude verschiedener architektonischer Epochen.

6. Jede Stadt hat ihr eigenes Nachtleben. Besuchen Sie das „Bermuda Dreieck" und andere interessante Lokalitäten. Was bietet diese Weltstadt den „Nachtschwärmern"?

7. Machen Sie eine Präsentation des Kunsthistorischen Museums. Was sollte man sich hier unbedingt ansehen?

8. In der Musik ist Wien weltweit bekannt. Was lässt sich hier im Internet herausfinden? Suchen Sie auch nach Hörproben, die Sie in Ihren Vortrag einbauen.

9. Die Lipizzaner Reitschule ist ein großartiges Erlebnis. Untersuchen Sie die historische Bedeutung und berichten Sie über Ihre Recherchen.

VI. Schriftliches.

Nach Ihrem Vortrag schreiben Sie ein kleines Essay über Ihre Präsentation. Achten Sie dabei auf genaue grammatische Formulierungen.

VII. Partnerarbeit.

Die Altstadt von Wien, romantische Kaffeehäuser, historische Bauten, faszinierende Architektur, gemütliches Shopping, die Wiener Ringstraße, der Wienerwald, die Praterauen oder die Donauinsel, das alles will erlebt werden. Entwickeln Sie daher mit Ihrem Partner ein Interview über diese herrliche Hauptstadt. Benutzen Sie die angegebenen Vokabeln und stellen Sie jeweils (*each*) fünf Fragen auf, die Ihr Partner dann beantwortet. Nach dem Interview berichtet jeder von Ihnen, was Sie von Ihrem Partner erfahren haben.

26

Wien und seine Märkte

Abendland, das	the Occident, Western World	locker	easily
		Morgenland, das	the Orient
Anbieter, der	seller	Naschware, die	delicacy
Anpreisung, die	advertising	passend	appropriate
aus erster Hand	straight from the farmer	schlendern	to stroll
		spüren	to feel
ausschließlich	exclusively	Stimmung, die	mood
Bernstein, der	amber	stöbern	to rummage
bequem	comfortable, cozy	überwältigend	overwhelming
Eidgenossenschaft, die	confederation	umweltbewusst	environmentally conscious
Gang, der	dish		
Geruch, der	aroma	verbreiten	to spread
geschützt	protected	Verlauf, der	course
Handelsroute, die	trade route	verlockend	enticing, alluring
Herstellung, die	production	versorgen	to supply, to take care of
Käserei, die	dairy		
Lachs, der	salmon		

Es ist kein Zufall, dass es immer heißt, in Wien beginne der Balkan. Wenn man über den Wiener Naschmarkt schlendert, spürt man ganz deutlich, warum. Zwei große Handelsrouten kreuzten sich einst in Wien: die Bernsteinstraße, die den Norden mit dem Süden verband und die Donauroute mit ihrem Ost-West-Verlauf. Zu Wasser und zu Lande wurden schon vor hunderten von Jahren Waren aus dem Abend- und Morgenland nach Wien gebracht und exotische Lebensmittel waren besonders beliebt. Zusätzlich versorgten Bauern die einst kaiserliche Hauptstadt mit heimischen Produkten aus der Provinz. All diese Anbieter kamen auf dem ursprünglich „Aschenmarkt" genannten Markt zusammen, aus dem im 19. Jahrhundert der „Naschmarkt" wurde—passend zum verlockenden Angebot an Obst, Gemüse und süßen Naschwaren.

In den 1920er Jahren erhielten die Händler kleine Geschäftslokale für ihre Waren, damit sie ihren Marktstand nicht mehr täglich auf- und abbauen mussten. Auch bei schlechtem Wetter waren Lebensmittel und Verkäufer so viel besser geschützt. Und schlendert man von der Sezession beim Karlsplatz bis zur Kettenbrückengasse durch den Markt, spürt man das Flair des Balkans durch die lauten Anpreisungen der Händler. Überall findet man Schafskäse, Oliven, Wasabi-Nüsse oder frische Datteln. Es tönt „schöne Frau", „junger Mann", „Probieren, der Herr?" und „Bitte schön, was darf es sein?"

Verlockende Gerüche strömen aus den orientalischen und asiatischen Kleingeschäften. Die „Käsehütte" lockt mit exquisiten Sorten—vom norwegischen Karamell-Käse bis zum korsischen Brin d'Amour. Bäckereien, Marktstände mit Fleisch und Meeresfrüchten, Essigspezialitäten, der „Gurken Leo", sie alle verbreiten eine Basar-Stimmung, wie sie lebhafter wohl kaum sein könnte.

Eine Reise um die Welt dauert am Wiener Naschmarkt nicht 80 Tage, sondern ist locker in vier Minuten zu schaffen. Zumindest kulinarisch. Den „Bauch der Stadt" nennen ihn Kenner, denn er existiert seit dem 18. Jahrhundert und ist der größte innerstädtische Markt von Wien. Der Naschmarkt lädt von Montag bis Samstag zum Bummeln, Staunen, Entdecken und

Genießen ein. Zu kaufen gibt es hier auch Delikatessen wie persischen Kaviar, Sushi und Austern sowie ein überwältigendes Angebot an internationalen Waren, vor allem aus den Ländern des früheren Jugoslawien, Griechenland, der Türkei, Japan und China. Wer bei dem leckeren Angebot hungrig wird, kann gleich am Naschmarkt in einem der vielen Restaurants essen. Auf dem Naschmarkt wird ein Marktbummel zur kulinarischen und kulturellen Weltreise.

Samstags bietet am westlichen Rand des Naschmarkts ein zusätzlicher Bauernmarkt landwirtschaftliche Produkte und Regionales aus erster Hand. Und von dort sind es nur ein paar Schritte zum wöchentlichen Flohmarkt, wo man zwischen Antiquitäten, Büchern und Platten, Trödelware und Kuriositäten stöbern kann.

Am Karmelitermarkt gibt es am Samstag die größte Slow-Food-Corner der Stadt: Hier werden ausschließlich traditionelle und regionale Produkte aus umweltbewusster Herstellung verkauft. Biologisches Gemüse, Alpenlachs und Bio-Holzofenbrot sind ebenso zu erstehen wie Käse der besten kleinen Käsereien Österreichs und Fleischprodukte alter Schweinerassen.

I. Fragen zum Verständnis.

1. Warum hat man den Eindruck, dass beim Naschmarkt der Balkan beginnt?

2. Wie kamen die Waren über Jahrhunderte nach Wien?

3. Warum konnte man sich auch auf das Hinterland verlassen?

4. Warum wurde der Aschenmarkt in Naschmarkt umbenannt?

5. Was änderte sich in den 1920er Jahren?

6. Wie erlebt man das Flair des Balkans am besten?

7. Wie kann man die Basar-Stimmung erleben?

8. Warum denkt man beim Gang über den Naschmarkt an eine Reise um die Welt?

9. Was gibt es außer Geschäften sonst noch?

10. Gibt es noch andere Märkte in Wien?

11. Was ist das Besondere am Karmelitenmarkt?

II. Richtig oder falsch? Wenn falsch, korrigieren Sie die falsche Aussage.

1. ___ Die aromatische Atmosphäre trägt zu dem interessanten Basar-Erlebnis bei.

2. ___ Auf dem Bauernmarkt kann man umweltbewusste Produkte kaufen.

3. __ Das südländische Flair lässt sich auf dem Karmelitenmarkt erleben.

4. __ Der Naschmarkt ist ein internationaler kulinarischer Genuss.

5. __ Die kaiserliche Hauptstadt hätte ohne den Import nicht existieren können.

6. __ Bei schlechtem Wetter findet der Naschmarkt nicht statt.

7. __ Wien lag im Schnittpunkt von zwei Handelsstraßen.

8. __ Der Flohmarkt ist wegen der lauten Anpreisungen der Händler stadtbekannt.

III. Setzen Sie das richtige Wort oder den richtigen Ausdruck ein.

Käsereien, überwältigende, Stimmung, geschützt, Naschwaren, Anpreisungen, verbreiten, verlockend, Geruch, ausschließlich, Anbieter, versorgen, Verlauf, stöbern, aus erster Hand, Herstellung, passend, umweltbewusste, Lachs, Bernstein, bequem

1. Quer durch Österreich laden spannende _____höhlen zu abenteuerlichen Erkundungstouren ein—übrigens auch bei Schönwetter äußerst empfehlenswert!

2. Durch den Bregenzerwald führen zwar viele schöne Straßen, doch mit dem Begriff Käsestraße ist weniger ein Weg als vielmehr eine Verbindung aus Sennereien, Bauernhöfen, Gasthäusern, _____ und Handelsbetrieben gemeint.

3. Hier essen Sie preiswert—so lautet das Motto der Skihütte. Alaskas _____-Spezialitäten, Rösti- und Nudelgerichte sowie hausgemachte Kuchen.

4. Vom Kakaobaum bis zur Schokolade: Vorführung der kunstvollen _____ von Schokolade in einem Labor mit Kakao-Degustation aus unterschiedlicher Herkunft in der ganzen Welt.

5. Für das _____ Engagement gewinnt das Eco-Hotel Cristallina immer wieder neue Preise.

6. Es ist das einzige Hotel in Zermatt mit _____ südseitigen Zimmern mit Balkon.

7. Kommen Sie rein und _____ Sie. Besuchen Sie uns im Spielwarengeschäft an der Marktgasse 19.

8. Hier erfahren Sie die Geheimtipps von sieben Schweizer Skilehrern _____.

9. Hoch über dem Rhônetal genießen Sie _____ Ausblicke auf die Berggipfel im Unterwallis.

10. Den Schlossgarten am Lago Maggiore können Sie _____ mit dem Postbus erreichen.

11. Auf den Adventmärkten in Oberösterreich herrscht weihnachtliche _____ mit glitzernden Lichtern und herrlichen Düften.

12. Mit einer Ausstellung über _____ und Geschmack bietet Ihnen die Käserei ein Erlebnis für alle fünf Sinne. Sie entdecken die Produktionsgeheimnisse des traditionellen und weltberühmten Gruyère Käses.

13. Ebenso _____ ist das gemütliche Berggasthaus am Lago Cadagno, wo man den Tessiner Bergkäse probieren kann.

14. Ulrich Zwingli (1484–1531) versuchte seine Reformation in der ganzen Schweiz zu _____ und als Politiker träumte er von einer erstarkten Eidgenossenschaft reformierten Glaubens.

15. Bei einem Gang über den Naschmarkt hört man immer wieder die lauten _____ der Händler, die einen das Flair des Balkans erleben lassen.

16. St. Moritz ist nicht einfach nur ein Ferienort. Sein Name ist als Qualitätsmarke _____ und steht weltweit für Stil, Eleganz und Klasse.

17. Auf dem Naschmarkt findet man viele _____ aus den Ländern des früheren Jugoslawien, Griechenland, der Türkei, Japan und China.

18. Lassen Sie sich von unserer Küche kulinarisch verwöhnen und genießen Sie, _____ zu jedem Gang, verschiedene Spitzenweine aus unserer Region!

19. Garantiert nur Hits am laufenden Band! In der großen Ausstellung präsentieren über 20 _____ die neusten Trends rund um den Radsport.

20. Die Marktfahrer _____ den Verbraucher jeden Samstag mit frischem Obst, Gemüse, Fisch und Käse.

21. Der genaue _____ der französisch-italienischen Landesgrenzen über den Gipfel ist bis heute umstritten.

IV. Wie steht das im Text?

1.   Die aromatischen Düfte, die einem bei einem Besuch auf dem Naschmarkt entgegenströmen, erinnern an fernöstliche Märkte.

2.   Wer umweltbewusst lebt und einkauft, sollte unbedingt auf den Karmelitenmarkt gehen.

3.   Es kann vorkommen, dass man auf dem Naschmarkt angesprochen wird.

4.   Wien war im Mittelalter Handelszentrum.

5.   Wer gerne international kocht, sollte nicht auf die kulinarischen Genüsse des Naschmarkts verzichten.

6.   Auf dem Bauernmarkt bieten die Händler Produkte aus der regionalen Landwirtschaft an.

7.   Im Gegensatz zu früher können die Händler heute ihre Waren wetterunabhängig anbieten.

V. Aufgabe und Diskussion.

1.   Besuchen Sie den Naschmarkt in Wien. Was bieten die Händler an? Welche Waren interessieren Sie besonders? Was können Sie empfehlen? Gibt es vielleicht Informationen, die nicht im Text stehen?

2.   Besuchen Sie den Karmelitenmarkt in Wien. Was bieten die Händler an? Welche Waren interessieren Sie besonders? Was können Sie empfehlen? Gibt es vielleicht Informationen, die nicht im Text stehen?

3.   Besuchen Sie den Bauernmarkt in Wien. Was bieten die Händler an? Welche Waren interessieren Sie besonders? Was können Sie empfehlen? Gibt es vielleicht Informationen, die nicht im Text stehen?

4.   Besuchen Sie den wöchentlichen Flohmarkt in Wien. Was bieten die Händler an? Welche Waren interessieren Sie besonders? Was können Sie empfehlen? Gibt es vielleicht Informationen, die nicht im Text stehen?

5. Untersuchen Sie die zwei im Text erwähnten Handelsrouten, die sich einst in Wien kreuzten: die Bernsteinstraße und die Donauroute mit ihrem Ost-West-Verlauf. Machen Sie eine Reise durch die Geschichte.

VI. Schriftliches.

Nach Ihrem Vortrag schreiben Sie ein kleines Essay über Ihre Präsentation. Achten Sie dabei auf genaue grammatische Formulierungen.

VII. Partnerarbeit.

Biologisches Gemüse, Schafskäse, Oliven, Wasabi-Nüsse oder frische Datteln, alles, was das Herz begehrt, findet man auf den Märkten in Wien. Entwickeln Sie mit Ihrem Partner ein Interview über die verschiedenen Märkte in Wien. Benutzen Sie die angegebenen Vokabeln und stellen Sie jeweils (each) fünf Fragen auf, die Ihr Partner dann beantwortet. Nach dem Interview berichtet jeder von Ihnen, was Sie von Ihrem Partner erfahren haben.

27

Der österreichische Wein

Alm, die	*mountain farm*	Schleife, die	*loop*
am ehesten	*most likely*	schmal	*narrow*
Bezeichnung, die	*label*	sich schmiegen	*to nestle*
blumig	*flowery*	Stift, das	*monastery*
egal	*no matter*	umgeben	*surrounded*
Einheimische, der, die	*native*	verarbeiten	*to process*
entfalten	*to unfold*	verdrängen	*to block out*
Ernte, die	*harvest*	verraten	*to reveal*
Erzeuger, der	*producer*	verzichten	*to give up*
Hausmannskost, die	*home cooking*	Weingut, das	*winery, vineyard*
Herkunftsland, das	*country of origin*	Weinprobe, die	*wine tasting*
Heurige, der	*wine tavern*	Weinrebe, die	*grapevine*
Hügel, der	*hill*	Winzer, der	*wine grower, wine*
mittlerweile	*in the meantime*		*maker*
Reife, die	*ripeness*		

In den österreichischen Weinregionen und Heurigen lernt man die Lebensfreude des ganzen Landes verstehen. Wenn im Wein wirklich die Wahrheit liegt, wie der berühmte lateinische Spruch besagt, was würde der österreichische Wein über sein Herkunftsland verraten? Über seine Erzeuger, also die Winzer? Und über seine Konsumenten, also die vielen Österreicher?—Lebenslust. Das ist es nämlich, was die Menschen hier am ehesten verbindet. Und gerade die Weinkultur macht die Österreicher so lebenslustig. Das spürt man, wenn man einen der zahlreichen Heurigen besucht. Diese besonderen Weinplätze wie auch die städtischen Kaffeehäuser sind eine Institution österreichischer Gemütlichkeit. Egal, ob in Grinzing, dem idyllischen Heurigen

Viertel Wiens, den Weinlandschaften von Niederösterreich, dem Burgenland oder der Steiermark: Die Winzer servieren hier nicht nur stolz ihren Wein und typische Hausmannskost. Sie lieben es auch, ihre Gäste lustvoll zu unterhalten. Man hat immer das angenehme Gefühl, als nähmen sie das Leben besonders leicht. Oder sie schaffen es einfach gut, die Härten des Alltags zu verdrängen.

Die Südsteirische Weinstraße in der Steiermark verzaubert die Gäste mit Schönheit, Wein und Lebenskultur. Schmale Straßen und Wege führen durch die bunte Landschaft mit ihren sanften Hügeln. Es kann natürlich passieren, dass man bei einer Wanderung durch die Landschaft von dem einen oder anderen Weinbauern zu einer kleinen Besichtigung in den Keller eingeladen wird. Die bedeutendste Weinrebe ist der Sauvignon Blanc. Die Rebe hat

ihren Ursprung im Loiretal in Frankreich. Aber bereits im 19. Jahrhundert wurde die Sorte unter der Bezeichnung Muskat Sylvaner von Erzherzog Johann eingeführt. Heute gehören die steirischen Sauvignons zu den besten weltweit.

In Niederösterreich kann man an Sommertagen eine Weinprobe auf Schloss Gobelsburg erleben. In Gobelsburg treffen Renaissance und Barock Architektur, idyllische Weinlandschaft und die Freude an Winzerkultur aufeinander. „Seit über 800

Jahren wird hier Wein gemacht", erzählt Winzer Moosbrugger, der seit 1996 das Weingut führt, das im Besitz des Zisterzienser Stiftes Zwettl ist. „Unser barocker Fasskeller bringt die Leute immer zum Staunen". Hier ist Wein nicht nur Wein, sondern auch Erlebnis.

Die Wachau ist die wohl schönste Flusslandschaft Europas. Zwischen den imposanten Weinbergen zieht die Donau ihre Schleifen. Überall schmiegen sich idyllische Weindör-

fer in die Hänge, und dazwischen gibt es unzählige Kulturschätze wie Burgen, Kirchen und Schlösser. Kein Wunder, dass die Wachau zum UNESCO-Weltkulturerbe gehört. In der Wachau gibt es neben dem Grünen Veltliner vor allem Rieslingweine. Ursprünglich kommt die Sorte vom deutschen Oberrhein und wurde im 15. Jahrhundert erstmals genannt. Vom Rhein wurde die Sorte schon früh nach Österreich an die Do-

nau gebracht. Vor allem in der Wachau bringt es der Riesling durch die sehr späte Ernte zu höchster Reife.

An den Ufern des Neusiedler Sees, in dieser malerischen Flachebene, reifen herrlich fruchtige Rotweine, allen voran der Zweigelt. Die Reben können in den weitläufigen Weingärten Sonne pur speichern. Der Zweigelt ist ein Österreicher—und die am meisten verbreitete Rotweinsorte des Landes. Sie wurde von

Friedrich Zweigelt im Jahr 1922 aus den zwei Reben Blaufränkisch und St. Laurent neu gezüchtet.

Das Burgenland kommt besonders in reizvollen Weinorten wie Jois oder Winden zur Geltung. Herzliche Einheimische servieren den Gästen stolz ihren Weißburgunder und Chardonnay. Der blumige Weißburgunder hat im Leithagebirge eine österreichische Heimat gefunden. Die Rebe hat ihren Ursprung in der Region Burgund, Frankreich. Von dort trat sie eine lange Reise an, die sie nach Deutschland, Österreich und Italien führte. Man könnte auch sagen: der Weißburgunder, ein Europäer!

Wien ist die wohl einzige Millionenmetropole weltweit, die von so prächtiger Natur und Weinbergen umgeben ist. Die Stadt hat neben ihrem „hauseigenen" Wein faszinierende Plätze, wo sich die Lebenslust der Einheimischen entfaltet. Zum Beispiel im reizvollen Heurigenviertel Grinzing oder auf den Weinhängen des Kahlenbergs mit grandiosem Ausblick auf die Reben. Kaum ein Wiener Winzer verzichtet auf den traditionellen Gemischten Satz. Im Weingarten sind dabei verschiedene Rebsorten gemeinsam ausgepflanzt. Sie werden danach auch gemeinsam geerntet und zu Wein verarbeitet. Der Wiener Gemischte Satz zählt mittlerweile zu den international anerkannten klassischen Weinen Österreichs.

I. Fragen zum Verständnis.

1. Wo kann man die Lebenslust der Einheimischen kennen lernen?

2. Wie wird der Gemischte Satz angebaut und wie unterscheidet sich das Endresultat von den anderen Weinen im Land?

3. Warum könnte man den Weißburgunder auch einen europäischen Wein nennen?

4. Welche Informationen bietet der Text über den Rotwein Zweigelt?

5. Warum gehört die Wachau zum UNESCO-Weltkulturerbe?

6. Was ist das Besondere an dem Weingut auf Schloss Gobelsburg?

7. Warum kann eine Wanderung durch die Weinberge in der Steiermark durchaus reizvoll sein?

8. Worauf sollte man sich besonders freuen, wenn man hungrig ist?

II. Richtig oder falsch? Wenn falsch, korrigieren Sie die falsche Aussage.

1. ___ Der Wiener Gemischte Satz ist trotz seiner lokalen Beliebtheit ein international anerkannter Wein.

2. ___ Die Österreicher lieben ihre Cafés und dort trifft man auch die bekannte Lebenslust.

3. ___ Beim lustigen Beisammensein vergisst man seine Alltagssorgen.

4. ___ Der steirische Wein ist lokal einer der besten.

5. ___ Im Zisterzienser Stift Zwettl macht man seit 800 Jahren Wein.

6. ___ Der Weißburgunder wird aus den zwei Reben Blaufränkisch und St. Laurent produziert.

7. ___ In der Flusslandschaft Wachau macht die späte Ernte den Riesling zu einem ausgezeichneten Wein.

III. Setzen Sie das richtige Wort oder den richtigen Ausdruck ein.

Schleife, schmiegt sich, Reife, Ernte, Weingüter, Bezeichnung, Hügeln, Weinrebe, verdrängt, egal, am ehesten, Stift, verarbeitet, Erzeuger, verzichten, Winzer, verrät, Herkunftsland, Heurige, Hausmannskost, enge, Weinprobe

1. Das Beisl, das Café und der _____ sind die Eckpfeiler der österreichischen Genusskultur.

2. Wenn man ein Produkt aus einem anderen Land kauft, steht das _____ auf dem Produkt.

3. Wenn man am Chinesischen Turm im Biergarten sitzt, fragt man sich, was die Atmosphäre über Bayern _____.

4. Die Person, die den Wein produziert, nennt man _____ oder _____.

5. Im Frankenland geht man gern in eine Weinstube und hier kommen sich die Menschen _____ näher.

6. _____, ob in Hamburg oder in München, die deutsche Gastronomie reflektiert deutsche Kultur.

7. Urlauber wandern gern in den Alpen und genießen die _____ auf den Almen.

8. In Wien geht man gern nach Grinzing und _____ im Heurigen die Sorgen des Alltags.

9. In den Weinorten am Rhein oder an der Mosel schlängeln sich _____ Straßen durch die Städte.

10. Die _____ in der Steiermark hat ihren Ursprung im Loiretal in Frankreich.

11. Auf den _____ an der Mosel wächst der Wein in der puren Sonne besonders gut.

12. Unter der _____ „Riesling" kamen Weine vom Rhein nach Österreich und wurden hier angebaut.

13. Im Staatlichen Hofkeller Würzburg kann man eine _____ machen und die verschiedenen Rebsorten des Frankenweins kennen lernen.

14. Die fränkischen _____ in Escherndorf oder Volkach laden auch zu einer Wanderung durch die Weinberge ein.

15. Seit 1138 gibt es das _____ Zwettl. Es ist ein Zisterzienserkloster und es gehört zur Diözese Sankt Pölten.

16. Auf der Donau von Passau nach Linz erlebt man die einzigartige Schlögener Schlinge, die wie eine große lange _____ mäandert.

17. Der Weinbau an der Mosel _____ an steile Hänge.

18. Die _____ des Weines erfolgt maschinell durch einen Vollernter oder per Hand durch die Weinlese.

19. Die _____ des Weins verändert sich, wenn er lange gelegen hat.

20. Die Wiener _____ sehr ungern auf ihren Gemischten Satz.

21. Nach der Ernte der gemeinsamen Rebsorten werden die Trauben zu Wein _____.

IV. Wie steht das im Text?

1. In der Region am Neusiedler See ist der Boden sehr fruchtbar, und wegen der intensiven Sonne wachsen hier die Weinreben besonders gut.

2. Wien ist eine europäische Metropole, die Touristen besonders wegen ihrer international anerkannten Weine und Weinatmosphäre anzieht.

3. Der Zweigelt ist der beliebteste Rotwein Österreichs.

4. Die Architektur des Schlosses Gobelsburg geht auf die Renaissance und das Barock zurück. An der Landschaft kann man erkennen, dass hier der Weinanbau besonders gepflegt wird.

5. Der Weißburgunder ist zwar ein österreichischer Wein, aber wenn man es genau nimmt, muss man sagen, dass er eigentlich als Rebe aus Frankreich importiert und in Österreich gezüchtet wurde.

V. Aufgabe und Diskussion.

Machen Sie eine Reise im Internet und besuchen Sie die verschiedenen Weinanbaugebiete Österreichs. Wählen Sie eine Region und präsentieren Sie sie an Hand einer PowerPoint-Präsentation.

1. Das Burgenland
2. Der Neusiedlersee
3. Die Steiermark
4. Die Wachau
5. Niederösterreich
6. Wien

VI. Schriftliches.

Nach Ihrem Vortrag schreiben Sie ein kleines Essay über Ihre Präsentation. Achten Sie dabei auf genaue grammatische Formulierungen.

VII. Partnerarbeit.

Die Weinkultur und die städtischen Kaffeehäuser sprechen für österreichische Gemütlichkeit. Idyllische Weindörfer laden zu Weinproben ein. Entwickeln Sie mit Ihrem Partner ein Interview über die herrlichen Weine in den österreichischen Bundesländern und ihre Herkunft. Benutzen Sie die angegebenen Vokabeln und stellen Sie jeweils (*each*) fünf Fragen auf, die Ihr Partner dann beantwortet. Nach dem Interview berichtet jeder von Ihnen, was Sie von Ihrem Partner erfahren haben.

DIE SCHWEIZ

28

Weinanbau seit der Zeit der Römer

abwechslungsreich	*varied*	Gewürz, das	*spice*
anbauen	*to grow*	Hang, der	*slope*
aufwändig	*elaborate*	roden	*to clear [land]*
ausbreiten	*to spread*	sich unterscheiden	*to differ*
ausdehnen	*to expand*	sorgen für	*to provide for*
Auszeichnung, die	*recognition*	Tongefäß, das	*pottery container*
beeinflussen	*to affect*	Tracht, die	*traditional costume*
edel	*classy*	überwiegend	*predominantly*
entstehen	*to emerge*	üppig	*lush, sumptuous*
ernten	*to harvest*	verwöhnen	*to pamper*
Festumzug, der	*parade*	vorstellen	*to present*
gedeihen	*to thrive*	Weinrebe, die	*grapevine*
gerichtet	*pointed*		

Das Tessin ist das Sonnengebiet der Schweiz: Das mediterrane Klima auf der Alpen-südseite sorgt für üppige Gärten, beste Weine und eine abwechslungsreiche Küche. Die Tessiner Weinberge profitieren vom nahen Mittelmeerklima und unterscheiden sich deshalb von den anderen Schweizer Weinanbaugebieten, die von den Alpen beein-flusst werden. Im Kanton Tessin wird überwiegend Rotwein angebaut.

Die Ankunft der Römer brachte Öl, Wein, Tongefäße, Metall und Gewürze ins Wallis. Sie führten eine neue Sprache, Zivilisation und eine neue Kultur ein. Erst im 3.

Jahrhundert breitete sich der Weinanbau im Wallis stärker aus, dank der christlichen Religion, die sich im Römischen Kaiserreich immer mehr ausdehnte. Viele Weinberge entstanden durch die Mönche der großen Klöster, die rodeten, pflanzten, ernteten und Wein anbauten. Die Gegend um Siders ist eine der wichtigsten Weinanbauregionen der Schweiz.

Schaffhausen besitzt eine jahrhundertealte Tradition des Weinanbaus und zählt zu den größten Deutsch-Schweizer Weinanbaukantonen. Eine Vielzahl von Winzerfesten ist mit dem Weinanbau verbunden. Am bekanntesten sind die „Hallauer Herbstsonntage". Die alljährlichen Festumzüge benutzen aufwändig dekorierte Themenwagen. Trachten- und Musikformationen sind der Höhepunkt des herbstlichen Festes und begeistern Tausende von Besucherinnen und Besucher.

Das Waadtländer Weinmuseum liegt in

der edlen Umgebung des Schlosses Aigle und stellt fast 2.000 Jahre Geschichte des Weinanbaus vor. Das Weinmuseum zeigt in seinen 17 Sälen die kulturelle Dimension des Weinanbaus und des Weins im Kanton Waadt, in der Schweiz und den Nachbarländern.

An den Römischen Handelswegen am Zürichsee und im Rheintal entstanden römische Dörfer. Etwa 300 Jahre nach Christus wurden an diesen Orten viele nach Süden gerichtete Hänge mit Weinreben bepflanzt. Im Mittelalter waren es Städte und reichere Kaufleute, die sich um den Weinbau kümmerten. Der Wein wurde zum Alltagsgetränk.

Die sanfte Hügellandschaft der Côte zwischen Genf und Lausanne lädt zum Genießen und Träumen ein. Zwischen Nyon und Genf entdeckt man den vielfältigen Charme der Landschaft. Gerne laden die Weinbauern zum Probieren ihrer Erzeugnisse ein. Die Côte ist aber auch ein Gourmet-Paradies, wo der Tourist in ländlichen Hotels und Restaurants verwöhnt wird.

Die Weinberg-Terrassen des Lavaux sind das größte zusammenhängende Weinbau-

gebiet der Schweiz und bieten Terrasse für Terrasse beste Aussichten. Besonders bequem geht das im „Train des Vignes", der sich in zwölf Minuten von Vevey durch die grünen Reben hinauf nach Puidoux-Chexbres windet, wo man kosten kann, was hier wächst: Probieren ist fast in jedem Keller möglich. Die Mini-Restaurants sind ebenso typisch für das Lavaux wie die ursprünglichen Winzerdörfer und das malerische Ufer des Genfer Sees am Fuß seiner Weinberge. Die einzigartige Umgebung ist der UNESCO eine Auszeichnung wert.

    Die Region Bündner Herrschaft liegt in der nördlichsten Ecke Graubündens. Die Ferien- und Weinbauregion erstreckt sich auf der rechten Rheinseite bis an die Lan-

desgrenze zum Fürstentum Liechtenstein. 45 Rebsorten gedeihen in der Herrschaft, der wärmsten Weinbauregion der Deutsch-Schweiz, und daraus entstehen mehr als 50 verschiedene Weine. Mit 78 Prozent dominiert der Blauburgunder. Auf dem Weinwanderweg erfährt man mehr über die Produktion.

    Die Schriftstellerin Johanna Spyri verbrachte ihre Ferien in der Bündner Herrschaft und ließ sich hier zu ihrem weltberühmten Heidi-Roman inspirieren.

I. Fragen zum Verständnis.

1.   Wie kam es zum Weinanbau im Wallis?

2.   Welche Tradition ist mit den Winzerfesten verbunden?

3.   Wofür ist das Lavaux bekannt?

4.   Was unterscheidet das Tessin von anderen Weinanbauregionen?

5.   Welchen Nutzen (*benefit*) brachten die römischen Dörfer?

6. Was kann man beim Besuch eines Weinbauers erleben?

7. Warum lohnt sich ein Besuch des Waadtländer Weinmuseums?

8. Warum ist die Bündner Herrschaft als Weinregion so bedeutend?

II. Richtig oder falsch? Wenn falsch, korrigieren Sie die falsche Aussage.

1. ___ Weinanbauregionen findet man besonders in Gegenden mit viel Sonne.

2. ___ Die Römer bauten den Wein im Wallis an.

3. ___ Ohne die Weinregionen gäbe es die traditionellen Winzerfeste nicht.

4. ___ Im Waadtländer Museum kann man die Zeit der römischen Besiedlung der Schweiz anschauen.

5. ___ Das Alpenklima beeinflusst die Weinanbaugebiete im Tessin.

6. ___ Zwischen Genf und Lausanne sind es nicht nur die Weinberge, die die Touristen anziehen.

7. ___ Weinproben sind zwar überall möglich, aber sie sind nicht umsonst.

8. ___ Die Bündner Herrschaft grenzt an Österreich und Liechtenstein.

III. Setzen Sie das richtige Wort oder den richtigen Ausdruck ein.

edel, gerichtet, ernten, gerodet, Trachten, üppigen, Gewürze, unterscheiden, sorgen für, Hang, Festumzug, gedeihen, angebaut, verwöhnen, Auszeichnungen, aufwändig, vorstellen, ausdehnen, abwechslungsreichen, beeinflussen

1. In der _____ Bikeregion Lenzerheide gibt's Bike-Erlebnisse für jeden Fahrstil: von einfach bis extrem, von gemütlich bis sportlich, von der Familientour bis zur 100-km-Marathon-Route.

2. Den ersten Genfer Wein gab es vor 2.000 Jahren; seitdem werden ununterbrochen in der südwestlichen Ecke der Schweiz Reben _____.

3. Im Schaffhauser Weinbaumuseum erhält man einen Einblick in die Welt der Weine und sieht, wie _____ diese bereits früher produziert wurden.

4. Zwingli wollte den Protestantismus unbedingt auf die ganze Eidgenossenschaft _____, die anderen protestantischen Kantone waren jedoch gegen einen Krieg gegen die Katholiken.

5. Rainer Werner Fassbinder, der Regisseur aus dem Allgäu, zählt zu den wichtigsten Vertretern des „Neuen Deutschen Films". Seine Werke _____ noch heute Filmschaffende auf der ganzen Welt.

6. In Bayern schmeckt der Käse noch nach duftenden Almwiesen und glücklichen Kühen. Probieren Sie die köstlichsten Variationen von einfach bis _____!

7. Die Erdbeere „Mara des bois" ist eine Spezialität der Genfer Gemüsebauern, die jährlich 100 Tonnen davon _____.

8. Höhepunkt des Trachten- und Alphirtenfestes ist der große _____ entlang der Höhematte in Interlaken.

9. Die größte Weinbauregion der Schweiz ist auch die vielfältigste: Gegen 50 Rebsorten _____ an den Sonnenhängen der Rhone.

10. Die Webcam ist in großer Höhe auf dem Turm des Schlosses Nidau installiert und gegen das Zentrum der mittelalterlichen Altstadt von Nidau _____.

11. Das dünne Honiggebäck kennt man seit dem 14. Jahrhundert. Exotische _____ und Rosenwasser machten den Tirggel (*Christmas cookies from Zürich*) zum Luxusgebäck.

12. Mit Gummireifen oder Luftkissen den _____ hinunterrutschen, mit dem Rennbob-Taxi den Eiskanal hinunterrasen oder sich als Biathlet, Iglubauer oder Eiskletterer versuchen. In Bayern ist alles möglich.

13. Bevor die südlichen Hänge Weinreben tragen konnten, musste das Land _____ werden.

14. Fünf unterschiedliche Abfahrtsstrecken (*ski runs*) _____ sich nicht nur in ihren Schwierigkeitsgraden, sondern auch in ihren Charakteren.

15. Das 4-Sterne Hotel, drei verschiedene Restaurants sowie eine Bar-Lounge _____ entspannte Momente direkt am Wasser.

16. Am Ende des Sommers ziehen die Appenzeller Sennen leuchtende _____ an und machen sich mit ihren Kühen auf den Weg zurück ins Tal.

17. Die _____ Kamptalgärten locken mit 19 ungewöhnlichen Grün-Oasen in eine der schönsten Gegenden Niederösterreichs.

18. Über 100 Restaurants _____ Gäste mit Kreativität und viel Liebe zum Detail.

19. Regelmäßig finden im Baseler Tinguely Museum Sonderausstellungen statt, die ein weites Spektrum von Künstlern und Themen _____.

20. Bis heute sammelt der Spitzenkoch Heinz Winkler zahlreiche jährliche _____ und wurde mit 31 Jahren als jüngster 3-Sterne-Koch der Welt gefeiert.

IV. Wie steht das im Text?

1. Wenn man durch die Weinberge wandert, kann man viel über die Weinproduktion erfahren.

2. Wenn man einen Roman schreibt, kommt es häufig vor, dass eine Region in den Erzählstoff hineinfließt.

3. Im Herbst gibt es zur Zeit der Weinernte viele heimatverbundene Traditionen.

4. Die Topographie des Landes führte dazu, dass man in vielen Dörfern wegen des warmen Klimas Wein anbaute.

5. Mit dem Zug kann man in die Weinberge hinauffahren und den Wein probieren.

6. Die Ausbreitung des Weinanbaus ist auf die Größe des Römischen Reiches zurückzuführen.

7. Bei einem Besuch des Tessins sollte man Rotwein-Connaisseur sein.

V. Aufgabe und Diskussion.

1. Besuchen Sie das Tessin. Stellen Sie die Region, Sprache und Kultur vor.

2. Stellen Sie den Kanton Wallis vor. Berichten Sie von der Lage und Landschaft, den Amtssprachen, vom Klima, von der Bevölkerung und den Religionen.

3. Machen Sie einen Abstecher nach Schaffhausen. Besuchen Sie die Altstadt, den größten Wasserfall Europas und die Festung Munot.

4. Berichten Sie über den Kanton Waadt. Benutzen Sie Informationen aus dem Text, die Ihnen bei Ihrem Vortrag helfen. Das Internet bietet auch eine Fülle an Informationen.

5. Die Weinregion Bündner Herrschaft liegt im Kanton Graubünden. Berichten Sie von der Geografie des Landes, der Bevölkerung mit ihren verschiedenen Sprachen und der Geschichte des Kantons. Im Internet gibt es Informationen über die Sprachentwicklung in Graubünden.

VI. Schriftliches.

Nach Ihrem Vortrag schreiben Sie ein kleines Essay über Ihre Präsentation. Achten Sie dabei auf genaue grammatische Formulierungen.

VII. Partnerarbeit.

Das Tessin ist das Sonnengebiet der Schweiz. Eine Vielzahl von Winzerfesten ist mit dem Weinanbau verbunden. Gerne laden die Weinbauern zum Probieren ihrer Erzeugnisse ein. Machen Sie also eine Weinreise durch die Weinanbaugebiete der Schweiz. Berichten Sie von Ihren Eindrücken, indem Sie ein Interview machen.

Jeder von Ihnen stellt dem Partner fünf Fragen, die der Partner dann beantwortet. Sie können das Textvokabular benutzen. Nach dem Interview berichtet jeder von Ihnen, was Sie von Ihrem Partner erfahren haben.

29

Die Angebote der SBB RailAway

Freizeitgestaltung, die	*recreational activities*	**spiegelglatt**	*smooth as glass*
		tosend	*thundering*
Lokführer, der	*engineer*	**türkis**	*teal*
Schmalspurstrecke, die	*narrow-gauge line*	**Veranstaltung, die**	*event*
schwindelerregend	*dizzying*	**Zahnradbahn, die**	*cogwheel railroad*
spannend	*exciting*	**Zusatzleistung, die**	*additional service*

Viele Menschen wissen nicht, was für Ausflüge sie in ihrer Freizeit machen sollen. René Kamer weiß es. Als Chef von SBB RailAway liefert er spannende Ideen und attraktive Angebote für die Freizeitgestaltung. Und für viel Spaß.

René Kamer, wissen Sie, was Sie in Ihrer Freizeit tun wollen?

Klar, meine Hobbys sind Reisen, Sport und Kochen. Meine Freizeit genieße ich aber auch gerne mit Familie und Freunden.

Ist Ihnen bekannt, wie andere Leute ihre Freizeit gestalten?

Studien zeigen, dass viele Leute nicht wissen, was sie in ihrer Freizeit unternehmen sollen. Unsere Aufgabe ist es, Ideen und konkrete Angebote mit Bahn, Schiff oder Postauto zu liefern.

Die Ideen kommen an: Jährlich buchen über 1,5 Millionen Menschen ein SBB RailAway-Kombi-Angebot.

Wo finde ich Ideen von SBB RailAway?

Vor allem im Internet unter www.sbb.ch/freizeit, auf der SBB RailAway-App und natürlich an allen Bahnhöfen, wo man die Angebote auch gleich buchen kann.

Welche Vorteile hat man, wenn man Aktivitäten über SBB RailAway organisiert?

Erstens ein Kombi-Angebot, das einfach zu buchen ist. Zweitens eine touristische Zusatzleistung wie zum Beispiel der Eintritt ins Verkehrshaus Luzern oder zu einer Veranstaltung wie etwa einem Musical—aus einer Hand am Bahnhof oder online. Und drittens einen Preisvorteil von 10 bis 50 Prozent auf das ganze Paket.

Welches sind die wichtigsten Angebote von SBB RailAway?

Im Winter laufen die Snow'n'Rail-Angebote mit 42 Schweizer Skidestinationen sehr gut, im Sommer sind die attraktiven Aussichtsberge, die Seen sowie Open Airs, Festivals, Zoos und das Verkehrshaus Luzern top.

Haben Schweizer und Gäste aus dem Ausland ähnliche Ausflugsziele?

Grundsätzlich ja. Besucher aus dem Ausland wählen eher die bekannten Attraktionen wie das Jungfraujoch, den Glacier Express oder auch Städte wie Luzern. Schweizer Gäste bevorzugen die kleinen, feinen Ziele.

Welches Angebot passt besonders gut zum Thema „Aussichten"?

Natürlich unsere Kombi-Angebote, die in die Berge führen. Allen voran die attraktiven Rundreisen mit Glacier Express oder Bernina Express, aber auch die Erlebnisse auf den Schweizer Seen. Vom Wasser aus sind die Aussichten ebenfalls grandios.

Noch eine letzte Frage: Was wollten Sie als Bub werden?

Lokführer, natürlich. Ich komme aus einer Bähnler-Dynastie.

I. Aufgabe und Diskussion.

Blick auf den Rigi Berg mit der Rigi Eisenbahn. Wählen Sie ein Thema aus. Stellen Sie eine PowerPoint-Präsentation über Ihr Thema zusammen. Das Internet bietet Ihnen eine Fülle an Informationen. Bereichern Sie Ihre Präsentation mit einem YouTube-Video.

Aufgabe 1:

Die Königliche Rigi-Rundfahrt, Luzern-Vierwaldstättersee. Los geht's mit dem Dampfschiff ab Luzern nach Vitznau und von dort mit der ersten Bergbahn Europas bis Rigi Kulm. Schon die Bergfahrt mit der Zahnradbahn, die im Jahr 1871 gebaut

wurde, ist ein Erlebnis. Oben angekommen, genießt man ein königliches Panorama auf Alpen, Mittelland und Seen. Eine reizvolle Variante für den Rückweg führt über Arth-Goldau.

Aufgabe 2:

Das Schilthorn, Berner Oberland. Auf dem 2.970 m hohen Schilthorn präsentiert sich die grandiose Bergwelt des Berner Oberlands mit Eiger, Mönch und Jungfrau von ihrer schönsten Seite. Schon die 32-minütige Fahrt in den Panorama-Kabinen der Luftseilbahn—vorbei an tosenden Wasserfällen und schroffen Felswänden—ist ein unvergessliches Erlebnis mit Rundumsicht auf 200 Gipfel.

Aufgabe 3:

Die Vier-Seen-Wanderung, Luzern-Vierwaldstättersee. Diese Wanderung von Engelberg nach Melchsee-Frutt ist ein Klassiker der Zentral Schweizer Höhenwanderungen. Die Bergwelt rund um den Titlis, die Ausblicke auf die Berner Alpen und die einzigartige Flora sind neben den vier Seen—dem spiegelglatten Trübsee, dem tiefblauen Engstlensee, dem türkisfarbenen Tannensee und dem malerischen Melchsee—die Höhepunkte dieser Wanderung.

Aufgabe 4:

Die Centovalli-Bahnreise, Tessin. Spektakulärer kann eine Bahnreise nicht sein. Die fast 60-km-lange Schmalspurstrecke der Centovalli-Bahn führt durch 100 Täler, über schwindelerregende Viadukte, vorbei an tiefen Schluchten und tosenden Wasserfällen, durch helle Kastanienwälder und fruchtbare Rebberge. Besonders reizvoll ist es, danach den Abend und die Nacht in Locarno zu verbringen.

Aufgabe 5:

Die Weinberge im Lavaux, Genfersee-gebiet. Die Weinberg-Terrassen des Lavaux am Genfersee, die zum UNESCO-Welterbe gehören, muss man einfach gesehen haben. Im „Train des Vignes" entdeckt man das Lavaux schön bequem. In zwölf Minuten windet sich der blau-gelbe Zug von Vevey durch die Reben hinauf nach Puidoux-Chexbres, wo man kosten kann, was hier wächst: Degustieren ist in fast jedem Keller möglich.

II. Schriftliches.

Nach Ihrem Vortrag schreiben Sie ein kleines Essay über Ihre Präsentation. Achten Sie dabei auf genaue grammatische Formulierungen.

III. Partnerarbeit

Orientieren Sie sich am Text und stellen Sie ein ähnliches Interview auf. Sie können ein Bundesland in Deutschland oder Österreich auswählen oder generell über die beiden Länder berichten. Benutzen Sie die Fragen im Interview und stellen Sie die Highlights von Deutschland oder Österreich oder einem Bundesland vor. Benutzen Sie die angegebenen Vokabeln und stellen Sie jeweils (*each*) fünf Fragen auf, die Ihr Partner dann beantwortet. Nach dem Interview berichtet jeder von Ihnen, was Sie von Ihrem Partner erfahren haben.

Bern, die Hauptstadt der Schweiz

Brunnen, der	*fountain*	Schlaufe, die	*loop*
Darstellung, die	*portrayal*	Ständerat, der	*council of states*
Dauerausstellung, die	*permanent exhibit*	Teich, der	*pond*
einmalig	*unique*	untrennbar	*inseparable*
Flusslauf, der	*course of a river*	üppig	*lush*
herausragend	*outstanding*	Verzeichnis, das	*directory*
Lebensraum, der	*habitat*	verzichten	*to do without*
Pracht, die	*splendor*	Wappentier, das	*heraldic animal*
Ratssaal, der	*council chamber*		

Bern, die Hauptstadt der Schweiz, wurde 1983 in das Verzeichnis der UNESCO-Welt-kulturgüter aufgenommen. Das mittelalterliche Stadtbild und seine Atmosphäre mit den zahlreichen Brunnen, Sandsteinfassaden, Gassen und historischen Türmen machen diese Stadt einmalig. Der Zeitglockenturm (Zytglogge) war das erste Westtor der Stadt (1191–1256) und zählt mit seiner berühmten astronomischen Kalenderuhr von 1530 heute zu den wichtigsten Sehenswürdigkeiten Berns und den ältesten Großuhren der Schweiz. Der Besucher ist von den sechs Kilometer langen Arkaden (Lauben) beeindruckt, denn Bern besitzt damit eine der längsten überdachten Einkaufsprome-naden Europas. Das hat nicht nur bei Regenwetter seine Vorteile, sondern auch im Hochsommer, wenn man schattige Plätze sucht.

1848 wurde Bern zur Bundeshauptstadt der Schweiz gewählt. Ganz in der Nähe vom Hauptbahnhof steht das Bundeshaus, Sitz der Schweizer Regierung (Bundesrat)

und des Parlaments (National- und Ständerat). In der zentralen Kuppelhalle und in den beiden Ratssälen finden sich zahlreiche symbolische Darstellungen zur Schweizer Geschichte. Auf dem Bundesplatz repräsentieren 26 Wasserfontänen die Schweizer Kantone. Die Bundesterrasse lädt zum gemütlichen Sitzen mit Ausblick auf das Stadtbad Marzili, die Aare und den Berner Hausberg „Gurten" ein.

Im Sommer verspricht die Aare ultimativen Badespaß; von der sauberen Aare hat man einen Blick auf das nahe Bundeshaus. Ebenfalls am Flusslauf liegen der Botanische Garten, der Tierpark Dählhölzli und das alte Stadtviertel der Matte. Bern und der Bär, sein Wappentier, sind untrennbar miteinander verbunden. Bei einem Besuch der Stadt darf man auf die Besichtigung des Bärenparks, den Lebensraum einer Bärenfamilie, nicht verzichten. Jeden Sommer wandern Zehntausende auf den Berner Hausberg, wo das mehrtägige Gurtenfestival mit Künstlern aus der internationalen Musikszene stattfindet.

Das Albert Einstein Haus erinnert an den Aufenthalt des Physikers Anfang des 20. Jahrhunderts in Bern. Albert Einstein entwickelte hier seine berühmte Relativitätstheorie. Das Historische Museum zeigt in seinen Dauerausstellungen Highlights aus der Geschichte, Ur- und Frühgeschichte sowie Ethnographie. Die Sammlung im ältesten Kunstmuseum der Schweiz gehört zu den bedeutendsten des Landes und man kann hier herausragende Werke aus acht Jahrhunderten anschauen. Werke von Pablo Picasso, Paul Klee, Ferdinand Hodler und Meret Oppenheim haben das Kunstmuseum Bern zu einer Institution mit Weltruf gemacht. Das Museum für Kommunikation ist das einzige Museum in der Schweiz zur zwischenmenschlichen Verständigung: von der Körpersprache über den Dialog der Kulturen bis zu den neuen Medien. Das Schweizerische Alpine Museum dokumentiert Natur- und Kulturwissenschaften der Alpen.

Der Rosengarten ist ein Mekka für jeden Blumenliebhaber und ein Ort der Erholung mit einem Restaurant in bester Lage. Vom großzügig angelegten Park hat der Besucher eine wunderschöne Aussicht auf die Altstadt und die Aareschlaufe. Von 1765 bis 1877 diente der Rosengarten

als Friedhof der unteren Stadt. Seit 1913 ist der Garten ein öffentlicher Park mit einer üppigen Blütenpracht und einem Teich.

Das Berner Münster St. Vinzenz ist das beeindruckendste spätgotische Bauwerk der Stadt und die größte, wichtigste spätmittelalterliche Kirche der Schweiz. Das Berner Münster ist der größte Sakralbau der Schweiz. 1421 wurde mit dem Bau begonnen, und über Generationen hinweg arbeiteten Bauherren an diesem Meisterwerk. Der Turm wurde erst 1893 vollendet. 344 Stufen über dem Eingang befindet sich der Aussichtspunkt des Kunstwerkes: der 100 m hohe Münsterturm. Vom höchsten Kirchenturm der Schweiz hat man eine prachtvolle Aussicht über die Stadt bis weit ins Berner Mittelland und auf die Schneeberge des Berner Oberlands.

I. Fragen zum Verständnis.

1. Warum wurde Bern eine UNESCO-Stadt?

2. Warum braucht man sich wettermäßig keine Sorgen zu machen, wenn man einkaufen geht?

3. Was bietet die Stadt ihren Besuchern im Sommer?

4. Welche Museen finden Sie am interessantesten?

5. Warum lohnt es sich, den Rosengarten zu besuchen?

6. Welche Bedeutung hat das Mittelalter in der Stadt?

7. Welche Plätze der Stadt bieten den Touristen etwas ganz Besonderes?

8. Warum ist Bern historisch sehr interessant?

II. Richtig oder falsch? Wenn falsch, korrigieren Sie die falsche Aussage.

1. ___ Das Berner Münster repräsentiert den Baustil der Renaissance.

2. ___ Das moderne Stadtbild lockt viele Besucher an.

3. ___ Es gibt mehrere Möglichkeiten, die Stadt von oben anzuschauen.

4. ___ Man kann in der Stadt ganz wetterunabhängig einkaufen.

5. ___ Die Stadt würdigt ihren Bürger Albert Einstein mit dem Einstein-Museum.

6. ___ Die Museen in Bern sind international bekannt.

7. ___ Auf der Bundesterrasse kann man 20 Wasserfontänen bewundern.

8. ___ Das Bundeshaus ist ganz in der Nähe des Zeitglockenturms.

9. ___ Die schönste Aussicht auf Bern hat man vom Hausberg Gurten.

10. ___ Die Atmosphäre der Stadt ist einzigartig.

III. Setzen Sie das richtige Wort ein.

Schlaufe, Dauerausstellung, Lebensraum, Ständerat, Flusslauf, Darstellung, Wappentier, untrennbar, Ratssaal, Verzeichnis, herausragende, Brunnen, einmaliges, Pracht, Teiche, üppig

1. Im Sommer erwarten Sie _____ grüne Wiesen, im Winter eine märchenhaft verschneite Landschaft.

2. Im Herzen des Naturparks Pfynwald (Schweizer Kanton Wallis) bildet das Grundwasser mehrere _____ mit klingenden Namen wie: Muggotolo, Pfafforetsee, Muggenseeli, Rosensee, Schafsee.

3. Das Salz sicherte das Überleben der Menschen, brachte den Erzbischöfen Reichtum und der Stadt Salzburg seine heutige _____.

4. In der Nähe vom Dorf Hemberg befindet sich eine klassische und eine skating Loipe mit wunderschönem Panorama. Auf einer 6 km _____ gibt es acht Thementafeln.

5. Das Schweizer Paradies der Silberspuren bietet in jeder Beziehung _____ Langlaufmöglichkeiten.

6. Die _____ in Mozarts Geburtshaus in Salzburg informiert den Besucher über die Lebensumstände des berühmten Komponisten—wie er aufwuchs, wann er zu musizieren anfing, wer seine Gönner waren, seine Beziehung zu seiner Familie und seine Leidenschaft für die Oper.

7. Mächtige Gebirgsmassive vom Vorarlberger Rätikon im Westen bis zu den Gutensteiner Alpen im Osten bilden einen _____, der seit Jahrtausenden besiedelt wird.

8. Zwei Namen sind _____ mit Eisenstadt verbunden: Joseph Haydn und Schloss Esterházy, wo der berühmte Komponist mehr als vierzig Jahre als fürstlicher Kapellmeister verbrachte.

9. Capricorn ist der romanische Ausdruck für den Steinbock, das _____ Graubündens.

10. Bei Passau endet der _____ des Inns, dessen Wassermenge die Donau mehr als verdoppelt.

11. Der Fokus des Naturhistorischen Museums in Bern ist die _____ von Tieren in ihrem natürlichen Lebensraum.

12. In der Schweiz gibt es ein Zweikammernparlament: Darin ist der Nationalrat der Vertreter des Volkes (200 Abgeordnete) und der _____ Vertreter der Kantone (46 Abgeordnete).

13. Im obersten Stock des Bundeshauses in Bern befindet sich der Gotische Saal, auch _____ genannt.

14. Eine Wanderung durch den verschneiten Lärchenwald bietet dem Besucher ein _____ Panorama auf die Walliser Bergwelt.

15. In der Stadt St. Gallen gibt es zahlreiche _____ und Skulpturen.

16. Die Panoramakarte der Waadtländer Alpen zeigt Wander- und Mountainbike-Touren. Hier findet man auch ein _____ von Restaurants und Aussichtspunkten.

IV. Wie steht das im Text?

1. Die Anerkennung als Kulturstätte basiert auf einer Fülle von einzigartigen Sehenswürdigkeiten.

2. Das Einkaufen in Bern ist eine wahre Freude, denn man ist vom Wetter total unabhängig.

3. Das Bundeshaus und seine direkte Umgebung vermitteln dem Besucher Schweizer Geschichte.

4. In den Sommermonaten lädt die Stadt zu vielfältigen Aktivitäten ein.

5. Wer sich für Geschichte und Kultur interessiert, hat in Bern zahlreiche städtische Einrichtungen zur Verfügung.

6. Erholung in der Natur bieten diverse Anlagen in und um Bern.

7. Von verschiedenen Positionen kann man Aussichten auf Bern genießen.

V. Aufgabe und Diskussion.

1. Besuchen Sie die Stadt Bern und beschreiben Sie Ihren Eindruck von den mittelalterlichen Zeitzeugen der Stadt.

2. Machen Sie einen Einkaufsbummel in Bern. Erleben Sie die Arkaden (Lauben) und lassen Sie das wetterunabhängige Shoppen aufleben.

3. Welche Bilder bieten sich dem Besucher beim Blick von der Aare auf die Stadt? Erleben Sie die Stadt vom Fluss aus und berichten Sie von Ihren Eindrücken.

4. Besuchen Sie zwei Museen Ihrer Wahl und stellen Sie die kulturelle Vielfalt vor.

5. Im Sommer zieht es viele Touristen nach Bern. Erleben Sie die Stadt aus der Perspektive des Besuchers. Erklären Sie die wichtigsten Sehenswürdigkeiten der Stadt.

VI. Schriftliches.

Nach Ihrem Vortrag schreiben Sie ein kleines Essay über Ihre Präsentation. Achten Sie dabei auf genaue grammatische Formulierungen.

V. Partnerarbeit.

UNESCO-Weltkulturgüter, Albert Einstein, sechs Kilometer lange Arkaden, Gebäude aus dem Mittelalter, Hauptstadt der Schweiz, das Berner Münster als Beispiel der Spätgotik, das alles macht es sicherlich lohnenswert, Bern einen Besuch abzustatten. Machen Sie mit Ihrem Partner ein Interview über die Stadt Bern. Benutzen Sie die angegebenen Vokabeln und stellen Sie jeweils (*each*) fünf Fragen auf, die Ihr Partner dann beantwortet. Nach dem Interview berichtet jeder von Ihnen, was Sie von Ihrem Partner erfahren haben.

31

Genf als „die Hauptstadt des Friedens"

Alpengipfel, der	*alpine peak*	Kapitell, das	*capital (architec-*
atemberaubend	*breathtaking*		*ture), top part*
Ausgrabungsstätte, die	*archaeological site*		*of a column*
beherbergen	*to host*	Kulisse, die	*scenery, backdrop*
Bucht, die	*bay*	sich widmen	*to devote oneself*
Durchschreiten, das	*passing through*	Überrest, der	*relic*
einmalig	*unique*	Wahrzeichen, das	*landmark*
Gittertor, das	*iron-barred gate*	Wasserstrahl, der	*jet of water*

Die französischsprachige Stadt Genf mit ihrer humanitären Tradition und dem weltstädtischen Flair liegt idyllisch zwischen Alpengipfeln und Weinbergen neben dem größten See Westeuropas. Genf ist die UNO (*United Nations Organization*) Hauptstadt des Friedens und Hauptsitz des Roten Kreuzes, die Heimat der Luxusuhrenindustrie und ein herrlicher Ort für einen Besuch. Die Stadt liegt in der Bucht, wo die Rhone den Genfer See verlässt. Seepromenaden, unzählige

Parks, belebte Altstadtgassen und elegante Geschäfte laden zum Flanieren ein. Eine der besterhaltenen alten Straßen ist die Grand-Rue, wo Jean-Jacques Rousseau geboren wurde. Die „Mouettes", eine Art Wassertaxi, ermöglichen die Überfahrt von einem Ufer zum anderen. Größere Schiffe laden zu Kreuzfahrten auf dem Genfer See ein.

Eine einzigartige Kulisse von Burgen und prächtigen Residenzen vor wundervollen Landschafts- und Bergpanoramen ist vom Schiff aus zu bewundern. Das Symbol der „kleinsten Metropole der Welt" ist der Jet d'eau, eine Wasserfontäne mit einem 140 m hohen Wasserstrahl am Rande des Genfer Sees, das weithin sichtbare Wahrzeichen von Genf. Am rechten Ufer des Sees befinden sich die meisten großen Hotels und viele Restaurants. Über dem linken Ufer thront die Altstadt, das Herz von Genf mit dem Einkaufs- und Geschäftsviertel, mit Weinstuben, Kunstgalerien und Antiquitätenhändlern.

Die Altstadt wird von der Kathedrale Saint Pierre dominiert. Die Architektur der Kathedrale Saint Pierre hat im Lauf der Geschichte zahlreiche Änderungen erfahren. Die erste Bauphase geht in das Jahr 1160 zurück und dauerte fast ein Jahrhundert. In der Reformationszeit diente die Kathedrale ab 1535 als protestantische Kirche. Der anstrengende Aufstieg über die 157 Stufen bis zur Turmspitze wird durch einen atemberaubenden 360°-Panoramablick über die Stadt und den See belohnt. Die Kirche weist zudem die höchste Anzahl romanischer und gotischer Kapitelle in der Schweiz auf. In der archäologischen Ausgrabungsstätte unter der Kathedrale sind Überreste aus der Antike zu sehen. Vom Nordturm der dreischiffigen Basilika eröffnet sich eine einzigartige Aussicht auf die Stadt und den See. Doch das eigentliche Zentrum der Altstadt ist der Place du Bourg-de-Four, der als der älteste Platz der Stadt gilt.

Genf ist die internationalste Stadt der Schweiz, denn hier befindet sich der europäische Sitz der UNO. Beim Durchschreiten des Gittertors des Palasts der Vereinten Nationen betritt der Besucher internationales Gebiet. Auch das Internationale Rote Kreuz steuert von hier aus seine humanitären Aktionen. Der Geburtsort des Internationalen Roten Kreuzes beherbergt das einzige Museum, das sich der Geschichte und Arbeit dieser Organisation widmet. Genf ist neben Kongressort auch Zentrum für Kultur und Geschichte, für Messen und Ausstellungen.

Die „Horloge Fleurie", die Uhr aus Blumen im Englischen Garten, ist ein weltbekanntes Symbol der Genfer Uhrenindustrie. Nur wenige Minuten von der Stadt entfernt lädt der Mont Salève

zu schönen Wanderungen und atemberaubenden Landschaften ein—gekrönt von der herrlichen Aussicht auf den Mont Blanc. Der Gipfel des „Genfer Hausbergs" liegt auf 1.380 m—er liegt jedoch im benachbarten Frankreich. Der Mont Salève ist ein wahres Eldorado für alle Freunde der Natur, sauberer Luft und einer attraktiven Pflanzen- und Tierwelt. Er bietet einen einmaligen Panoramablick auf Genf, die Rade, den See und im Hintergrund den Jura. Auf seiner Südostflanke kann man die herrliche Aussicht auf die Alpenkette mit dem Mont Blanc genießen. Der Mont Salève ist nicht nur ein Paradies für Spaziergänger, sondern er bietet zahlreiche weitere Sportmöglichkeiten: Wandern, Klettern, Mountainbiking, Paragliding und im Winter Langlauf.

I. Fragen zum Verständnis.

1. Warum lohnt es sich, auf den Turm zu steigen?

2. Warum ist die Kathedrale ein einzigartiges Bauwerk in der Schweiz?

3. Warum ist das Wahrzeichen von weithin sichtbar?

4. Was zeichnet die Stadt besonders aus?

5. Was charakterisiert die Altstadt?

6. Warum lohnt sich eine Schifffahrt auf dem Genfer See?

7. Warum ist Genf eine internationale Stadt?

8. Was erfahren wir über die Uhrenindustrie?

9. Wie kann man die Natur außerhalb der Stadt genießen?

10. Was macht die Aussicht vom Berggipfel so vielfältig?

11. Was können Sportbegeisterte auf dem Berg unternehmen?

II. Richtig oder falsch? Wenn falsch, korrigieren Sie die falsche Aussage.

1. ___ In der Kathedrale kann man romanische und gotische Bauelemente entdecken.

2. ___ Vom Mont Blanc hat man eine herrliche Aussicht auf den Mont Salève.

3. ___ Man begann mit dem Bau der Kathedrale im 12. Jahrhundert.

4. ___ Von Frankreich kann man bis nach Genf schauen.

5. ___ Der älteste Platz der Stadt wird von der Kathedrale dominiert.

6. ___ Naturliebhaber genießen die Luft und Natur auf dem stadtnahen Berg.

7. ___ Genf ist der Geburtsort des berühmten Dichters Jean-Jacques Rousseau.

8. ___ Der Englische Garten ist ein Genfer Symbol.

9. ___ Das Internationale Rote Kreuz befindet sich auf internationalem Terrain.

10. ___ Den Genfer See überquert man am besten mit einer Fähre.

III. Setzen Sie das richtige Wort ein.

Buchten, Wahrzeichen, Kapitelle, Wasserstrahl, Ausgrabungsstätte, atemberaubendes, Überreste, Durchschreiten, Alpengipfel, Gittertor, beherbergt, widmet, Kulisse, einmalig

1. In vielen Städten wird das Oktoberfest gefeiert, aber in München ist es _____ auf der Welt.

2. Ein Blick vom Fernsehturm in Berlin zeigt die großartige _____ dieser Metropole.

3. Das Deutsche Museum an der Isar in München _____ sich der Naturwissenschaft und Technik.

4. Das Hundertwasserhaus in Wien _____ Wohnungen und auch Geschäfte.

5. Um das Schloss Belvedere in Wien zu besichtigen, muss man zuerst durch ein _____ gehen.

6. Das _____ des Brandenburger Tores war erst nach der Wiedervereinigung möglich.

7. In der archäologischen _____ Kalkriese soll man Überreste von römischen Münzen und römischer Munition gefunden haben.

8. Im Mittelalter fand man häufig romanische und auch gotische _____ an den Kathedralen.

9. Wenn man mit dem Glacier Express durch die Schweiz fährt, bietet sich dem Besucher ein _____ Panorama.

10. Zu einer bestimmten Tageszeit kann man den gewaltigen _____ im Wasserbecken des Schlosses Linderhof erleben.

11. In der Ostsee gab es viele _____, in denen sich der Seeräuber Klaus Störtebeker verstecken konnte.

12. In den Westalpen findet man 82 _____, die über 4.000 m hoch sind.

13. Das _____ von Bremen sind die Bremer Stadtmusikanten.

IV. Wie steht das in Text?

1. Der Mont Salève, ein Paradies für Naturliebhaber, vermittelt einen wunderbaren Panoramablick auf den Genfer See.

2. In den Parkanlagen der Stadt Genf gibt es eine aus Blumen bestehende Uhr.

3. Geographisch gesehen liegt Genf an einem See und ist von Bergen und auch Weinregionen umgeben.

4. Wichtige, internationale Organisationen haben hier ihren Hauptsitz.

5. Vom Wasser aus hat man eine herrliche Perspektive auf die Umgebung.

6. Die Aussicht auf die Stadt und den See von der Kathedrale Saint Pierre ist ein besonderes Erlebnis.

V. Aufgabe und Diskussion.

1. Machen Sie einen Ausflug auf den Mont Salève. Berichten Sie von den Wanderwegen, der Planzen- und Tierwelt. Zeigen Sie Beispiele des Panoramablickes und auch sportliche Aktivitäten auf.

2. Besuchen Sie die Vereinten Nationen in Genf. Verschaffen Sie sich einen Überblick, und berichten Sie von Ihren Eindrücken.

3. Besichtigen Sie das Museum des Internationalen Roten Kreuzes. Was gibt es hier zu sehen?

4. Machen Sie eine Besichtigung der Altstadt von Genf. Führen Sie den Besucher durch die alten Gassen, und erklären Sie die verschiedenen Plätze und auch die Kathedrale.

5. Wie erlebt der Besucher den Genfer See? Wie ist die Aussicht vom Wasser, und wie erlebt man diese Stadt aus dieser Perspektive?

VI. Schriftliches.

Nach Ihrem Vortrag schreiben Sie ein kleines Essay über Ihre Präsentation. Achten Sie dabei auf genaue grammatische Formulierungen.

VII. Partnerarbeit.

Genf ist die UNO Hauptstadt des Friedens und Hauptsitz des Roten Kreuzes. Die Architektur der Kathedrale Saint Pierre geht in das Jahr 1160 zurück. Die Stadt ist der Geburtsort von Jean-Jacques Rousseau. Machen Sie also mit Ihrem Partner ein Interview über die Stadt Genf. Benutzen Sie die angegebenen Vokabeln und stellen Sie jeweils (each) fünf Fragen auf, die Ihr Partner dann beantwortet. Nach dem Interview berichtet jeder von Ihnen, was Sie von Ihrem Partner erfahren haben.

32

Brauchtum und Tradition

Anlass, der	*occasion*	Kuhreihen	*alpine horn melody*
Auswahl, die	*selection*		*to call cattle to or*
bezwecken	*to achieve*		*from the pastures*
Blasmusik, die	*brass music*	pflegen	*to cultivate*
Brauch, der	*custom*	seit jeher	*since day one,*
Einheitlichkeit, die	*uniformity*		*always*
einordnen	*to classify*	Trümpi (Maultrommel)	*Jew's harp, mouth*
geprägt	*characterized*		*harp*
Hackbrett, das	*dulcimer*	Vielfalt, die	*variety*
Kernsatz, der	*key phrase*	Weltausstellung, die	*world's fair*
		Zunahme, die	*increase*

Seit jeher pflegen Schweizerinnen und Schweizer am liebsten ihre eigenen, lokalen Bräuche, und das Land offeriert dadurch eine enorme Auswahl kultureller Anlässe und lebendiger Traditionen.

„*La suisse n'existe pas*" (die Schweiz existiert nicht)—mit diesem Kernsatz präsentierte sich die Schweiz 1992 an der Weltausstellung in Sevilla. Denn nicht die Einheitlichkeit, sondern die Vielfalt auf kleinstem Raum macht die Schweiz aus. Sie lässt sich kulturell und geografisch erklären: In der kleinen Schweiz werden vier Landessprachen gesprochen, hinzukommen zahlreiche Dialekte. Auch unterscheidet sich seit jeher die Kultur in den Bergen von der Kultur im Mittelland, das Leben in einem Gebirgstal verläuft anders als in einer Großstadt. So stehen den zahlreichen regionalen Traditionen nur wenige nationale Bräuche gegenüber. Im Laufe der Zeit und mit Zunahme des Tourismus sind einige lokale Bräuche jedoch überregional bekannt geworden.

Die Schweizer Volksmusik ist vor allem Tanzmusik. Zu hören sind in der Regel das „Schwyzerörgeli" (Handharmonika) sowie Geigen, Bassgeigen, Klarinetten und in gewissen Regionen das Hackbrett oder Trümpi (Maultrommel). Die alpenländische Volksmusik hat sich durch schriftlose Weitergabe von Können und Kompositionen über Generationen, Jahrzehnte, Jahrhunderte entwickelt. Der älteste überlieferte Kuhreihen stammt aus dem Appenzell und wurde im Jahr 1545 notiert. Als typisch schweizerisch gelten das Alphorn, ursprünglich ein Musik- und Signalinstrument der Hirten, sowie die zahlreichen Jodelchöre, die sich seit dem 19. Jahrhundert formiert haben. Generell ist die Schweiz durch eine breite Amateurmusik-Szene geprägt; in praktisch jedem Dorf gibt es mindestens einen Chor oder eine Blasmusik.

I. Fragen zum Verständnis.

1. Womit kann sich fast jedes Dorf in der Schweiz rühmen?

2. Was war der Ursprung des Alphorns?

3. Was ist ein Kuhreihen?

4. Welche Instrumente sind von jeher sehr beliebt?

5. Wie hat sich die Volksmusik entwickelt?

6. Wie kann man die Schweiz kulturell einordnen?

7. Was bezweckte die Schweiz mit ihrem Motto bei der Weltausstellung?

8. Was schätzt der Schweizer besonders, ganz im Gegensatz zu den nationalen Bräuchen?

II. Richtig oder falsch? Wenn falsch, korrigieren Sie die falsche Aussage.

1. ___ Es gibt extreme Unterschiede in der Stadt- und Bergkultur.

2. ___ Das Alphorn wurde bei Volkstänzen benutzt.

3. ___ Es gibt nur wenige nationale Bräuche.

4. ___ Die Schweizer Städte sind besonders für ihre Chöre bekannt.

5. ___ Die Volksmusik in der Schweiz eignet sich besonders gut zum Tanzen.

6. ___ Durch den Tourismus sind einige Bräuche auch überregional bekannt geworden.

7. ___ Die Volksmusik konnte sich durch die Druckerpresse stark entwickeln.

8. ___ Englisch wäre die 5. Sprache in der Schweiz und die erste Fremdsprache.

III. Setzen Sie das richtige Wort oder den richtigen Ausdruck ein.

seit jeher, Weltausstellung, Vielfalt, Auswahl, Bräuche, Einheitlichkeit, Kernsatz, Anlässe, Hackbrett, Kuhreihen, geprägt, Blasmusik, bezwecken, rühmt, einordnen, Maultrommel, Zunahme

1. Die Stadt Hameln _____ sich mit der Märchengeschichte der Brüder Grimm „Der Rattenfänger von Hameln".

2. Es gibt Erzählungen von Heinrich von Kleist, die romantisch und auch realistisch sind. Man kann sie aber literaturgeschichtlich nicht richtig _____, denn sie sind beides.

3. Die Wasserburgen in Norddeutschland sind von Wasser umgeben. Man wollte damit _____, dass die Burg vor Angriffen sicher war.

4. Beim Oktoberfest hört man in den Bierzelten _____.

5. Die Kultur in Bayern ist von Dirndln und Lederhosen _____.

6. In der Schweiz ist _____ eine Melodie, mit der man die Kühe auf die Weide und von der Weide lockte.

7. Im Barock war die _____ als Musikinstrument sehr beliebt.

8. Der bayrische Musiker Rudi Zapf nahm mehrmals an Musikfestivals in München teil. Er spielte dabei auf dem _____.

9. Mehrmals im Jahr gibt es immer wieder _____, Feste zu feiern.

10. Die internationalen Industriemessen in Deutschland haben jedes Jahr einen anderen _____.

11. Wenn in einem Land keine ethnische Vielfalt existiert, spricht man von _____.

12. Jedes Land pflegt seine eigenen _____.

13. Als Tourist hat man immer eine vielfältige _____, wenn man ein fremdes Land bereist.

14. Die Buchausstellungen in Frankfurt und Leipzig bieten eine _____ an interessanten Autoren und Büchern an.

15. Die _____ findet immer wieder in einem anderen Land statt, und Deutschland bewirtet seine internationalen Gäste in einem großen Bierzelt oder Biergarten.

16. Das alljährliche Oktoberfest in München sieht eine _____ in den Besucherzahlen.

17. Bräuche und Traditionen sind _____ in jedem Land fest verankert.

IV. Wie steht das im Text?

1. Die Kulturszene in der Schweiz ist durch Chöre und Blasmusik geprägt.

2. Das Alphorn und Jodeln stammen beide aus einer anderen Zeit.

3. Die Schweizer Volksmusik kann auf eine mündliche Überlieferung zurückblicken.

4. Es ist dem Tourismus zu verdanken, dass man heute auch Bräuche und Traditionen außerhalb kleiner Orte antrifft.

5. In den Kantonen der Schweiz findet man spezifische Bräuche, die national nicht so bekannt sind.

6. Die Schweiz ist linguistisch ein interessantes, multikulturelles Land.

V. Aufgabe und Diskussion.

1. Stellen Sie eine Übersicht über die Schweizer Kantone zusammen und berichten Sie von einigen kulturellen Merkmalen in jedem Kanton.

2. Was sind die üblichen vier Landessprachen, und welche Dialekte werden in den Kantonen gesprochen?

3. Vergleichen Sie die kulturellen Angebote im Berner Oberland mit denen in Zürich. Gibt es da Unterschiede?

4. Suchen Sie nach typischer Schweizer Volksmusik und stellen Sie ein paar Beispiele zusammen.

5. In welchen Teilen der Schweiz wird das Alphorn heute noch benutzt und zu welchem Zweck?

VI. Schriftliches.

Nach Ihrem Vortrag schreiben Sie ein kleines Essay über Ihre Präsentation. Achten Sie dabei auf genaue grammatische Formulierungen.

VII. Partnerarbeit.

Die Kultur in den Bergen unterscheidet sich von der Kultur im Mittelland, das Leben in einem Gebirgstal verläuft anders als in einer Großstadt. Deshalb stehen den zahlreichen regionalen Traditionen nur wenige nationale Bräuche gegenüber. Außerdem werden in der Schweiz vier Landessprachen gesprochen. Machen Sie also mit Ihrem Partner ein Interview über die verschiedenen kulturellen Bräuche und Traditionen in der Schweiz. Benutzen Sie die angegebenen Vokabeln und stellen Sie jeweils (each) fünf Fragen auf, die Ihr Partner dann beantwortet. Nach dem Interview berichtet jeder von Ihnen, was Sie von Ihrem Partner erfahren haben.

33

Das Alphorn als Nationalsymbol der Schweiz

Aufleben, das	revival	Schweizer Jodler-	Swiss Yodeling
ausüben	to practice	verband, der	Association
begabt	talented	Senne, der	herdsman
beruhigen	to calm down, to	Stall, der	barn
	pacify	Stich, der	engraving
Betruf, der	call to prayer	Tendenz steigend	the number is
einen großen Auftritt	to make a grand		growing
machen	appearance	Tracht, die	traditional costume
erleben	to experience	Umzug, der	parade
Hinterglasbild, das	reverse painting on	Vereinigung, die	association
	glass	(sich) verlagern	to shift
im Verlauf der	with the passing of	verschwinden	to disappear
Geschichte	time	verteilen	to distribute
Schultheiß, der	mayor	Weide, die	pasture
		Werkzeug, das	tool

Das Alphorn verschwand im Verlauf der Geschichte als Instrument der Hirten in der Schweiz fast total. Erst mit der Romantik im 19. Jahrhundert und dem Aufleben von Folklore und Tourismus erlebte das Alphorn eine Renaissance—und wurde sogar zu einem Nationalsymbol.

Das Alphorn war lange Zeit ein Werkzeug der Hirten, eine Art Kommunikation mit Mensch und Tier. Man benutzte es, um die Kühe von der Weide zum Stall zu rufen, wenn es Zeit fürs Melken war. Ein Stich von 1754 zeigt, wie ein Hirte die Kühe beim Klettern auf die Alp mit den Klängen des Alphorns für den letzten, steilen Teil des Weges motiviert. Auf einem Hinterglasbild aus dem Emmental von 1595 wird das Alphorn geblasen, vermutlich um die Kühe während des Melkens zu beruhigen. Das Alphornblasen am

Abend ist ebenfalls ein traditionelles Thema in der Kunst. Dieses Spiel diente als Abendgebet und wurde vor allem in reformierten Kantonen ausgeübt, während in den deutschsprachigen katholischen Kantonen der Innerschweiz eher der Betruf verankert ist. Die Hauptfunktion des Alphorns war aber die Kommunikation mit den Sennen der benachbarten Alpen und mit den Leuten unten im Tal.

Als sich im Laufe der Zeit die Käseherstellung immer mehr von der Alp in die Molkereien der Dörfer verlagerte, wurde nach 1800 auch das Alphorn immer seltener. Nachdem es an traditionellen Festen nur noch selten zu hören war, ließ der Berner Schultheiß Niklaus von Mülinen in den 1820er Jahren Alphörner herstellen und in Grindelwald an begabte Spieler verteilen. Das Alphorn hatte seine ursprüngliche Funktion in den Bergen mehr oder weniger verloren, aber dafür gewann es nun als Musikinstrument die Herzen der Zuhörer—und wurde so zu einer Touristenattraktion und zu einem Symbol für die Schweiz.

Der Schweizer Jodlerverband, zu dem die Alphornbläser gehören, zählt heute rund 1.800 Alphornbläser und Alphornbläserinnen in der Schweiz und in der ganzen Welt zu seinen Mitgliedern—Tendenz steigend. Seinen großen Auftritt erlebt das Alphorn am Eidgenössischen Jodlerfest, an den Umzügen der Schweizerischen Trachtenvereinigung sowie am jährlichen internationalen Alphornfestival in Nendaz.

I. Fragen zum Verständnis.

1. Wozu wurde das Alphorn benutzt, bevor man es für den Tourismus entdeckte?

2. Welche Informationen stehen im Text über die Beliebtheit des Alphorns in der heutigen Zeit?

3. Was hat die Käseherstellung auf der Alp mit dem Alphorn zu tun?

4. Wurde das Alphorn früher auch als Musikinstrument eingesetzt?

5. Wozu wurde das Alphorn in der reformierten und katholischen Schweiz benutzt?

6. Was erfährt man auf dem Stich von 1754?

II. Richtig oder falsch? Wenn falsch, korrigieren Sie die falsche Aussage.

1. ___ Das Alphorn ist ein Nationalsymbol der Schweiz.

2. ___ Alphornfestivals kann man überall auf der Welt erleben.

3. ___ Die Senner kommunizierten früher mit dem Alphorn in den Bergen.

4. ___ Alphornfestivals gibt es seit 1820.

5. ___ Das Alphorn wurde auch für die Kühe auf den Weiden benutzt.

6. ___ Das Alphorn war auch in religiösen Gemeinden sehr beliebt.

7. ___ Früher fand die Käseproduktion auf der Alp statt.

8. ___ Das Alphorn war bis ins späte 19. Jahrhundert ein beliebtes Musikinstrument bei traditionellen Festen.

III. Setzen Sie das richtige Wort oder den richtigen Ausdruck ein.

verlagerte, im Verlauf der Geschichte, Weide, Tracht, Sennen, Umzug, Stiche, Stall, Schultheiß, Betruf, Werkzeug, Hinterglasbilder, Aufleben, beruhigen, begabte, ausgeübt

1. Das Hackbrettspielen wurde vor allem in den Alpen _____.

2. In Oberammergau gibt es viele _____ Holzschnitzer.

3. Nervöse Menschen hören häufig klassische Musik, um sich zu _____.

4. Der Tourismus in der Schweiz führte zu einem _____ des Alphorns.

5. In Österreich und in der Schweiz sind _____ sehr beliebt.

6. Bildhauer benutzen Hammer und Meißel als _____ für ihre Kunst.

7. Das Läuten der Glocken einer Kirche ist ein Symbol für den _____.

8. In der Schweiz nannte man den Bürgermeister _____.

9. Kühe, Schweine und Hühner sind in einem _____ untergebracht.

10. Albrecht Dürer ist besonders für seine _____ bekannt.

11. Beim Oktoberfest kann man alljährlich den _____ bewundern.

12. Um mit den anderen _____ zu kommunizieren, benutzte man früher das Alphorn.

13. Bei festlichen Anlässen trägt man in Süddeutschland eine _____.

14. Mit den Alphörnern lockte man die Kühe auf die _____.

15. Luthers 95 Thesen verstand man anfangs als rebellisch, aber _____ hat sich die Reformation durchgesetzt.

16. Durch den Untergang der Hanse _____ sich der Handel in Europa.

IV. Wie steht das im Text?

1. Die Zahl der Alphornbläser auf der Welt nimmt ständig zu.

2. Im Zeitalter der Romantik erinnerte man sich an seine Wurzeln und an das Alphorn.

3. Die Hirten konnten die Menschen in den Tälern und andere Sennen in den Bergen mit den Alphörnern kontaktieren.

4. Kühe verstanden die Melodien und folgten den Kuhhirten auf die Weiden.

5. Alphornmelodien hatten einen beruhigenden Effekt auf die Kühe.

6. In verschiedenen Kantonen wurde das Alphorn auch in religiösen Kreisen eingesetzt.

7. Auf der Alp, fern vom Tal, war es üblich, dass man den Käse produzierte.

8. Im 19. Jahrhundert war das Alphorn im Großen und Ganzen verstummt. Man hörte es nur noch selten.

9. Ein Amtmann aus Bern erkannte das Alphorn als ein geschichtliches Symbol der Schweiz und machte es talentierten Spielern möglich, diese Musik zu verbreiten.

10. Das Alphorn ist heute vollständig in das kulturelle Leben der Schweiz integriert.

V. Aufgabe und Diskussion.

1. Suchen Sie den Ursprung des Alphorns in der Geschichte der Schweiz und berichten Sie, wie man das Alphorn damals benutzt hat.

2. Wie konnte sich das Alphorn zu einem Nationalsymbol entwickeln?

3. Suchen Sie nach Beispielen, wie man den Auftrieb und Abtrieb der Kühe künstlerisch darstellte.

4. Besuchen Sie die reformierten und katholischen Kantone. Was können Sie hier über das Alphorn herausfinden?

5. Suchen Sie nach weiteren Informationen über den Berner Schultheiß Niklaus von Mülinen und über Grindelwald.

6. Welche Informationen bietet das Internet über das Eidgenössische Jodlerfest, die Umzüge der Schweizerischen Trachtenvereinigung und das jährliche internationale Alphornfestival in Nendaz?

VI. Schriftliches.

Nach Ihrem Vortrag schreiben Sie ein kleines Essay über Ihre Präsentation. Achten Sie dabei auf genaue grammatische Formulierungen.

VII. Partnerarbeit.

Das Alphorn war früher ein Instrument der Hirten. Die Hauptfunktion des Alphorns war also die Kommunikation mit den Sennen der benachbarten Alpen. Heute ist es ein Nationalsymbol der Schweiz. Machen Sie also mit Ihrem Partner ein Interview über die Geschichte und die kulturellen Bräuche des Alphorns. Benutzen Sie die angegebenen Vokabeln und stellen Sie jeweils (*each*) fünf Fragen auf, die Ihr Partner dann beantwortet. Nach dem Interview berichtet jeder von Ihnen, was Sie von Ihrem Partner erfahren haben.

Mit dem Glacier Express
quer durch die Schweiz

anspruchsvoll	*challenging*	schroff	*rugged*
Durchgangsverkehr, der	*through traffic*	Sicht, die	*view*
Felswand, die	*rock face*	Talkessel, der	*valley basin*
gepflastert	*cobbled*	überdurchschnittlich	*above average*
Gipfelwelt, die	*panorama of alpine*	umfassen	*to encompass*
	mountain peaks	Umgebung, die	*surroundings*
grenzenlos	*endless, without*	umrahmt	*framed*
	border	urig	*quaint*
Heilquelle, die	*spa*	ursprünglich	*originally*
Kurort, der	*health resort*	verdanken	*to owe*
Kutschenfahrt, die	*horse-drawn car-*	Vielfalt, die	*variety*
	riage ride	vielseitig	*wide-ranging*
Luftseilbahn, die	*cable car*	weitläufig	*extensive*
Saumweg, der	*mule trader's trail*	zur Verfügung stehen	*to be available*
Schlucht, die	*gorge*		

Der „langsamste Schnellzug der Welt" offeriert mit seinen verglasten Panoramawagen eine grenzenlose Vielfalt: die beeindruckenden Landschaften und die meisterhafte Bahnbaukunst. Auf seiner Reise von St. Moritz nach Zermatt, in weniger als 8 Stunden, durchquert der rotweiße Erlebniszug die Alpenkette, fährt durch 91 Tunnel und balanciert über 291 Brücken. Durch seine dachhohen Panoramafenster offenbart der Glacier Express freie Sicht auf die bis zu 400 m tiefe Rheinschlucht, den 2.033 m hohen

Oberalppass und natürlich das Matterhorn. Das Ganze umrahmt von schroffen Felswänden, eiskalten Bergseen und urigen Dörfern.

    St. Moritz war Geburtsort der alpinen Winterferien (1864) und Schauplatz von zwei Olympischen Winterspielen. St. Moritz verdankt seine Bedeutung ursprünglich seinen Heilquellen, die seit 3.000 Jahren bekannt sind und den Ort schon früh als Sommer-Kurort

etabliert haben. Im Oberengadin auf 1.856 m gelegen, scheint in St. Moritz die Sonne an überdurchschnittlich vielen Tagen. Neben dem traditionellen Wandern und Mountainbiking können sich Urlauber im Segeln, Rudern und Windsurfen auf dem Silsersee üben. Die Kunsteisbahn Ludains ist den Sommer über für Eisläufer geöffnet. Golfer finden in der näheren Umgebung mit insgesamt 4 Plätzen ein Golfparadies in den Alpen. Eine romantische Kutschenfahrt rund um den See, durch den Stazerwald oder durch das glanzvolle St. Moritz gehört zu den Höhepunkten eines Aufenthaltes in St. Moritz. Mit der Luftseilbahn fährt man ganz bequem nach oben auf den Corvatsch (3.303 m), den höchsten Berg des Skigebietes Oberengadin.

Der traditionsreiche Bündner Ferienort Arosa liegt am Ende des romantischen Tals des Schanfigg auf rund 1.800 m. Die imposante Gipfelwelt bietet ein weitläufiges Wandergebiet im Sommer und vielseitige Wintersportmöglichkeiten. Auf Mountainbiker warten 50 km Trails. Für Skifahrer und Snowboarder stehen 70 km präparierte Pisten zur Verfügung. Da Arosa in einem offenen Talkessel liegt, ist es dort sehr sonnig, und es gibt kaum starke Winde. Die Luft ist sehr sauber, denn der Durchgangsverkehr fehlt. Arosa erreicht man mit der Rhätischen Bahn ab Chur oder mit dem Auto über 365 Serpentinen und durch viele Tunnels.

Die Lage Zermatts am Fuße des Matterhorns und inmitten einer riesigen Wander- und Skiregion macht es zu einem der attraktivsten Feriendörfer überhaupt. Der auto-

freie Ferienort hat seinen ursprünglichen Charakter erhalten und bietet fast unbegrenzte Ausflugsmöglichkeiten. Das Skigebiet umfasst 63 Bergbahnen und 360 Pistenkilometer. Das Gebiet „Matterhorn glacier paradise" ist das größte und höchstgelegene Sommerskigebiet Europas. Zahlreiche Skinationalmannschaften trainieren hier im Sommer. Auf der Aussichtsplattform „Matterhorn glacier paradise" (3.883 m) erlebt man den ewigen Schnee. Legendär ist die Region für Bergsteiger: In Zermatt endet die *Haute Route*, eine internationale, mehrtägige und anspruchsvolle Route vom Mont Blanc hierhin. Über 400 km Wanderwege führen durch das Mattertal und aus ihm hinaus, wie die aus dem 13. Jahrhundert stammenden und teilweise gepflasterten Saumwege.

I. Fragen zum Verständnis.

1. Was macht die Attraktivität von Zermatt aus?

2. Warum verbringen Skibegeisterte ihren Urlaub in Zermatt?

3. Warum ist Zermatt bei Bergsteigern so beliebt?

4. Warum ist Arosa ein vielseitiger Ferienort?

5. Warum fühlen sich die Touristen so wohl am Ort?

6. Wofür ist St. Moritz primär bekannt?

7. Welche Sportmöglichkeiten bieten sich hier?

8. Was macht die Zugfahrt mit dem Glacier Express zu einem einzigartigen Erlebnis?

II. Richtig oder falsch? Wenn falsch, korrigieren Sie die falsche Aussage.

1. ___ In der Gegend um Zermatt gibt es Wanderwege, die aus dem Mittelalter stammen.

2. ___ Im Ferienort Arosa wehen starke Winde durch den offenen Talkessel.

3. ___ Viele Urlauber verbringen ihren Urlaub in St. Moritz, weil es dort ungewöhnlich viel Sonne gibt.

4.   ___ In Zermatt gibt es einen Durchgangsverkehr.

5.   ___ Die Gipfelwelt von Arosa ist das Urlaubsziel vieler Ski-Fans.

6.   ___ Die bekannte Bergsteigerroute „*Haute Route*" beginnt am Mont Blanc.

7.   ___ Im Oberengadin fanden auch schon Olympische Spiele statt.

III. Setzen Sie das richtige Wort ein.

anspruchsvoll, Durchgangsverkehr, überdurchschnittlich, Talkessel, Verfügung, vielseitige, weitläufigen, Gipfelwelt, Luftseilbahn, Kutschenfahrt, Kurort, Heilquelle, ursprünglich, Vielfalt, Sicht, umrahmt, schroffen, Schlucht, grenzenlos, verdanken, urig, Felswand, Umgebung

1.   Im österreichischen Gletscherskigebiet Hintertux gibt es keinen _____, denn hier ist die Welt zu Ende.

2.   Beim Klettern in den Alpen kann es vorkommen, dass man eine steile _____ überwinden muss.

3.   Alpine Dörfer, die wenig Kontakt mit der Außenwelt haben, sind zum Teil sehr _____.

4.   Die Oberammergauer Passionsspiele _____ ihre Existenz einem Versprechen.

5.   Die Europäische Union hat Europa _____ gemacht, d.h. man kann jetzt ohne Reisepass von einem Land ins andere reisen.

6.   Eine _____ ist ein sehr enges Tal und beide Seiten sind von _____ Felswänden _____.

7.   Vom Münchener Olympiaturm hat man bei klarer _____ einen wunderbaren Blick auf die Alpen.

8.   Das Rheinland bietet eine _____ an Burgen und Weinbaugebieten.

9.   Der Limes verlief _____ zwischen Germanien und dem Römischen Reich.

10. Kranke Leute fahren gern zur Erholung in einen _____, wo man häufig mehrmals am Tag von einer _____ Mineralwasser trinken muss.

11. St. Moritz ist bekannt dafür, dass dort an _____ vielen Tagen im Jahr die Sonne scheint.

12. Die _____ vom Schloss Neuschwanstein lädt zu Besichtigungen von Ludwigs Schlössern ein.

13. Im Winter ist es in den Alpen ein besonderes Erlebnis, eine _____ durch die verschneite Landschaft zu machen.

14. Die Zugspitze kann man am schnellsten mit der _____ erreichen.

15. Der mit 3.883 m höchste mit einer Luftseilbahn erreichbare Aussichtspunkt Europas bietet einen faszinierenden Panoramablick auf die _____ der Schweizer, Italienischen und Französischen Alpen.

16. Vom Gipfel eines Berges hat man einen _____ Blick über die Berge.

17. Die Skigebiete in Süddeutschland, Österreich oder der Schweiz bieten _____ Wintersportmöglichkeiten.

18. Viele Wanderwege stehen den Wanderern zur _____.

19. Stuttgart und Würzburg liegen in einem _____, d.h. sie sind von Hügeln umgeben.

20. Einige Wanderwege in den Alpen sind ziemlich steil und deshalb sehr _____.

IV. Wie steht das im Text?

1. Es gibt mittelalterliche Pfade, auf denen man mehrere Tage durch das Gebirge wandern kann.

2. Das Matterhorn ist so hoch, dass man hier auch im Sommer Ski laufen kann.

3. Zermatt ist bei den Touristen so beliebt, weil es in diesem Ort keine Autos gibt.

4. Das Landschaftsbild ändert sich permanent, wenn man mit dem Panorama-zug durch die Schweiz fährt.

5. St. Moritz ist bekannt für seine vielseitigen Sportmöglichkeiten.

6. Viele Ärzte schicken ihre Patienten nach St. Moritz, um sich in der Höhe auszukurieren.

7. Es gibt zwei Möglichkeiten, um von Chur nach Arosa zu kommen.

8. Die imposante Bergwelt von Arosa bietet auch im Sommer Skinationalmann-
    schaften ein Trainingsgebiet.

9. In Arosa kann man sich gut erholen, denn es gibt viel Sonne, und die Luft ist
    sehr sauber, denn in Arosa ist die Straße zu Ende.

V. Aufgabe und Diskussion.

1. Informieren Sie sich im Internet über den Glacier Express. Stellen Sie eine
    PowerPoint-Präsentation über die Fahrt von St. Moritz nach Zermatt zusam-
    men. Berichten Sie über die Landschaft und die Regionen.

2. Berichten Sie mit einer PowerPoint-Präsentation über St. Moritz und die
    Umgebung. Stellen Sie den Urlaubsort vor, und machen Sie die Gegend so
    schmackhaft, dass man unbedingt St. Moritz besuchen will.

3. Von Chur nach Arosa, mit der Bahn oder mit dem Auto. Wie lernt man diese
    Gegend am besten kennen? Wie ist die Gegend im Sommer und im Winter?
    Stellen Sie eine PowerPoint-Präsentation zusammen.

4. Was bietet der autofreie Ferienort Zermatt? Was für Ausflugsmöglichkeiten
    gibt es hier? Besuchen Sie die Wanderwege und besonders den Bergsteigerpfad
    vom Mont Blanc nach Zermatt. Stellen Sie eine PowerPoint-Präsentation
    zusammen.

VI. Schriftliches.

Nach Ihrem Vortrag schreiben Sie ein kleines Essay über Ihre Präsentation. Achten Sie
dabei auf genaue grammatische Formulierungen.

VII. Partnerarbeit.

Auf seiner Reise von St. Moritz nach Zermatt, in weniger als 8 Stunden, durchquert der
rotweiße Erlebniszug die Alpenkette, fährt durch 91 Tunnel und balanciert über 291
Brücken. St. Moritz, Zermatt, das Matterhorn und Arosa sind Orte, wo man sich auf
verschiedene Art entspannen kann. Unterbrechen Sie diese Reise an den verschiedenen Stationen und machen Sie ein Interview, in dem jeder dem anderen fünf Fragen
stellt, die der Partner dann beantwortet. Sie können das Textvokabular benutzen. Nach
dem Interview berichtet jeder von Ihnen, was Sie von Ihrem Partner erfahren haben.

35

UNESCO-Weltkulturerbe in St. Johann

Apsis, die	*apse*	gestalten	*to arrange*
bildende Kunst, die	*visual arts*	heben	*to raise*
einstig	*former*	vermitteln	*to convey*
erkoren	*chosen, elected*	versterben	*to pass away*
erlauben	*to permit*	Winkel, der	*corner, square*
Gebet, das	*prayer*	Zeugnis, das	*testimonial*

Das international bekannte Kloster St. Johann in Müstair zählt zu den UNESCO-Weltkulturgütern. Es ist wie das Kloster Corvey in Westfalen eines der seltenen baulichen Zeugnisse der karolingischen Zeit. In der Klosterkirche, die aus dem 8. Jahrhundert stammt, kann man den weltweit umfangreichsten und besterhaltenen frühmittelalterlichen Bilderzyklus mit eindrucksvollen Fresken anschauen. Das Klostermuseum Plantaturm vermittelt auch einen Blick in das Kloster. Der älteste Burgturm des Alpenraums aus dem Jahre 960 ist durch Restaurierung auch wieder zugänglich geworden, und die Nonnen erlauben die Besichtigung des mittelalterlichen Plantaturms. Die Ausstellung im Museum präsentiert die 1.200-jährige Bau- und Wohnkultur. Die Müstairer Klosterkirche St. Johann aus dem Jahre 775 mit dem um 800 entstandenen, weltweit größten Freskenzyklus des frühen Mittelalters ist ein Juwel der bildenden Kunst der Karolingerzeit. Bis in den letzten Winkel war die Kirche ausgemalt. Die Apsiden wurden um 1200 übermalt. Müstair verdankt Karl dem Großen

seine Existenz und Besonderheit. Die karolingische Kirche mit ihren einzigartigen Wandmalereien hebt das verträumte Alpenkloster in den Rang eines Weltkulturgutes. Im Klostermuseum findet man kostbare Zeugen einstiger Kulturblüte.

Im Kloster gibt es auch ein Gästehaus für Besucher. Den Aufenthalt im Kloster gestaltet man selber. Man darf aber auch am kirchlichen Gebet und der Eucharistiefeier teilnehmen. Die Mahlzeiten werden mit den Gästen des Klosters im Speisesaal eingenommen. Die Hauskapelle steht für Stille und Meditation zur Verfügung. Da der Gründer des Klosters vor 1.200 Jahren verstarb, wurde das Jahr 2014 zum Karlsjahr erkoren und der frühere Herrscher wird anhand verschiedener Musik- und Theateraufführungen geehrt.

Mit 800 Einwohnern ist Müstair der größte Ort im Tal und international bekannt. Das berühmte Kloster St. Johann ist seit 1983 ein Weltkulturgut. Es stellt eine herausragende Sehenswürdigkeit dar und zieht jährlich mehr als 100.000 Besucher an.

I. Fragen zum Verständnis.

1. Warum war das Jahr 2014 im kulturellen Programm des Klosters so wichtig?

2. Warum wurde das Kloster in das UNESCO-Weltkulturerbe aufgenommen?

3. Warum ist Müstair ein international bekannter Ort?

4. Was steht Klostergästen zur Verfügung?

5. Was macht dieses Kloster so einzigartig?

II. Richtig oder falsch? Wenn falsch, korrigieren Sie die falsche Aussage.

1. ___ Das Kloster St. Johann ist wegen seiner Fresken aus dem 12. Jahrhundert so bekannt.

2. ___ Die Bausubstanz der Kirche stammt aus der Zeit Karls des Großen.

3. ___ Der Ort Müstair ist international bekannt und wurde deshalb auch Weltkulturerbe.

4. ___ Die Klostergäste müssen sich dem täglichen Rhythmus anpassen.

5. ___ Im Klostermuseum kann man die Wandmalereien bewundern.

6. ___ Der Burgturm ist der älteste Turm des Mittelalters.

III. Setzen Sie das richtige Wort oder den richtigen Ausdruck ein.

einstigen, bildender Kunst, vermitteln, Zeugnis, verstarb, erlaubt, gestaltet, Gebet, erkor

1. Die Stadt Aachen _____ das Jahr 2014 als Karlsjahr. Hier wurde Karl der Große im Jahre 800 gekrönt und auch hier _____ er im Jahre 814.

2. Die wunderbare Stille in Kirchen und kleineren Kapellen führt meist zu Meditation oder zu einem _____.

3. Nach der Schiffsreise von Passau nach Linz _____ man den restlichen Tagesablauf selbst.

4. Von der _____ Größe des Heiligen Römischen Reiches Deutscher Nation blieb nach 1806 nicht viel übrig.

5. In einigen Museen ist das Fotografieren nicht _____.

6. Die Besichtigung der Würzburger Residenz und der Anblick des Deckengemäldes von Tiepolo _____ dem Besucher ein _____ einer unvorstellbaren Blütezeit.

7. Auf der Museumsinsel in Berlin kann man viele Beispiele _____ betrachten.

IV. Wie steht das im Text?

1. Im Jahr 2014 erinnerte man sich an den Gründervater Karl den Großen, dem man viele verschiedene kulturelle Programme widmete.

2. Das Kloster St. Johann trug durch die UNESCO-Aufnahme viel zur Region bei.

3. Gäste im Kloster haben die Möglichkeit, am Leben der Klosterfrauen teilzunehmen.

4. In der Klosterkirche erblickt man frühe Beispiele bildender Kunst.

5. In der Klosterkirche fühlt man sich architektonisch in die Zeit Karls des Großen zurückversetzt.

V. Aufgabe und Diskussion.

1. Besuchen Sie den Ort Müstair in der Schweiz. In welcher Region liegt er, und was kann man hier alles unternehmen?

2. Machen Sie eine Reise in die karolingische Zeit Karls des Großen und berichten Sie von den Wandmalereien, die im Kloster St. Johann zu finden sind.

3. Machen Sie einen Besuch im Kloster St. Johann. Besichtigen Sie das Kloster aus der Perspektive des Klostergastes.

VI. Schriftliches.

Nach Ihrem Vortrag schreiben Sie ein kleines Essay über Ihre Präsentation. Achten Sie dabei auf genaue grammatische Formulierungen.

VII. Partnerarbeit.

Statten Sie dem Kloster St. Johann in Müstair einen Besuch ab. Planen Sie einen längeren Klosteraufenthalt, bei dem Sie das Klostermuseum, die Klosterkirche, den Burgturm und den Freskenzyklus besichtigen. Die Ortschaft Müstair offeriert dem Besucher ihre eigenen Reize. Machen Sie ein Interview, in dem jeder dem anderen fünf Fragen stellt, die der Partner dann beantwortet. Sie können das Textvokabular benutzen. Nach dem Interview berichtet jeder von Ihnen, was Sie von Ihrem Partner erfahren haben.

LIECHTENSTEIN

36

Liechtenstein: Das Land und seine Geschichte

amtierend	*acting*	Herrschaftswechsel, der	*change of lordship*
Anliegen, das	*demand*	herrschen	*to rule*
aufnehmen	*to admit, to*	Herzogtum, das	*duchy*
	accommodate	Industriebetrieb, der	*industrial company*
Aufschwung, der	*recovery*	Jungsteinzeit, die	*Neolithic Age*
Auswanderungswelle, die	*wave of emigration*	konkurrenzfähig	*competitive*
auswirken	*to affect*	konstitutionelle	*constitution*
beitreten	*to join*	Verfassung, die	
besiedelt	*settled*	kurzfristig	*short-term*
bestätigen	*to confirm*	Landesfürst, der	*Prince Regnant*
bestehen aus	*to consist of*	lindern	*to ease*
Beziehung, die	*tie*	Notstandsarbeiten, die	*public relief*
Deutscher Bund	*German*		*works*
	Confederation	pflegen	*to maintain*
Einführung, die	*adoption*	Reichsfürstentum, das	*Imperial*
einschneidend	*far-reaching*		*Principality*
entstehen	*to emerge*	Rheinbund, der	*Confederation of*
erobern	*to conquer*		*the Rhine*
errichten	*to establish*	sich wandeln	*to transform*
fordern	*to demand*	Vollmitglied, das	*full member*
Freihandelsassoziation,	*free trade*	Wirtschaftsauf-	*economic recovery*
die	*association*	schwung, der	
Fürst, der	*prince*	Zeitrechnung, die	*calendar*
Gewerbe, das	*craft*	Zerfall, der	*disintegration*
Grafschaft, die	*earldom*	Zollvertrag, der	*customs treaty*
Gründungsmitglied, das	*founding member*	zu diesem Zweck	*for this purpose*
Herrschaftsgebiet, das	*territorial dominion*	Zuwanderung, die	*immigration*

In der ersten Hälfte des ersten Jahrtausends unserer Zeitrechnung gehörte Liechtenstein zum Römischen Reich. Archäologische Funde haben gezeigt, dass das heutige Gebiet Liechtensteins seit der Jungsteinzeit (5. Jahrtausend vor unserer Zeitrechnung) besiedelt ist.

Im Jahr 15 vor unserer Zeitrechnung eroberten die Römer unter Augustus das Gebiet der Räter und gründeten die römische Provinz Rätien. Mit dem Zerfall des römischen Weltreiches begann die Zuwanderung der Alemannen, und schließlich

wurde Rätien im 8. Jahrhundert ins Fränkische Reich und im 10. Jahrhundert ins Alemannische Herzogtum eingebunden.

Am 3. Mai 1342 wurde das damalige Herrschaftsgebiet, das ursprünglich den Grafen von Bregenz gehörte, in die Grafschaften Vaduz und Schellenberg aufgeteilt. Kriege und Plünderungen dominierten in den nachfolgenden Jahrzehnten und Jahrhunderten, wie zum Beispiel im Schwabenkrieg (1499–1500). Nach mehreren Herrschaftswechseln (Grafengeschlechter Werdenberg, Sulz, Brandis, Hohenems) wurden Schellenberg 1699 und Vaduz 1712 von Fürst Johann Adam gekauft. Am 23. Januar 1719 fasste Kaiser Karl VI. die Grafschaft Vaduz und die Herrschaft Schellenberg zu einem Reichsfürstentum zusammen, und von nun an hieß das Gebiet Liechtenstein. Das Land erhielt 1806 seine Souveränität. Da das neue Land nur aus kleinen Bauerndörfern bestand, wurde die Administration vorerst in der nächstgelegenen Stadt Feldkirch in-

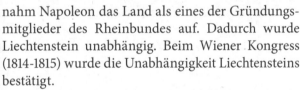
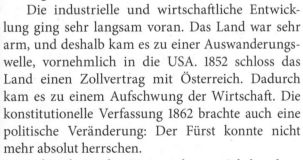

stalliert, wo der Fürst zu diesem Zweck das Palais Liechtenstein errichten ließ. 1806 nahm Napoleon das Land als eines der Gründungsmitglieder des Rheinbundes auf. Dadurch wurde Liechtenstein unabhängig. Beim Wiener Kongress (1814-1815) wurde die Unabhängigkeit Liechtensteins bestätigt.

Die industrielle und wirtschaftliche Entwicklung ging sehr langsam voran. Das Land war sehr arm, und deshalb kam es zu einer Auswanderungswelle, vornehmlich in die USA. 1852 schloss das Land einen Zollvertrag mit Österreich. Dadurch kam es zu einem Aufschwung der Wirtschaft. Die konstitutionelle Verfassung 1862 brachte auch eine politische Veränderung: Der Fürst konnte nicht mehr absolut herrschen.

Politisch ist der Beginn des 20. Jahrhunderts einschneidend. Der Jurist Wilhelm Beck, der in der Schweiz studiert hatte, forderte vom Fürsten mehr Rechte für das Volk. Sein Anliegen fand besonders bei der Arbeiterschaft viele Anhänger und führte zur

neuen Verfassung von 1921. Wirt-
schaftlich sollten sich der Zollvertrag mit der Schweiz (1923)
und die Einführung des Schweizer Frankens positiv auswirken.

Franz Josef II. Regierender Fürst von und zu Liechtenstein

Während des Zweiten Welt-
kriegs war das Land sehr arm.
Es gab fast keine Arbeit. Durch
sogenannte Notstandsarbeiten,
etwa dem Kanalbau, wurde versucht, die Armut zu lindern. 1938
nahm Fürst Franz Josef II. als erster Landesfürst seinen Wohnsitz
auf Schloss Vaduz. Seither residiert der amtierende Fürst im
Fürstentum Liechtenstein.

Bereits während des Zweiten Weltkriegs entstanden die ersten neuen Industriebe-
triebe. In der Nachkriegszeit begann der kontinuierliche Wirtschaftsaufschwung. Innerhalb weniger Jahrzehnte wandelte sich Liechtenstein von einem armen Agrarstaat
zu einem modernen Staat mit diversifizierter Wirtschaft. Die hochspezialisierten In-
dustriebetriebe sind weltweit konkurrenzfähig, das Gewerbe hat in der Region eine
starke Position.

1990 wurde Liechtenstein in die Vereinten Nationen (UNO) aufgenommen. 1991
trat Liechtenstein der Europäischen Freihandelsassoziation (EFTA) als Vollmitglied
bei und seit 1995 ist Liechtenstein Mitglied des Europäischen Wirtschaftsraums (EWR)
sowie der Welthandelsorganisation (WTO). Daneben werden vor allem die guten Be-
ziehungen zu den Nachbarländern die Schweiz und Österreich gepflegt.

I. Fragen zum Verständnis.

1. Wie konnte die Wirtschaft sich nach 1945 erholen?

2. Wo und warum wurde das Palais Liechtenstein errichtet?

3. Wie erhielt Liechtenstein seine Unabhängigkeit?

4. Was war das Anliegen des Juristen Wilhelm Beck?

5. Wann begann die Besiedlung des Gebietes, das heute als Liechtenstein
    bekannt ist?

6. Wann erscheint der Name Liechtenstein zum ersten Mal?

7. Was änderte sich nach 1862?

8. Was änderte sich mit dem Zerfall des Römischen Reiches?

II. Richtig oder falsch? Wenn falsch, korrigieren Sie die falsche Aussage.

1. ___ Liechtenstein erhielt seine Unabhängigkeit im Schwabenkrieg.

2. ___ Kaiser Karl VI. gab dem Gebiet den heutigen Namen Liechtenstein.

3. ___ Die Römer errichteten im Jahr 15 unserer Zeitrechnung die römische Provinz Rätien.

4. ___ Das heutige Gebiet Liechtenstein ist schon seit der Jungsteinzeit besiedelt.

5. ___ Der Zollvertrag mit Österreich bedeutete, dass der Fürst nicht mehr absolut regieren konnte.

6. ___ Die Industrie in Liechtenstein ist heute international anerkannt (*recognized*).

7. ___ Der Schweizer Wilhelm Beck forderte vom Fürsten mehr Rechte für das Volk.

8. ___ Der Landesfürst residiert seit 1938 auf dem Schloss in Vaduz.

III. Setzen Sie das richtige Wort oder den richtigen Ausdruck ein.

besiedelt, bestätigen, ausgewirkt, Fürsten, kurzfristig, Gebiet, unabhängig, konkurrenzfähig, erobern, bestehen aus, Zeitrechnung, Auswanderungs-welle, Zollvertrag, Aufschwung, aufnehmen, amtierende

1. Der _____ Schweizer Meister in der Kategorie „Classic Fancy Drinks" führt Sie in die Welt der Cocktails ein.

2. Das Ferienhaus La Bessonnaz liegt in Lignerolle (Kanton Waadt, Schweiz) im Jura. Es kann bis zu 100 Personen _____.

3. Ohne Zweifel, die Swatch hat den Schweizer Uhrenmarkt gerettet und der Schweizer Uhrenindustrie zu neuem _____ verholfen.

4. Das 19. Jahrhundert war eine schwierige Zeit für viele Menschen in der Schweiz. Armut, Hunger und schlechte Arbeitsaussichten (*job prospects*) führten zu einer _____, u.a. nach Nord- und Südamerika.

5. Die Einführung des Euro hat sich positiv auf die Wirtschaft der EU _____.

6. Schon in der Altsteinzeit (bis etwa 8000 vor unserer Zeitrechnung) war das Gebiet des heutigen Österreichs, das Donautal und die Täler der Alpen _____.

7. Lassen Sie sich den Aufenthalt im Liechtenstein Center oder in einem der Tourist Offices _____.

8. Die „Kulturwege Neckertal" _____ sieben örtlichen Rundwegen (*circular routes*), die den Besuchern die lokale Kultur und deren Sehenswürdigkeiten näher bringen.

9. Das „Captain Kids' Land" ist speziell für Kinder von zwei bis sieben Jahren, die hier Piratenschiffe _____ und mit Wasserkanonen schießen.

10. Besuchen darf man den _____ von Liechtenstein in seinem Schloss hoch über Vaduz nicht.

11. La Pierreuse ist das größte Naturschutz-_____ der Westschweiz.

12. Mit seinen ausgezeichneten Choreografien gelang es, das Schweizer Ballett international _____ zu machen.

13. Die meisten unserer Hotels akzeptieren sehr _____ kostenfreie Annullationen.

14. Erkunden Sie _____ mit dem weltweit ersten bebilderten Stadt-Spaziergang auf einem iPod die Altstadt von Bern.

15. Um den Beginn unserer _____ eroberten die Römer den größten Teil des Landes, errichteten Städte und Straßen.

16. Der _____ mit der Schweiz regelt (*regulates*) die Verwendung (*usage*) des stabilen Schweizer Frankens als Währung (*currency*) und die Zollunion mit dem Nachbarland.

IV. Wie steht das im Text?

1. Die ehemalige römische Provinz wurde in das Herrschaftsgebiet der Alemannen integriert.

2. In drei Jahrhunderten veränderte sich die Struktur des Landes, bis es schließlich zu einem Gebiet vereinigt wurde.

3. In dem Gebiet, das uns heute als Liechtenstein bekannt ist, lebten schon vor über 7.000 Jahren Siedler.

4. Das 19. Jahrhundert war für Liechtenstein ein Meilenstein, denn es wurde offiziell als selbstständiges Land anerkannt.

5. Heute kann sich das Land Liechtenstein auch international behaupten (*compete*).

6. Das Ende des Absolutismus bedeutete auch eine Verbesserung der Wirtschaft und des Außenhandels (*foreign trade*).

V. Aufgabe und Diskussion.

1. Machen Sie eine Zeitreise in die Zeit der Römer, als sie unter Augustus 15 vor unserer Zeitrechnung das Gebiet der Räter eroberten und eine römische Provinz gründeten. Informieren Sie sich im Internet über die Größe des Gebietes, die Hauptstädte und die Grenzen des Landes. Suchen Sie auch Informationen über das Fränkische Reich im 8. Jahrhundert und das Alemannische Herzogtum im 10. Jahrhundert. Präsentieren Sie alles via PowerPoint.

2. Stellen Sie die Hauptstadt Vaduz vor. Wie präsentieren sich die Stadt und das Land dem Besucher?

3. Informieren Sie sich über den Rheinbund. Was wollte Napoleon damit erreichen? Wie lange gab es ihn? Zeigen Sie die Mitglieder auf einer Karte.

4. Was war die historische Bedeutung des Wiener Kongresses (1814–1815)? Wer nahm daran teil? Was wurde hier verhandelt (*negotiated*)?

5. Berichten Sie generell über das Land Liechtenstein. Wie sieht das Land geo-
    grafisch aus, welche Gebirgsketten gibt es hier, welche Flüsse fließen durch
    das Land, wie ist das Klima, was können Sie über Fürsten von Liechtenstein
    erfahren?

VI. Schriftliches.

Nach Ihrem Vortrag schreiben Sie ein kleines Essay über Ihre Präsentation. Achten Sie
dabei auf genaue grammatische Formulierungen.

VII. Partnerarbeit.

Die Anfänge des Landes Liechtenstein reichen weit in die Geschichte zurück. Die
ersten konkreten Daten sind durch die Eroberungen der Römer überliefert. Im frühen
und späten Mittelalter wurde das ehemalige Gebiet der Räter Teil des Alemannischen
Reiches. Im Laufe der Jahrhunderte wird es in den Quellen immer wieder erwähnt, bis
Kaiser Karl VI. die zwei existierenden Grafschaften als Liechtenstein zusammenfasste.
Entwickeln Sie also mit Ihrem Partner ein Interview über die Geschichte Liechtensteins. Benutzen Sie die angegebenen Vokabeln und stellen Sie jeweils (*each*) fünf Fra-
gen auf, die Ihr Partner dann beantwortet. Nach dem Interview berichtet jeder von
Ihnen, was Sie von Ihrem Partner erfahren haben.

37

Himmlischer Urlaub im Herzen Europas

abwechslungsreich	*richly varied*	höher: das Herz höher	*to make the heart*
amten (amtieren)	*to be in office*	schlagen lassen	*skip a beat*
Amtssprache, die	*official language*	Köstlichkeit, die	*delicacy*
anspruchsvoll	*challenging*	Langlauf, der	*cross-country skiing*
ansteigen	*to rise*	Loipe, die	*cross-country ski*
auf die Kosten kommen	*to get one's money's*		*trail*
	worth	nicht umsonst	*not for nothing*
Ausflug, der	*excursion*	Rebensaft, der	*wine, juice of the*
auszeichnen	*to be a feature of*		*grape*
Bandbreite, die	*range, spectrum*	renommiert	*prestigious,*
begünstigt	*advantaged*		*renowned*
Dichte, die	*density*	Schwierigkeitsgrad, der	*level of difficulty*
erschließen	*to open up*	sich lohnen	*to be worthwhile*
felsig	*rocky*	sich widmen	*to attend to*
Flaniermeile, die	*strolling promenade*	Staatsgewalt, die	*state authority*
gelten als	*to be considered as*	Staatoberhaupt, das	*head of state*
Gemeinde, die	*township*	überschaubar	*manageable*
genussreich	*enjoyable*	überziehen	*to cover, blanket*
Gericht, das	*dish*	Unternehmen, das	*business*
Geschmack, der	*taste, liking*	Verfassung, die	*constitution*
geschützt	*sheltered, shielded*	Vielfalt, die	*variety*
Gütesiegel, das	*seal of quality*	Vielseitigkeit, die	*versatility*
hoch im Kurs stehen	*to be popular*	Winzer, der	*wine grower,*
			vintner

Liechtenstein liegt zwischen der Schweiz und Österreich. Weltweit ist das Fürstentum mit seinen 160 km² der sechstkleinste Staat und hat eine Einwohnerzahl von rund 37.000 Menschen. Etwa zwei Drittel davon sind Liechtensteiner, die restlichen Bewohner stammen aus ca. 90 weiteren Nationen. Die Amtssprache in Liechtenstein ist Deutsch. Gesprochen wird jedoch ein alemannischer Dialekt. Der Fürst amtet als Staatsoberhaupt. Aufgrund der Verfassung von 1921 wird die Staatsgewalt von dem Fürsten und dem Volk zusammen getragen. Liechtenstein ist ein stabiler, breit diversifizierter Wirtschaftsstandort mit über 4.000 Unternehmen und fast gleich vielen Arbeitsplätzen wie Einwohnern. Die intakte Natur im Berg- und Talgebiet, kulturelle

Highlights, Kulinarik, Sport und Erholung zeichnen das Fürstentum aus. Vom milden Rheintal steigt das Gelände bis in die felsigen Hochgebirgsregionen auf 2.599 m an. Unter Reisenden gilt der Alpenstaat bisher noch als Geheimtipp.

Liechtenstein bietet dem Besucher eine erstaunliche Vielseitigkeit auf kleinem Raum. Sogar das renommierte *National Geographic Traveler Magazine* hat Liechtenstein entdeckt und auf die Liste der Reiseziele gesetzt, welche man besuchen sollte. Outdoor-Begeisterte kommen in Liechtenstein voll auf ihre Kosten. Ein abwechslungsreiches Netz von über 400 km gut markierter Wanderwege überzieht das Tal- und das Berggebiet. Man hat die Wahl von genussreichen Spazierwegen bis zu anspruchsvollen, mehrtägigen Gebirgs-Touren. Gut signalisierte Mountainbike-Routen in verschiedenen Schwierigkeitsgraden und rund 100 km Radwanderwege laden ein, das Land und seine Sehenswürdigkeiten auf Rädern kennen zu lernen.

Die weiße Pracht im schneesicheren Wintersportgebiet Malbun lässt die Herzen von Wintersportlern höher schlagen. Die modernen, komfortablen Lifte und das Kinderland „malbi-park" befinden sich in einem geschützten Talkessel auf 1.600 m über dem Meer. Das sichere und mit 23 Pistenkilometern überschaubare Skigebiet ist wie geschaffen für Familien mit Kindern. Das Bergdorf wurde nicht umsonst mit dem Gütesiegel „Familien willkommen" ausgezeichnet. Unweit von Malbun entfernt befindet sich das idyllische Langlaufparadies Steg-Valüna. 15 km Loipen für Skater und klassische Läufer erschließen die Schönheit und Stille der verschneiten Winterlandschaft.

Mit einer erstaunlichen Dichte an Museen, attraktiven Sommer-Festivals und ausgezeichneter Küche steht das kulturelle Liechtenstein als Ausflugs- und Urlaubsziel hoch im Kurs. Sommerliche Höhepunkte sind der Liechtensteinische Staatsfeiertag, die Liechtensteiner Gitarrentage, das Liechtenstein-Festival oder das Open-Air-Filmfest. In der verkehrsfreien Vaduzer Flaniermeile—nur einen Steinwurf von den

malerischen Weinbergen und dem imposanten Schlossfelsen entfernt— begeben sich Kulturfans, Kunstfreunde und Feinschmecker auf Entdeckungsreise. Aber auch in den anderen 10 Gemeinden des Landes pulsiert eine quicklebendige Kunst-, Musik- und Theater-Szene.

Eine erstaunlich große Zahl von Winzern widmet sich im klimatisch begünstigten Rheintal dem Rebensaft, für den allein sich schon eine Reise lohnt. Für Weinliebhaber

ist der Besuch in der Fürstlichen Hofkellerei ein absolutes Muss. Denn in der Hofkellerei können die Weine aus den privaten Weingütern des Fürsten von Liechtenstein probiert und gekauft werden. Die kulinarische Bandbreite der dazu servierten Speisen reicht von Gourmet-Menüs bis zu traditionellen Gerichten. Besonders beliebt sind Liechtensteiner Käsknöpfle mit Apfelmus. Ebenfalls zu den kulinarischen Köstlichkeiten zählen Liechtensteiner Whisky, verschiedene Edeldestillate und Liechtensteiner Bier.

I. Fragen zum Verständnis.

1. Warum ist das Wintersportgebiet ein Eldorado für Skifahrer?

2. Was kann man in Liechtenstein machen, wenn man sich für Kultur interessiert?

3. Was bietet diese Gegend dem Radsport-Begeisterten?

4. Warum heißt es im Text, dass Liechtenstein immer noch als Geheimtipp gilt?

5. Was lohnt sich besonders für den Naturliebhaber?

6. Warum wird in der Gegend so viel Wein angebaut?

7. Wo sollte der Weinliebhaber Wein probieren?

8. Was steht im Text über die kulinarische Küche des Landes?

9. Was ist für den Langläufer besonders attraktiv?

II. Richtig oder falsch? Wenn falsch, korrigieren Sie die falsche Aussage.

1. ___ In Liechtenstein gibt es nicht so viele Arbeitsplätze wie Einwohner.

2. ___ Wegen des ungünstigen Klimas lohnt sich der Weinanbau nicht.

3. ___ *National Geographic Traveler Magazine* ist von Liechtenstein als Reiseland begeistert.

4. ___ Langläufer freuen sich besonders auf das Wintersportgebiet Malbun.

5. ___ Wer gerne wandert, hat die Auswahl zwischen angenehmen oder schwierigen Touren.

6. ___ Das Bummeln in der Stadt ist wegen des Verkehrs nicht immer erfreulich.

7. ___ Die Weingüter des Fürsten kann man nur besichtigen.

8. ___ Das Fürstentum Liechtenstein ist eine Monarchie, und der Fürst regiert absolutistisch.

III. Setzen Sie das richtige Wort oder den richtigen Ausdruck ein.

Loipe, Winzer, Geschmack, renommiert, Kosten, überzieht, genussreiches, geschützt, überschaubar, Flanieren, Gütesiegel, Vielfalt, Langläufer, gilt als, felsig, steigt ... an

1. Das Wahrzeichen von Luzern _____ die älteste bedeckte Brücke Europas. Sie wurde im 14. Jahrhundert gebaut und war ursprünglich Teil der Stadtbefestigung.

2. Vom Splügenpass zum Pizzo Tambo ist der Aufstieg kurz, am Schluss aber noch _____.

3. Dann _____ der Weg etwas _____, und man kommt bei der unter Naturschutz stehenden einsamen Arve vorbei.

4. Nicht die Einheitlichkeit, sondern die _____ auf kleinstem Raum macht das Besondere der Schweiz aus.

5. _____ und trotzdem abwechslungsreich ist das Pistennetz von Splügen.

6. Das dunkelgrüne Öl mit dem intensiven _____ ist eine weltweit einzigartige Delikatesse.

7. Die kosmopolitische Stadt Genf ist ein im Herzen Europas gelegener Konferenzort, als Finanzplatz und Technologiezentrum weltweit _____.

8. Aktive Genießer kommen bei unserem breiten Sport- und Kulturangebot voll auf ihre _____.

9. Wie weiß man, dass ein Fondue gut geworden ist? Wenn das aufgespießte (*skewered*) Stück Brot sich mit der dampfenden Käsemasse _____, ist die Welt wieder in Ordnung.

10. Die Emmentaler Gratwanderung (*ridge walk*) verspricht nicht nur einen wunderschönen Panoramablick, sondern auch ein _____ Finale im gemütlichen Berghotel.

11. Österreich hat ein breites Spektrum an Pflanzen- und Tierarten, die streng _____ werden.

12. Die lebendige Kleinstadt Baden, nur 20 Minuten von Zürich und dem Flughafen entfernt, bietet ein reichhaltiges kulturelles Angebot und trägt das _____ „Wellness Destination" des Schweizer Tourismus-Verbandes.

13. Die Landschaft der Freiberge ist ein Paradies für _____ und Schneeschuhläufer.

14. Schier endlos Langlaufen—diesen Wunsch erfüllt die Pinzga-_____, die über 200 km von Krimml bis Zell am See führt.

15. Große Einkaufszentren, kleine Souvenirläden und prachtvolle Einkaufsstraßen laden zum _____ ein.

16. Österreichische Weingüter sind fast immer Familienbetriebe und deshalb lohnt sich ein Besuch beim _____.

IV. Wie steht das im Text?

1. Familien mit Kindern können unbesorgt ihren Urlaub in dieser Region verbringen.

2. Wer gerne sportlich aktiv sein will, kann hier einfache oder auch schwierige Wanderwege finden.

3. In Liechtenstein hat der Besucher unter den Angeboten eine große Auswahl.

4. Der Radsport wird auch hier sehr geschätzt. Man kann auf diversen Routen sein Talent beweisen und auch das Land erkunden.

5. Wer Kultur liebt, sollte unbedingt diese Gegend kennen lernen, denn hier gibt es nicht nur Kulturelles anzuschauen, sondern auch Gerichte aus dem kulinarischen Sektor des Landes.

6. Sollte der Wein bei der Weinprobe im Hause des Fürsten schmecken, kann man ihn auch kaufen.

7. Man findet in Liechtenstein relativ viele Winzer, denn das milde Klima im Rheintal ist für den Weinanbau besonders günstig.

V. Aufgabe und Diskussion.

1. Machen Sie einen Besuch bei verschiedenen Winzern in Liechtenstein. Im Internet finden Sie auf der Liechtenstein Webseite folgende Winzer: Weinbau Hopp, Harry Zech Weinbau, Weingut Castellum und Die Fürstliche Hofkellerei. Was bauen diese Winzer an, und welche Weine produzieren sie? Kann man auch eine Weinprobe machen?

2. Stellen Sie sich vor, dass Sie Ihren Winterurlaub in Malbun verbringen. Was bietet sich hier dem Besucher an? Welche Aktivitäten würden Sie besonders empfehlen?

3. Sie verbringen Ihren Sommer in Liechtenstein und sind sportlich sehr aktiv. Was würden Sie hier empfehlen? Stellen Sie die diversen Aktivitäten vor.

4. Wenn Sie gerne in den Bergen wandern, sollten Sie unbedingt die Liechtensteiner Berghütten besuchen: Die Pfälzerhütte ist eine Berghütte auf 2.108 m, die Gafadurahütte hoch über dem Rheintal auf 1.428 m oder das Berggasthaus Sücka. Was macht diese Hütten so interessant? Warum möchten Sie dorthin wandern?

5. Wenn Sie sich für Architektur interessieren, bietet Vaduz viele interessante Gebäude. Gehen Sie durch Vaduz und dokumentieren Sie die architektonischen Sehenswürdigkeiten.

VI. Schriftliches.

Nach Ihrem Vortrag schreiben Sie ein kleines Essay über Ihre Präsentation. Achten Sie dabei auf genaue grammatische Formulierungen.

VII. Partnerarbeit.

Liechtenstein liegt zwischen der Schweiz und Österreich. Die intakte Natur im Berg-
und Talgebiet, kulturelle Highlights, Kulinarik, Sport und Erholung zeichnen das
Fürstentum aus. Entwickeln Sie also mit Ihrem Partner ein Interview über Liechtenstein und Vaduz aus dem Blickwinkel eines Touristen. Benutzen Sie die angegebenen
Vokabeln und stellen Sie jeweils (*each*) fünf Fragen auf, die Ihr Partner dann beantwortet. Nach dem Interview berichtet jeder von Ihnen, was Sie von Ihrem Partner erfahren haben.

38

Mit dem Mountainbike durch Liechtenstein

abzweigen	*to turn (branch) off*	gleichmäßig	*steady*
atemberaubend	*breathtaking*	Herausforderung, die	*challenge*
Ausgangspunkt, der	*starting point*	in Angriff nehmen	*to tackle*
Einstieg, der	*access*	kupiert	*hilly*
Etappenort, der	*stage point*	Schiebestrecke, die	*pushing section*
Gebirgsbach, der	*mountain stream*	Steigung, die	*incline*
Gemeinde, die	*community,*	Talsohle, die	*bottom of a valley*
	township	Weide, die	*pasture*
gewähren	*to allow*	zahlreich	*numerous*

Die Liechtensteiner Fahrradkarte offenbart dem Besucher die Wochenmärkte, die Sehenswürdigkeiten und die Naturschönheiten des Fürstentums. Radler erfahren die grandiose Alpenkulisse im Fürstentum. Auf dem Weg sollte man unbedingt die typischen regionalen Produkte wie Schokolade, Käse und Wein probieren. Es gibt auch Führungen bei diversen Liechtensteiner Produzenten, die einen Einblick in ihre Tätigkeiten rund um regionale Spezialitäten gewähren.

Die beliebteste Biketour in Liechtenstein ist die Route von Schaan hinauf zur abgelegenen Idylle der Gafadurahütte auf 1.400 m, wobei man darauf achten sollte, dass diese Tour für gut trainierte Mountainbiker gedacht ist. Am Fuß des imposanten Drei-Schwestern-Massivs gelangt der Biker auf der asphaltierten Straße ins Walserdorf Planken, welches sich auf einer Bergterrasse auf rund 800 m befindet. Wenn

man die letzten Häuser hinter sich lässt, zweigt die Strecke in den kühlen Wald ab und führt auf einer Naturstraße in gleichmäßigem Aufstieg zu den Weiden der Alp Gafadura. Die Auffahrt kostet sehr viel Kraft und Ausdauer, aber als Belohnung verspricht die Küche leckere Menüs. Von Mai bis Oktober bietet die Gafadurahütte in dieser Höhenlage allen Besuchern eine herrliche Aussicht auf das Rheintal. Besonders gegen Abend und am Wochenende sind viele Biker auf dieser Strecke unterwegs.

Die landschaftlich reizvolle Eschnerberg-Tour führt um den Schellenberg durch Wälder, die Riedland Landschaft und Hügelgebiete in intakter Kulturlandschaft. Im nördlichen Liechtenstein befindet sich in der Rheinebene der Eschnerberg, um den sich die fünf Gemeinden des Unterlands gruppieren. Der Einstieg in die Tour ist an verschiedenen Stellen möglich, wobei zweimal die Grenze zu Österreich überquert wird. Neben schönen Ausblicken auf die umliegenden Alpenketten warten zahlreiche Sehenswürdigkeiten wie der Kirchhügel von Bendern, die Wallfahrtskirche St. Corneli und das Vogelparadies Birka in Mauren. Diese Biketour ist relativ einfach und eignet sich auch als Familienausflug.

Die mittelschwere Valorsch-Biketour führt durch das wildromantische Valorschtal um den Schönberg herum bis zum liechtensteinischen Bergörtchen Malbun auf 1.600 m, welches auch schon Etappenort der Tour de Suisse war. Drei Gebirgsbäche geben den Rahmen der Valorsch-Tour vor. Von der Walser Hüttensiedlung Steg führt die Strecke zunächst nordwärts durch kupiertes Gelände dem Saminabach entlang und folgt danach in südöstlicher Richtung dem Valorschbach bis Güschglehötta. Hier endet die gut befahrbare Naturstraße und eine rund zwanzigminütige Schiebestrecke auf dem Wanderweg hinauf wird notwendig. Ist die Naturstraße erreicht, fehlen nur noch wenige Minuten bis zur höchsten Stelle der Rundtour, dem Sassförkle. Von dort folgt die Abfahrt nach Malbun dem Malbunbach entlang in westlicher Richtung bis zum Ausgangspunkt Steg zurück. Sehr gut trainierte Biker haben auch die Möglichkeit vom Talgebiet über Vaduz die Triesenberg-Tour in den Steg zu fahren und dann die Valorsch-Tour in Angriff zu nehmen.

In drei Tagen auf dem Sattel quer durchs Rheintal und das ganze Fürstentum Liechtenstein. Zu Beginn verläuft das Bike-Erlebnis mit Waldwegen und der Steigung auf den Montlinger Schwamm auf dem Wildmannli Bike Nr. 55, der sich noch in der Schweiz

befindet. Ab Sennwald geht es auf dem Rheintal Bike Nr. 48 in Richtung Liechtenstein. Ein harmloser Start durch die Talsohle führt zum Walserdorf Triesenberg. Weit oben wird man mit einem atemberaubenden Blick auf das St. Galler Rheintal, die Alvier-Bergkette und das dahinter liegende Toggenburg belohnt. Die dritte Herausforderung ist der St. Luzisteig. Nach der Fahrt durch die prächtige Bündner Herrschaft erreicht man Bad Ragaz und ist wieder in der Schweiz.

I. Fragen zum Verständnis.

1. Wie beginnt die Drei-Tages-Tour und was kann man hier so alles erleben?

2. Was bietet die Fahrradkarte dem Besucher?

3. Wie gelangt man zum Sassförkle?

4. Was sollten Mountainbiker bei der Biketour auf die Gafadurahütte besonders beachten?

5. Warum empfiehlt sich diese Route besonders?

6. Was macht die Eschnerberg-Tour so attraktiv?

II. Richtig oder falsch? Wenn falsch, korrigieren Sie die falsche Aussage.

1. ___ Zu jeder Jahreszeit kann man von der Gafadurahütte einen herrlichen Ausblick auf das Rheintal genießen.

2. ___ Familien ist die Eschnerberg-Tour besonders zu empfehlen.

3. ___ Alle Bergstrecken sind nur für gut trainierte Mountainbiker gedacht.

4. ___ Der Aufstieg zur Gafadurahütte ist sehr beschwerlich und kostet viel Energie.

5. ___ Die Eschnerberg-Tour kann man als internationale Biketour bezeichnen.

6. ___ Fahrradtouren durch das Fürstentum belohnen den Besucher mit einem spektakulären Alpenpanorama.

7. ___ Bei der Valorsch-Tour gibt es zwei verschiedene Bikestrecken.

8. ___ Die Drei-Tages-Tour beginnt in Liechtenstein und endet in der Schweiz.

III. Setzen Sie das richtige Wort oder den richtigen Ausdruck ein.

Talsohle, abzweigen, atemberaubenden, gleichmäßig, Einstieg, Etappenorten, Herausforderung, Ausgangspunkt, Schiebestrecke, Weiden, gewähren, Steigung, nehmen ... in Angriff, kupierte, Gebirgsbach, Gemeinde, zahlreiche

1. Der 15 m hohe Eiskletterturm in Pfronten ist eine _____ für Könner, aber auch für Gäste, die diesen Sport erst einmal ausprobieren wollen.

2. Der ländliche Charme und die Nähe zu Salzburg machen Bergheim zu einem perfekten _____ für Erkundungstouren in die Mozartstadt.

3. Der _____ in die Schlucht ist nicht besonders spektakulär. Ein kleiner Bach plätschert friedlich neben dem Wanderweg her.

4. Die 5,4 km lange, leicht _____ Runde im Naturschutzgebiet geht entlang der Ostrach über die Vorsäßwiesen und bietet einen herrlichen Ausblick auf die Bergwelt.

5. Die älteste Kirche des Sarganserlandes ist das uralte Kirchlein, im Volksmund „Sant Jööri" genannt. Es thront auf dem nordwestlich gelegenen St. Georgsberg bei Berschis, dessen höchster Punkt ca. 150 m über der _____ liegt.

6. Die Ecktürme des mittelalterlichen Schlosses Thun _____ einen unvergesslichen Ausblick auf die Stadt Thun, den Thunersee und die Bergkette.

7. Die Hammersbacher Hütte liegt an einem plätschernden _____ und gilt als eine der gemütlichsten Bauernstuben der Umgebung.

8. Die Bayerische Meisterschaft im Sprint und Distance der Schlittenhunde findet in der _____ Haidmühle im Bayerischen Wald statt.

9. Diese geführte Nationalpark-Wanderung folgt dem _____ ansteigenden Weg von Scharl/Val Mingèr zum Rastplatz Mingèr (2 Stunden).

10. Ehrgeizige Bergradler _____ die Chiemgau-Mountainbike-Marathon Tour Nummer 6 _____.

11. Einkehr- und Übernachtungsmöglichkeiten bestehen in den _____.

12. Im nahen Augusta Raurica bei Augst bezeugen imposante Ruinen und _____ Funde im Museum das Leben der Römer in dieser Region.

13. Premium-Wanderwege laden im Chiemgau zum Entdecken der Natur und der _____ Kulisse der Bergwelt der Chiemgauer Alpen ein.

14. Vom Parkplatz Wendelsteinseilbahn über Osterhofen nach Bayrischzell. Weiter auf der Sudelfeldstraße durch den Ort zur Alpenstraße (B307). Dort gibt es bergauf eine 3 km lange _____.

15. Wer den Nervenkitzel sucht, findet ihn hier. Eine _____ von maximal 106 Prozent macht die Einwagen-Standseilbahn zur steilsten Europas.

16. Zu Beginn des Frühjahrs beginnt der Almauftrieb am Königssee. Die Kühe werden von den Ställen mit dem Schiff über den See gefahren und dann geht es zurück auf die _____ oberhalb des Sees.

17. Autobahn Ausfahrt Lugano Nord, Richtung Ponte Tresa fahren bis Caslano, beim Kreisel Richtung Pura _____.

IV. Wie steht das im Text?

1. Ganz oben wird der Biker mit einem imposanten Gebirgspanorama belohnt.

2. Die Bikeroute zum Sassförkle wird gegen Ende etwas beschwerlich, weil man schließlich das Fahrrad schieben muss.

3. Die Valorsch-Tour bietet dem überaus sportlichen Biker auch eine andere Alternative.

4. Wer ein internationales Flair bei seiner Biketour sucht, sollte unbedingt die Eschnerberg-Tour machen.

5. Der Vorteil dieser Strecke ist, dass die Biketour nicht steil ansteigt.

6. Regionale Produkte lassen sich auf diese Weise „erfahren".

V. Aufgabe und Diskussion.

1. Besuchen Sie die Sehenswürdigkeiten der Eschnerberg-Tour, unter anderem auch das bäuerliche Wohnmuseum in Schellenberg. Machen Sie einen Abstecher zur Freizeitanlage Weiherring. Was ist die Bedeutung des Kirchhügels Bendern? Stellen Sie Ihre Internetsuche in einer PowerPoint-Präsentation vor.

2. Informieren Sie sich über die Schlittenhundefahrten. Was bietet Malbun dem Wintersportbegeisterten? Suchen Sie nach Fotos und der Streckenkarte für das Valorschtal.

3. Besuchen Sie das Schweizer Bergrestaurant Motlinger Schwamm. Was bietet das Restaurant seinen Gästen? Fahren Sie dann weiter und berichten Sie über die verschiedenen Stationen, die im Text erwähnt werden. Sie fahren durch Liechtenstein und dann wieder in die Schweiz.

4. Wie viele Fahrradrouten gibt es in Liechtenstein? Wählen Sie eine aus und berichten Sie im Detail. Stellen Sie die Sehenswürdigkeiten vor. Welchen Wochenmarkt finden Sie am interessantesten?

5. Berichten Sie, was Sie alles auf der Gafadurahütte erleben können. Was kann man von hier aus unternehmen? Zeigen Sie auch Fotos von der Umgebung. Die hauseigene Webseite vermittelt viele Eindrücke und Ideen.

VI. Schriftliches.

Nach Ihrem Vortrag schreiben Sie ein kleines Essay über Ihre Präsentation. Achten Sie dabei auf genaue grammatische Formulierungen.

VII. Partnerarbeit.

Einfache bis schwere Bikerouten offeriert Liechtenstein in alle Richtungen. Dabei lässt sich das Land erkunden, indem man überall kurz anhalten kann. Einige Routen sind nahe an der schweizerischen und andere an der österreichischen Grenze. Entwickeln Sie also mit Ihrem Partner ein Interview über Mountainbiking in Liechtenstein. Benutzen Sie die angegebenen Vokabeln und stellen Sie jeweils (*each*) fünf Fragen auf, die Ihr Partner dann beantwortet. Nach dem Interview berichtet jeder von Ihnen, was Sie von Ihrem Partner erfahren haben.

Wortschatz

A

Abbruch, der	demolition
Abendland, das	the Occident, Western World
Abfahrt, die	descent
abgeschieden	remote
abgeschlossen	closed off
abgestimmt	coordinated
abhängen von	to depend on
abhören	to eavesdrop
abkürzen	to shorten
Ableger, der	offshoot
ablehnen	to reject
ableiten	to derive
Abschluss, der	end
Abschnitt, der	section, segment
Absicht, die	intention
absperren	to block (off)
Abstecher, der	detour, short trip
abwechslungsreich	richly varied
abzweigen	to turn (branch) off
Achterbahn, die	roller coaster
Adlerhorst, der	eagle's nest
akribisch	meticulous
allerdings	however
alljährlich	annually
Alm, die	mountain farm, mountain pasture
Alpengipfel, der	alpine peak
Altarraum, der	sanctuary, choir, chancel
amten (amtieren)	to be in office
amtierend	acting
Amtsgeschäft, das	official duty
Amtssprache, die	official language
Anbau, der	addition
anbauen	to grow
Anbieter, der	seller
aneinanderreihen	to string together
anerkennen	to recognize
angereichert	enriched
Anlass, der	occasion, social event
anlässlich	on the occasion of
anlegen	to lay out
Anliegen, das	demand
Anpreisung, die	advertising
Anraten, das	recommendation
Anregung, die	inspiration
anschaulich	clear
anschlagen	to put up
ansiedeln	to settle
anspruchsvoll	challenging, fastidious, demanding
ansteigen	to rise
anziehen	to attract
Anziehungskraft, die	appeal
Anziehungspunkt, der	attraction
Apsis, die	apse
atemberaubend	breathtaking
Aue, die	floodplain
Aufeinandertreffen, das	clash
auferleben	to revive [as in the past]
Aufführung, die	performance
aufgelöst	dissolved, terminated
aufgeschlossen	open-minded
aufgeteilt	split up

Aufklärung, die	rationalism, enlightenment
Aufleben, das	revival
Aufmarsch, der	deployment
aufnehmen	to admit, to accommodate
aufregend	exciting
Aufregung, die	excitement
Aufschwung, der	recovery
Auftrag, der	contract
Aufwand, der	expense
aufwändig	elaborate
aufweisen	to feature
ausbreiten	to spread
ausdehnen	to expand
Ausflug, der	excursion
Ausflugsdampfer, der	pleasure boat
ausführen	to implement
Ausgabe, die	edition
Ausgangspunkt, der	starting point
ausgebaut	developed
ausgedehnt	widespread, far-flung
ausgeschildert	signposted
ausgestattet	decorated
Ausgrabung, die	excavation
Ausgrabungsstätte, die	archeological site
Ausklang, der	conclusion
auslöschen	to extinguish
ausschließlich	exclusively
ausschweifend	extravagant
außergewöhnlich	extraordinary
aussichtslos	hopeless
Ausstattung, die	accouterment, appointments
Ausstellung, die	exhibition, display, exhibit
austauschen	to swap, interchange
Austragungsort, der	venue, site
ausüben	to practice
Auswahl, die	selection

Auswanderungswelle, die	wave of emigration
auswirken	to affect
auszeichnen	to honor, to be a feature of
Auszeichnung, die	recognition
Auszug, der	extract

B

Badeanlage, die	public facility
Bandbreite, die	range, spectrum
Bauphase, die	building phase
Bauwerk, das	building
beachtenswert	notable
Beamte, der	civil servant
beauftragen	to commission
Bedenken, das	concern
Bedeutung, die	significance
Bedienung, die	serving staff
Bedürfnis, das	need
beehren	to grace, to honor
beeindruckend	impressive
beeinflussen	to affect
beengt	cramped
begabt	talented
Begebenheit, die	occurrence
begehren	to desire
begehrt	desired, popular
begleiten	to accompany
begleitet	accompanied
Begründer, der	founder
begünstigt	advantaged
beherbergen	to host
beieinander	side by side
Beisein, das	presence
beispiellos	unparalleled
beitreten	to join
bekannt	famous
bekehren	to convert
Belagerer, der	besieger

Beobachtungsstütz- punkt, der	observation platform	Binnensee, der	inland lake
bequem	comfortable, cozy	bisherig	previous
bereits	already	Blasmusik, die	brass music
bergen	to contain	Blickfang, der	eye-catcher
Bergmannsrutsche, die	miner's slide	Blitzeinschlag, der	lightning strike
Bernstein, der	amber	blumig	flowery
beruflich	professional	Blutdruck, der	blood pressure
beruhen auf (+ dat.)	to be based on	Bodendenkmal, das	archaeological site
beruhigen	to calm down, to pacify	Böllerschießen, das	cannon shooting
		Bollwerk, das	bulwark
Berühmtheit, die	famous person, luminary	Brauch, der	custom
		Braut, die	bride
beschädigt	damaged	Brunnen, der	fountain
Bescheidenheit, die	modesty	Bucht, die	bay
beschildert	signposted	Bummel, der	stroll
beschwerlich	arduous	Bundesangestellte, der, die	federal employee
beseitigen	to remove		
besiedelt	settled	bunt	colorful, diverse
Bestand, der	inventory	Bürgersteig, der	sidewalk
Bestandteil, der	component	Burschenschaft, die	fraternity
bestätigen	to confirm		
bestaunen	to marvel at		
bestehen	to exist		

D

bestehend	existing		
bestimmt	undoubtedly	damalig, damals	at that time
betragen	to amount to	Darstellung, die	portrayal, image, depiction
Betruf, der	call to prayer		
beurteilen	to assess	Dauerausstellung, die	permanent exhibit
bevorzugen	to favor	denkmalgeschützt	protected as a his- toric monument
bewahren	to safeguard		
Beweis, der	proof, evidence	derb	coarse
Bewohner, der	resident	Destille, die	distillery
bewundern	to admire	Deutscher Bund	German Confederation
Bezeichnung, die	term, label		
Beziehung, die	tie	Dichte, die	density
bezwecken	to achieve	dinieren	to dine
Bilderbuch, das	storybook	dreirangig	consisting of three balconies
Bildhauer, der	sculptor		
Bildungsideal, das	educational ideal	dreischiffig	three-aisled, three-naved
Bindeglied, das	link		
		Duft, der	aroma
		Durchgangsverkehr, der	through traffic
		Durchschreiten, das	passing through

(sich) durchsetzen	*to prevail*
düster	*grim*

E

ebenfalls	*likewise*
edel	*classy*
egal, egal ob	*no matter (whether)*
Eidgenossenschaft, die	*confederation*
(sich) eignen	*to be suitable*
einfügen	*to fit in, to integrate*
Einführung, die	*adoption*
eingebettet	*embedded*
eingerichtet	*furnished*
eingezäunt	*fenced in*
eingreifen	*to foil*
Einheimische, der, die	*local, resident, native*
einheitlich	*consistent, homogeneous*
Einheitlichkeit, die	*uniformity*
Einkehrmöglichkeit, die	*rest stop*
einmalig	*unique*
einordnen	*to classify*
einprägen	*to imprint*
Einreisesperre, die	*entry ban*
einrichten	*to furnish*
Einrichtung, die	*interior furnishings*
einschneidend	*far-reaching*
Einstieg, der	*access*
einstig	*former*
eintauchen	*to immerse*
einweihen	*to consecrate, to divulge a secret, to inaugurate*
einzigartig	*unique*
Einzigartigkeit, die	*uniqueness*
Einzug, der	*marching in, entry*
Eisen, das	*iron*

eng	*close, tight*
Entdeckungsreise, die	*expedition*
entfalten	*to unfold*
entführen	*to carry off*
enthalten	*to contain*
entschärfen	*to defuse*
entscheidend	*decisive*
entspannt	*relaxed*
Entspannung, die	*relaxation*
entstehen	*to emerge*
entwerfen	*to design*
entziffern	*to decipher*
entzücken	*to delight*
Erbe, das	*inheritance, heritage*
Erbfolgekrieg, der	*war of succession*
Erbprinz, der	*hereditary prince*
Ereignis, das	*event*
erfolgen	*to follow*
erfordern	*to require*
erhalten	*maintained, preserved*
(sich) erhalten	*to live on, to preserve, to maintain*
Erhaltung, die	*preservation*
Erholung, die	*relaxation*
erkoren	*chosen, elected*
erlauben	*to permit*
erleben	*to experience*
erlesen	*exquisite*
ermäßigt	*reduced*
Ernte, die	*harvest*
ernten	*to harvest*
erobern	*to conquer*
errichten	*to construct, to establish*
errichtet	*constructed*
Erscheinungsbild, das	*appearance*
erschließen	*to open up*
erschlossen	*developed*
erschnuppern	*to catch a whiff*

Erstausgabe, die	first edition
erst einmal	first of all
erstmals	for the first time
erteilen	to commission, to issue
erwähnen	to mention
erweitern	to expand
erzeugen	to generate
Erzeuger, der	producer
Etage, die	floor
Etappe, die	stage
Etappenort, der	stage point
etappenweise	in stages

F

facettenreich	multi-faceted
Fachwerkhaus, das	half-timber house
Fahrgeschäft, das	fairground ride
Fahrwasser, das	navigable water
Fälschung, die	forgery
feierlich	festively
felsig	rocky
Felswand, die	rock face
Fertigelement, das	prefabricated element
Fertigungsstätte, die	manufacturing site
Festumzug, der	parade
Festung, die	fortress
Feuerschutz, der	cover fire
Flair, das	aura, atmosphere
flanieren	to saunter, to stroll
Flaniermeile, die	strolling promenade
Fluchtversuch, der	escape attempt
Flügel, der	wing
Flusslauf, der	course of a river
Flusstal, das	river valley
Folge, die	consequence
Förderband, das	conveyer belt

fordern	to demand
fördern	to mine
freigelegt	excavated
Freihandelsassoziation, die	free trade association
Freilichtaufführung, die	open-air performance
Freizeitgestaltung, die	recreational activities
Fundstelle, die	archaeological site
Funkspruch, der	radio message
Fürst, der	prince
Fürstbischof, der	prince bishop

G

Gang, der	dish
Gasse, die	alley
Gassenhauermusik, die	popular tune
gastlich	hospitable
Gaumen, der	palate
Gebet, das	prayer
Gebirgsbach, der	mountain stream
gedeihen	to thrive
Gedenkstätte, die	memorial
Gegenmaßnahme, die	countermeasure
Gegenspieler, der	opponent
Gegenstück, das	counterpart
Gegenwart, die	presence
Geheimtipp, der	insider tip
Gelände, das	terrain
Geländedenkmal, das	field monument
gelten als	to be considered as, to rank as
gelten für	to apply to
gelungen	successful
Gemahlin, die	wife
Gemäldegalerie, die	picture gallery
Gemeinde, die	community, township
Gemeinsamkeit, die	commonality
genießen	to enjoy

Genussmensch, der	connoisseur	Gittertor, das	iron-barred gate
genussreich	enjoyable	gleichen	to resemble
genussvoll	delightful	gleichmäßig	steady
gepflastert	cobbled	glimpflich	inconsequential
geprägt	shaped, characterized	Grafschaft, die	earldom
		greifbar	tangible
gepriesen	praised	Grenzbefestigung, die	border fortification
geradezu	virtually		
geraten	to get caught in	Grenze, die	border
Gerber, der	tanner	grenzenlos	endless, without border
Gericht, das	dish		
gerichtet	pointed	Grenzüberquerung, die	border crossing
Gerichtsort, der	venue, place of trial	grenzüberschreitend	cross-border
		Grenzverlauf, der	course of the border
Geruch, der	aroma		
gesamt	total	Grenzwall, der	border rampart
Gesamtkunstwerk, das	all-encompassing work of art	großartig	magnificent
		großgeschrieben	highly important
gesäumt von	lined with	Gründerzeit, die	years of rapid industrial expansion
Geschäftigkeit, die	bustle		
geschäftstüchtig	efficient	Gründung, die	foundation
gescheitert	unsuccessful	Gründungsmitglied, das	founding member
geschichtsträchtig	steeped in history, historic	Gründungsvater, der	founding father
		günstig	convenient
Geschicklichkeit, die	skill	Gütesiegel, das	seal of quality
Geschmack, der	taste, liking		
geschmückt	decorated		
geschützt	sheltered, shielded	**H**	
Geschwindigkeitsmessung, die	speed check	Hackbrett, das	dulcimer
		Haflinger, der	mule
gestalten	to arrange	haltbar	preserved
Gestüt, das	stud farm	Handelsroute, die	trade route
gewähren	to allow	Hang, der	slope
geweiht	consecrated	Hausmannskost, die	home cooking
Gewerbe, das	craft	hautnah	very close
Gewürz, das	spice	heben	to raise
gezackt	jagged	Heideland, das	heathland
gipfeln	to culminate, to peak	heidnisch	pagan
		heil	intact
Gipfelwelt, die	panorama of alpine mountain peaks	heiliggesprochen	sainted, canonized
		heilkräftig	curative
		Heilquelle, die	spa

Heilsgeschichte, die	*history of salvation*
heimatverbunden	*tied to one's roots*
herabstürzend	*crashing*
heranreifen	*to mature*
herausfordernd	*challenging*
Herausforderung, die	*challenge*
herausgeputzt	*decorated*
herausragend	*outstanding*
(sich) herausstellen	*to turn out, to become clear*
Herkunftsland, das	*country of origin*
Herrschaft, die	*reign*
Herrschaftsgebiet, das	*territorial dominion*
Herrschaftsgeschlecht, das	*dynasty*
Herrschaftswechsel, der	*change of leadership*
herrschen	*to rule*
Herrschenden, die (*pl.*)	*rulers*
Herrscher, der	*ruler*
Herstellung, die	*production*
hervorheben	*to highlight, emphasize*
Herzogtum, das	*duchy*
Heurige, der	*wine tavern*
Hinterglasbild, das	*reverse painting on glass*
Hinterhof, der	*backyard*
Hirt, der	*herdsman*
Hochfläche, die	*high plateau*
Hochgebirgsregion, die	*high alpine region*
Hochwohlgeborene, der, die	*member of the nobility*
höfische Kunst	*courtly art*
Hofloge, die	*imperial box (theater)*
Hofstaat, der	*royal household*
Holzladen, der	*wooden box*
Hügel, der	*hill*

I

Inbegriff, der	*perfect example*
Industriebetrieb, der	*industrial company*
inmitten	*in the middle of*
irren	*to be mistaken*

J

Jahrestag, der	*anniversary*
Jugendstil, der	*art nouveau*
Jungsteinzeit, die	*Neolithic Age*

K

Kaisergruft, die	*imperial tomb*
Kalkül, das	*calculation*
Kamm, der	*ridge*
Kantor, der	*choirmaster, organist*
Kanzlei, die	*chancellery*
Kapellmeister, der	*conductor*
Kapitell, das	*capital (architecture), top part of a column*
Käserei, die	*dairy*
Katzensprung, der	*stone's throw [as in a stone's throw away]*
Kernsatz, der	*key phrase*
klangtechnisch	*acoustically*
Kleinod, das	*gem*
Knappe, der	*miner*
Kompositionsregel, die	*rule of composition*
konkurrenzfähig	*competitive*
konstitutionelle Verfassung, die	*constitution*
Kopfschmuck, der	*headdress*
Köstlichkeit, die	*delicacy*
Kräuter (*pl.*)	*herbs*
Kreislauf, der	*circulation*

Kuhreihen	alpine horn melody to call cattle to or from the pastures
Kulisse, die	scenery, backdrop, setting
kunstvoll	artistic
kupiert	hilly
Kuraufenthalt, der	stay at a health resort
Kurfürst, der	elector
Kurfürstin, die	electress
Kurort, der	health resort
kurzfristig	short-term
Kutsche, die	horse-drawn carriage
Kutschenfahrt, die	horse-drawn carriage ride

L

Lachs, der	salmon
Ladengeschäft, das	retail store
lagern	to store
Lagersiedlung, die	encampment
Lagerung, die	storage
Landesfürst, der	Prince Regnant
Landeshauptstadt, die	state capital
Landstrich, der	region
Langlauf, der	cross-country skiing
Lebensraum, der	habitat, living space
Lehre, die	doctrine
Leichtigkeit, die	simplicity, ease
Liebesbeweis, der	token of love
liefern	to deliver, to provide
lindern	to ease
locken	to attract, to lure, beckon
locker	easily
(sich) lohnen	to be worthwhile

Loipe, die	cross-country ski trail
Lokführer, der	engineer
Luftkurort, der	resort
Luftseilbahn, die	cable car

M

Mahnmal, das	memorial
malerisch	quaint, scenic
Manier, die	style, manner
markant	distinctive
Markenschutzgesetz, das	trademark law
Markenzeichen, das	trademark
Maß Bier, die	liter of beer
maßgeblich	significant
Meierei, die	dairy farm
Meißel, der	chisel
meistern	to overcome
Melange, die	blend
Messe, die	industrial fair
milliardenschwer	billion-dollar-worth
Missstand, der	bad state of affairs
mittlerweile	in the meantime, meanwhile
Morgenland, das	the Orient
Moschus, das	musk

N

Nachbau, der	replica
nachempfinden	to recreate
Nachfahren, die	descendants
nachweislich	verifiably
Nadelöhr, das	bottleneck
Naherholungsgebiet, das	local recreational area
nahezu	almost
Nährwert, der	nutritional value
Naschware, die	delicacy

Natrium, das	*sodium*	Rebensaft, der	*wine, juice of the grape*
Notenvorgabe, die	*printed music*	Redakteur, der	*editor*
Notlüge, die	*white lie*	Regierungsviertel, das	*government district*
Notstandsarbeiten, die	*public relief works*	reichlich	*plenty*
		Reichsfürstentum, das	*Imperial Principality*

O

Obergeschoss, das	*top floor*	Reife, die	*ripeness*
		Reihe, die	*row*

P

		Reiz, der	*attraction, charm*
Parkanlage, die	*grounds*	reizvoll	*attractive*
Pass, der	*mountain pass*	renommiert	*prestigious, renowned*
Passage, die	*arcade*		
passend	*appropriate*	Residenzstadt, die	*royal seat*
passieren	*to pass*	Rheinbund, der	*Confederation of the Rhine*
Pfaffenwinkel, der	*land of monasteries*	Riesenrad, das	*ferris wheel*
Pfahlbaudorf, das	*village of piled dwellings*	Rittersaal, der	*knights' hall*
		roden	*to clear [land]*
Pfahlbauten, die	*lake dwellings, stilt homes*	Ruf, der	*reputation*
		Ruhestätte, die	*resting place*
Pfalzgraf, der	*count palatine*	(sich) rühmen	*to pride oneself, to boast*
Pfingsten	*Pentecost*		
pflegen	*to cultivate, to cherish, to maintain*	Rutsche, die	*slide*

Pforte, die	*gate*

S

Pracht, die	*splendor*	Saal, der	*hall*
prächtig	*splendid*	Sammlung, die	*collection*
prachtvoll	*splendid*	sanft	*smooth*
prägen	*to influence, to shape*	Säumer, der	*freight hauler*
		Saumpfad, der	*mule track*
Prunkraum, der	*ornate stateroom*	Saumweg, der	*mule trader's trail*
Prunkstück, das	*showpiece*	schätzen	*to appreciate, to estimate*
prunkvoll	*magnificent*		
		Schatzkammer, die	*treasure chamber*

R

		Scheibe, die	*disc*
		Scheitelpunkt, der	*top, peak*
Raddampfer, der	*paddle steamer*	Scheitern, das	*failure*
rätselhaft	*mysterious*	Schiebestrecke, die	*pushing section*
Ratssaal, der	*council chamber*	Schilf, das	*reed*

schillernd	colorful	Siedlung, die	housing estate
schimmern	to sparkle	Siegel, das	seal
Schlagzeile, die	headline	Solebad, das	brine bath
Schlaufe, die	loop	Sommerfrische, die	summer resort
Schleife, die	loop	Sorge, die	worry
Schlemmerei, die	gourmet meal	spannend	exciting
schlendern	to stroll	Spediteur, der	carrier, shipper
schließlich	after all	Spende, die	donation
Schlucht, die	gorge	Sperranlage, die	barrier
schmal	narrow	spiegelglatt	smooth as glass
Schmalspurstrecke, die	narrow-gauge line	Sprengung, die	explosion
Schmankerl, das	delicacy	Sprungtuch, das	safety net
schmiedeeisern	wrought-iron	Spur, die	track, trace
(sich) schmiegen	to nestle	spüren	to feel
schmuck	picture perfect	Staatsgemach, das	stateroom
schmücken	to decorate, to adorn	Staatsgewalt, die	state authority
		Staatsoberhaupt, das	head of state
schnappen	to nab, snatch	Stadtbezirk, der	city district
schnuppern	to get a whiff	Stadtrecht, das	town charter, municipal law
schroff	rugged		
Schultheiß, der	mayor	Stall, der	barn
Schütze, der	rifleman	Stammburg, die	ancestral castle
Schützengesellschaft, die	rifle society	Stammsitz, der	ancestral seat
Schützenumzug, der	riflemen parade	Ständerat, der	council of states
schwärmen	to rave	ständig	permanently
Schweizer Jodlerverband, der	Swiss Yodeling Association	Standkonzert, das	open-air concert
		Stätte, die	place, site
Schwerpunkt, der	key area	Steigung, die	incline
Schwierigkeitsgrad, der	level of difficulty	Stempel, der	stamp
schwindelerregend	dizzying	Stich, der	engraving
Seeufer, das	shore, lakeside	Stift, das	monastery
Seltenheit, die	rarity	Stiftung, die	foundation
Senne, der (Schweiz)	herdsman, dairyman	stilllegen	to shut down
		stilvoll	stylish
Senner, der (Österreich)	dairyman	Stimmung, die	mood
sichern	to secure	stimmungsvoll	atmospheric
sich niederlassen	to settle	stöbern	to rummage
sich niederschlagen	to affect	Stoßgebet, das	quick prayer
Sicht, die	view	strahlen	to shine
Sichtachse, die	vista, visual axis	Streckenlänge, die	length of the line
Siedler, der	settler	Streifzug, der	foray

Stuckdecke, die	*stucco ceiling*	übertreffen	*to surpass*
Stützpunkt, der	*base*	überwältigend	*overwhelming*
		überwiegend	*predominant, predominantly*
T		Überwurf, der	*cover*
Tafelberg, der	*mesa*	überziehen	*to cover, blanket*
Talkessel, der	*valley basin*	Ufer, das	*shore*
Talsohle, die	*bottom of a valley*	umfangreich	*comprehensive*
tätig	*active*	umfassen	*to encompass, to comprise*
Teich, der	*pond*		
Teig, der	*dough*	umgeben	*surrounded*
teils	*partly*	Umgebung, die	*surroundings*
teilweise	*partially*	umgehen	*to avoid*
Tendenz steigend	*the number is growing*	umhüllen	*to coat*
		umrahmt	*framed*
Therme, die	*thermal bath*	umweltbewusst	*environmentally conscious*
thronen	*to tower*		
Todesstreifen, der	*death strip*	Umzug, der	*parade*
Tongefäß, das	*pottery container*	unbändig	*wild*
tosend	*thundering, rushing*	unbedingt	*by all means*
		unbeschwert	*carefree*
Tracht, die	*traditional costume*	undenkbar	*unimaginable*
		ungezählt	*countless*
Trachtenumzug, der	*traditional costume parade*	ungläubig	*incredulous*
		unglaublich	*unbelievable*
Trümpi (Maultrommel)	*Jew's harp, mouth harp*	untergebracht	*lodged, housed*
		Untergeschoss, das	*basement*
trutzig	*fortified*	Unternehmen, das	*business*
Tummelplatz, der	*mecca*	(sich) unterscheiden	*to differ*
türkis	*teal*	unterschiedlich	*different, diverse*
		Unterstützer, der	*supporter*
U		untrennbar	*inseparable*
überdauern	*to endure, to survive*	unüberwindbar	*insurmountable*
		unvergleichlich	*incomparable*
überdurchschnittlich	*above average*	unversehrt	*intact*
überragt von	*towered over by*	unvorstellbar	*unimaginable*
Überrest, der	*relic*	unzählig	*countless*
überrollen	*to overrun*	üppig	*lush, sumptuous*
überschaubar	*manageable*	uralt	*ancient*
überschreiten	*to cross, conquer*	Uraufführung, die	*world premiere*
übersiedeln	*to move*	urig	*quaint*

Ursprung, der	origin, source	vernichten	to destroy
ursprünglich	originally	Verrat, der	treachery
urwüchsig	unspoiled, natural	verraten	to reveal, to give away
		verschmelzen	to blend
V		verschont	spared
verabschieden	to adopt	verschwinden	to disappear
veranlassen	to prompt	versorgen	to supply, to take care of
veranschaulichen	to illustrate		
veranstalten	to organize	verspielt	playful
Veranstaltung, die	event	versterben	to pass away
verarbeiten	to process	verstopft	congested
(sich) verbinden	to go hand in hand	verstreut	scattered
Verbindungsstraße, die	connecting road	versumpft	swampy
verbreiten	to spread	verteilen	to distribute
verbrieft	documented	vertiefen	to deepen
verbringen	to spend	vertreiben	to sell
verdanken	to owe, to attribute	Vertreter, der	representative
		vertuschen	to camouflage
verdrängen	to block out	verwalten	to maintain
Vereinigung, die	association	(sich) verwandeln	to transform
vereinzelt	occasionally	verwenden	to make use of
verfallen	to deteriorate	verwöhnen	to indulge, to pamper
Verfassung, die	constitution		
vergeben	to award	verzaubern	to enchant, to captivate
verkehrstechnisch	in terms of traffic		
verknüpfen	to associate	Verzeichnis, das	directory
verkünden	to announce	verzichten	to give up, to do without
(sich) verlagern	to shift		
Verlauf, der	course	verziert	decorated
verlaufen	to go, to pass	Verzierung, die	ornamentation
verlegen	to relocate, to move	Viehzucht, die	cattle raising
		Vielfalt, die	variety
verleihen	to vest, to confer, to give, to grant	vielfältig	diverse
		vielseitig	wide-ranging
verlockend	enticing, alluring	Vielseitigkeit, die	versatility
Vermählung, die	wedding	Völkergemisch, das	ethnic mix
vermeintlich	supposedly	Völkerschlacht, die	Battle of the Nations
vermitteln	to convey		
vermurt	prone to mudflows, covered by mud	Vollmitglied, das	full member
		Vorberg, der	foothill
vermutlich	allegedly	Vorbild, das	role model

vorbildlich	*exemplary*	Wende, die	*reunification, turn*
vorhanden	*available*	Werkzeug, das	*tool*
Vormachtstellung, die	*hegemony, supremacy*	Wert, der	*value, usefulness*
		wertvoll	*valuable*
vorstellen	*to present*	widerspiegeln	*to reflect*
vorweisen	*to show*	(sich) widmen (+ *dat.*)	*to attend to, to devote oneself*

W

		Wiege, die	*cradle*
		Winkel, der	*corner, square*
Wachtturm, der	*watchtower*	Winzer, der	*wine grower, wine maker, vintner*
Wahrzeichen, das	*landmark*		
Wallfahrt, die	*pilgrimage*	wirken	*to work, to exert one's influence*
Wallfahrtskirche, die	*pilgrimage church*		
wandeln	*to stroll*	Wirkung, die	*effect*
(sich) wandeln	*to transform*	Wirkungsstätte, die	*domain*
Wappentier, das	*heraldic animal*	Wirt, der	*innkeeper*
Wasserstrahl, der	*jet of water*	Wirtschaftsaufschwung, der	*economic recovery*
Wegbereiter, der	*forerunner, pioneer*		
		Wirtschaftshof, der	*service buildings*
Wegesrand, der	*wayside, roadside*	Wirtshaus, das	*tavern*
weglos	*without a footpath*	(sich) wohl fühlen	*to be comfortable*
Wehranlage, die	*fortification*	wohlriechend	*aromatic*
wehrhaft	*well-fortified*	Wurzel, die	*root*
Weide, die	*pasture*	würzig	*spicy*
weihen	*to consecrate*		

Z

Weinausschank, der	*wine bar*		
Weingut, das	*winery, vineyard*	zahlreich	*numerous*
Weinprobe, die	*wine tasting*	Zahnradbahn, die	*cogwheel railroad*
Weinrebe, die	*grapevine*	Zauber, der	*magic*
Weise, die	*way*	Zedernholzfass, das	*cedar keg*
Weißbrotbrösel (*pl.*)	*bread crumbs*	Zeitgenosse, der	*contemporary*
Weiterentwicklung, die	*continued development*	Zeitrechnung, die	*calendar*
		zeitweise	*from time to time*
weitestgehend	*to the greatest possible extent*	Zerfall, der	*disintegration*
		Zeuge, der	*witness*
weitläufig	*extensive*	zeugen von	*to testify to*
Weitläufigkeit, die	*vast extent*	Zeugnis, das	*proof, testimony, testimonial*
Wellness-Therme, die	*wellness spa*		
Weltausstellung, die	*world fair*	Zibet, der	*civet*
Weltdokumentenerbe, das	*Memory of the World (United Nations)*	zieren	*to adorn*
		Zigeunertonleiter, die	*gypsy scale*

Zimmerflucht, die	suite of rooms
Zinn, das	tin, pewter
Zinnen, die (pl.)	battlements
Zitat, das	quote
Zivilbevölkerung, die	civilian population
Zollvertrag, der	customs treaty
Zubereitung, die	preparation
Zuckerwatte, die	cotton candy
zugänglich	accessible
zumeist	for the most part
Zunahme, die	increase
zuordnen	to match
Zusammenfluss, der	confluence
Zusammenhang, der	connection
Zusatzleistung, die	additional service
Zuwanderung, die	immigration

Ausdrücke

alles daran setzen	to make every effort
Almauf- und -abtrieb, der	mountain cattle drives
am ehesten	most likely
am Wegesrand	by the wayside
auf den Spuren wandeln	to follow [someone's] tracks
auf die Kosten kommen	to get one's money's worth
auf Druck	under pressure
auf eigene Faust	on one's own
auf Schritt und Tritt	at every turn
aus erster Hand	straight from the farmer
(sich) bekennen zu	to acknowledge, to pledge oneself to
bestehen aus	to consist of
bildende Kunst, die	visual arts
das Herz höher schlagen lassen	to make the heart skip a beat
der Sage nach	according to legend

die Geschicke lenken	to control the fates
ein Denkmal setzen	to build a memorial
eine deftige Brotzeit	a hearty snack of bread and cold cuts
einen großen Auftritt machen	to make a grand appearance
einen Grundstein legen	to lay a foundation
eine Rast einlegen	to take a break
eine Veranstaltung abhalten	to host an event
etwas ins rechte Licht rücken	to present something in the proper light
gebrannte Mandeln	roasted almonds
Handel betreiben	to trade
hoch im Kurs stehen	to be popular
im Gegensatz	in contrast
im gehobenen Alter	at an advanced age
im gleichen Atemzug	in the same breath
im Verlauf der Geschichte	with the passing of time
im Volksmund	in colloquial speech
im Zuge	in the course of
in allen Ecken und Winkeln	in all nooks and crannies
in Angriff nehmen	to tackle
in der Fremde	while abroad
je nach	depending on
krönende Abschluss, der	highlight
k. und k. (kaiserlich und königlich)	imperial and royal
mit Abstand	by far
mit Bestimmtheit	unequivocally
mit etwas rechnen	to expect something
mit Vorliebe	preferably
mit Widerwillen	reluctantly
nach und nach	gradually

nicht umsonst	*not for nothing*
O'zapft is	*the tap is on*
Reisen bildet bekanntlich	*travel broadens the mind*
seit jeher	*ever since, since day one, always*
sich eines guten Rufes erfreuen	*to enjoy a good reputation*
sich verdient machen	*to render a service*
sorgen für	*to provide for, to ensure*
ums Leben kommen	*to lose one's life*
unter anderem (u.a.)	*among other things*
unter freiem Himmel	*in the open air, outdoors*
untrennbar verbunden mit	*inextricably linked with*
(sich) verbunden fühlen	*to feel connected*
von weitem	*from a distance*
vorhanden sein	*to be in place*
wie aus einem Guss	*homogeneous*
zu diesem Zweck	*for this purpose*
zu einem großen Teil	*in large part*
zu Fall bringen	*to derail, to bring down*
zur Verfügung stehen	*to be available*
zustande kommen	*to come into being*

Text Credits

Texts in Unit I (Deutschland)

1. Reprinted courtesy of Tourismus Marketing GmbH Baden-Württemberg. www.tourismus-bw.de Copyright © 2017 Tourismus Marketing GmbH Baden-Württemberg.
2. Reprinted courtesy of Tourismus NRW e.V. www.nrw-tourismus.de Copyright © 2017 Tourismus NRW e.V.
3. Reprinted courtesy of Tourismus Marketing Gesellschaft Sachsen mbH. presse.tmgs@sachsen-tour.de Copyright © 2017 Tourismus Marketing Gesellschaft Sachsen mbH.
4. Reprinted courtesy of BAYERN TOURISMUS Marketing GmbH. www.bayern.by Copyright © 2017 BAYERN TOURISMUS Marketing GmbH.
5. Reprinted courtesy of Tourismus Marketing GmbH Baden-Württemberg. www.tourismus-bw.de Copyright © 2017 Tourismus Marketing GmbH Baden-Württemberg.
6. Reprinted courtesy of Tourismus NRW e.V. www.nrw-tourismus.de Copyright © 2017 Tourismus NRW e.V.
7. Reprinted courtesy of Tourismus NRW e.V. www.nrw-tourismus.de Copyright © 2017 Tourismus NRW e.V.
8. Reprinted courtesy of Tourismus Marketing GmbH Baden-Württemberg. www.tourismus-bw.de Copyright © 2017 Tourismus Marketing GmbH Baden-Württemberg.
9. Reprinted courtesy of Romantischer Rhein Tourismus GmbH. Copyright © 2017 Romantischer Rhein Tourismus GmbH. https://www.romantischer-rhein.de/
10. Reprinted courtesy of GRAND TOUR Tourismus Marketing GmbH. www.ferienstrassen.info Copyright © 2017 GRAND TOUR Tourismus Marketing GmbH.
11. Reprinted courtesy of GRAND TOUR Tourismus Marketing GmbH. www.ferienstrassen.info Copyright © 2017 GRAND TOUR Tourismus Marketing GmbH.
12. Reprinted courtesy of Berlin Tourismus & Kongress GmbH. www.visitBerlin.de Copyright © 2017 Berlin Tourismus & Kongress GmbH.
13. Reprinted courtesy of Thüringer Tourismus GmbH. www.thueringen-entdecken.de Copyright © 2017 Thüringer Tourismus GmbH.
14. Reprinted courtesy of TourismusMarketing Niedersachsen GmbH. www.reiseland-niedersachsen.de Copyright © 2017 TourismusMarketing Niedersachsen GmbH.
15. Reprinted courtesy of Berlin Tourismus & Kongress GmbH. www.visitBerlin.de Copyright © 2017 Berlin Tourismus & Kongress GmbH.
16. Reprinted courtesy of Berlin Tourismus & Kongress GmbH. www.visitBerlin.de Copyright © 2017 Berlin Tourismus & Kongress GmbH.
17. Reprinted courtesy of BAYERN TOURISMUS Marketing GmbH. www.bayern.by Copyright © BAYERN TOURISMUS Marketing GmbH 2017.

Texts in Unit II (Österreich)

All texts reprinted courtesy of Austrian Tourist Office. www.austria.info Copyright © Austrian Tourist Office 2017.

Texts in Unit III (Die Schweiz)

All texts reprinted courtesy of Schweiz Tourismus. www.MySwitzerland.com Copyright © Schweiz Tourismus 2017.

Texts in Unit IV (Liechtenstein)

All texts reprinted courtesy of Lichtenstein Marketing. www.liechtenstein-marketing.li Copyright © Lichtenstein Marketing 2017.

Image Credits

Germany

1.a. Kloster Maulbronn. Sunny Man / Shutterstock.com
1.b. Münster St. Maria und Markus. Alla Khananashvili / Shutterstock.com
1.c. Church of Sts. Peter and Paul, Reichenau Island, Lake Constance. Alla Khananashvili / Shutterstock.com
1.d. Lake dwelling—Uhldingen-Mueldorf, Lake Constance. Bildgigant / Shutterstock.com
2.a. Imperial Abbey of Corvey. Borisb17 / Shutterstock.com
3.a. Monument to Martin Luther, Wittenberg. photolike / Shutterstock.com
3.b. Frauenkirche, Dresden. kavalenkava / Shutterstock.com
3.c. Semper-Oper, Dresden. Brian Kinney / Shutterstock.com
3.d. Monument to Bach, Leipzig. klom / Shutterstock.com
3.e. Battle of the Nations Monument, Leipzig. Bildagentur Zoonar GmbH / Shutterstock.com
3.f. Castle Albrechtsburg, Meissen. Olaf Ludwig / Shutterstock.com
3.g. Meissen porcelain. Alena Stalmashonak / Shutterstock.com
3.h. Torgau, Saxony. LaMiaFotographia / Shutterstock.com
3.i. The Bastei bridge, Saxon Switzerland National Park. javarman / Shutterstock.com
3.j. Landmark of fortress Koenigstein, Saxony. Nastya Dubrovina / Shutterstock.com
4.a. The Wurzburg Residence in Wurzburg, Germany. Elena Kharichkina / Shutterstock.com
4.b. Old Town architecture with City Hall building, Bamberg. Scanrail1 / Shutterstock.com
4.c. Richard Wagner Opera House, Bayreuth. manfredxy / Shutterstock.com
4.d. View of Regensburg and the Danube River. Zyancarlo / Shutterstock.com
4.e. Limes Tower. Volker Rauch / Shutterstock.com
5.a. Ludwigsburg Palace. Tichr / Shutterstock.com
5.b. Palace garden in Schwetzingen. Guenter Purin / Shutterstock.com
5.c. Weikersheim Palace and garden, Baden-Württemberg. Guido Vermeulen-Perdaen / Shutterstock.com
5.d. Aerial view of Hohenzollern Castle, Baden-Württemberg. Samet Guler / Shutterstock.com
6.a. Aerial view of Cologne. S. Borisov / Shutterstock.com
6.b. Stained glass window, Cologne Cathedral. jorisvo / Shutterstock.com
7.a. Spray perfume bottle. Pavelis / Shutterstock.com
8.a. Weinheim. LaMiaFotografia / Shutterstock.com
8.b. Alte Brücke, Heidelberg Castle, Neckar River, Heidelberg. Sergey Novikov / Shutterstock.com
8.c. Central city fountain, Baden-Baden. Alex Tor / Shutterstock.com
8.d. The historical Engelgasse in the historical center of Gengenbach, Black Forest, Baden-Wurttemberg. Juergen Wackenhut / Shutterstock.com
8.e. View of Breisach in Germany at the edge of the Rhine. LENS-68 / Shutterstock.com
8.f. Tübingen flowers in bloom. leoks / Shutterstock.com
8.g. Aerial view of Hohenzollern Castle, Baden-Württemberg. Samet Guler / Shutterstock.com
8.h. Panorama of Meersburg by Lake Constance. Kafrez / Shutterstock.com
8.i. Mainau Island. LaMiaFotografia / Shutterstock.com
8.j. Konstanz pavement plaque, Constance. Lerner Vadim / Shutterstock.com
9.a. Rhine River, view from St. Goarshausen / Loreley Rock, Rheingau. Silberkom / Shutterstock
9.b. "Castles of the Rhine" tourist route, Bacharach, Germany. Igor Plotnikov / Shutterstock.com
9.c. Rudesheim am Rhein, a winemaking town in the Rhine Gorge. fokke baarssen / Shutterstock.com
10.a. Statue of the Bremer Stadtmusikanten, Bremen Town Musicians. Ivo Antonie de Rouij / Shutterstock.com

10.b. Birthplace of the brothers Grimm. Harald Lueder / Shutterstock.com

10.c. Marburg, Lahn. LaMiaFotografia / Shutterstock.com

11.a. Mannheim, Castle, University. LaMiaFotgrafia / Shutterstock.com

11.b. Schwetzingen Palace. clearlens / Shutterstock.com

11.c. Fortress of Coburg. Farida Doctor-Widera / Shutterstock.com

11.d. Fortress Rosenberg, Kronach. Andscha / Shutterstock.com

11.e. Old castle of Bayreuth, Bayreuth. Pecold / Shutterstock.com

12.a. The Glienicker Bridge. Markus Mainka / Shutterstock.com

12.b. Sanssouci Palace. Anton_Ivanov / Shutterstock.com

12.c. Panoramic landscape with castle on Peacock Island, Lake Wannsee. Christian Draghici / Shutterstock.com

12.d. Castle on Peacock Island in Lake Wannsee. Aldorado / Shutterstock.com

12.e. Museum Island in Berlin. S. Kuelcue / Shutterstock.com

13.a. Erfurt Cathedral and Severikirche, Erfurt. Bote / Shutterstock.com

13.b. Kraemerbruecke, Erfurt. LaMiaFotografia / Shutterstock.com

13.c. Monument to Goethe and Schiller, Weimar. phoelixDE / Shutterstock.com

13.d. Wartburg Castle. Valery Rokhin / Shutterstock.com

14.a. Celle Castle. Borisb17 / Shutterstock.com

14.b. Wolfenbüttel Castle. Borisb17 / Shutterstock.com

14.c. Marienburg Castle, lower Saxony. PRILL / Shutterstock.com

14.d. Herrenhausen Palace and gardens, Hanover. Villy Yovcheva / Shutterstock.com

15.a. Brandenburg Gate, Dec. 20, 2016. 360b / Shutterstock.com

15.b. Berlin wall sign in the road, Nov. 12, 2014. elenabum / Shutterstock.com

15.c. Berlin, Germany, Cold War division with zones. Benny Thaibert / Shutterstock.com

16.a. Checkpoint Charlie, April 20, 2016—former border crossing in Berlin. Kiev.Victor / Shutterstock.com

16.b. Berlin, Nov. 8, 2014, 25th anniversary of the fall of the Berlin Wall. Jana Schoenknecht / Shutterstock.com

16.c. Painting by Birgit Kinder on a preserved segment of the Berlin wall (1961–1989) at East Side Gallery on July 12, 2012 in Berlin, Germany. Ana Gram / Shutterstock.com

16.d. Berlin Wall—the inner area of the heavily guarded border line between East and West Berlin. Bocorelli / Shutterstock.com

17.a. Hippodrom Beer Tent on the Theresienwiese Oktoberfest fairgrounds. tischr / Shutterstock.com

17.b. Typical souvenir at the Oktoberfest in Munich—a gingerbread heart (*Lebkuchenherz*). Katjen / Shutterstock.com

17.c. Pretzel on Bavarian napkin. Silberkorn / Shutterstock.com

Austria

18.a. Alpine ski resort in Solden in Otztal Alps, Tirol, Austria. lucarista / Shutterstock.com

18.b. Alpine dairyman and farmer with decorated cows at cattle drive in Kufstein, Austria. RStollner / Shutterstock.com

18.c. Aerial view of Krimml village and Krimmler waterfall in the Austrian Alps. trabantos / Shutterstock.com

18.d. Grossglocknerstrasse, Austrian Alps. Kavram / Shutterstock.com

19.a. Rough-grained and edible sodium chloride, NaCl, also halite, from a salt mine in Salzburg, Austria. Peter Hermes Furian / Shutterstock.com

19.b. Hallstatt, Austria. Rudy Balasko / Shutterstock.com

19.c. Alpine spa resort town Bad Ischl on the river Traun, Austria. Anastasia Petrova / Shutterstock.com

19.d. Reflections at Lake Altaussee, Salzkammergut, Austria. Christian Kobierski / Shutterstock.com

20.a. Schönbrunn palace in Vienna, Austria. mikolajn / Shutterstock.com

20.b. Fiacre, Hofburg, Vienna. LaMiaFotografia / Shutterstock.com

20.c. Schloss Hof castle in Austria. Frantisek Czanner / Shutterstock.com

20.d. The Kaiservilla in Bad Ischl. Botond Horvath / Shutterstock.com

20.e. The Goldene Dachl, Innsbruck. Anibal Trejo / Shutterstock.com

20.f. The Herzogshof in Graz, Styria. Carinthian / Shutterstock.com

21.a. Bike dreams. Dolomite summits. / Shutterstock.com

21.b. Podersdorf am See. trabantos / Shutterstock

21.c. Brandnertal, small beautiful valley in Vorarlberg, Austria. Guenter Purin / Shutterstock.com

21.d. Group of mountain bikers riding an endurance trail in the Austrian Alps in Salzburg near Kaprun. Lukas Budinsky / Shutterstock.com

22.a. Schönbrunn Palace in Vienna. cgc2010 / Shutterstock.com

23.a. Apricot dumplings. A_Lein / Shutterstock.com

23.b. Wiener schnitzel with potatoes and herbs. Stepanek Photography / Shutterstock.com

23.c. Linzer Torte. Marina Lohrbach / Shutterstock.com

23.d. Sachertorte. Bonchan / Shutterstock.com

23.e. Bavarian bread dumplings. Karl Allgaeuer / Shutterstock.com

23.f. Alp cheese maturation. GoShiva / Shutterstock.com

24.a. Wiener Ringstrasse with historic Burgtheater. Canadastock / Shutterstock.com

24.b. Rathausplatz, Sankt Polten, Lower Austria. PHB.cz (Richard Semik) / Shutterstock.com

24.c. View of the Hauptplatz in the Austrian city of Linz. Trabantos / Shutterstock.com

24.d. View of the Salzburg skyline with Festung Hohensalzburg and the Salzach river. Canadastock / Shutterstock.com

24.e. Panoramic view over Innsbruck and Inn valley. Gimas / Shutterstock.com

24.f. Rathaus Square in the Austrian city of Bregenz. Trabantos / Shutterstock.com

24.g. Lindworm Fountain, symbol of the city of Klagenfurt. Interpixels / Shutterstock.com

24.h. Painted façades and the clock tower in the historic center of Graz. Boris Stroujko / Shutterstock.com

24.i. Esterhazy palace in the Austrian city of Eisenstadt. Trabantos / Shutterstock.com

25.a. Stephan's Cathedral, Vienna. Clearlens / Shutterstock.com

25.b. Belvedere Palace and Garden with fountain. photosounds / Shutterstock.com

25.c. Lipizzaners. Popova Valeriya / Shutterstock.com

25.d. Golden Hall in the Wiener Musikverein. Javier Martin / Shutterstock.com

25.e. Kunsthistorisches Museum, Vienna, Austria. Pieter Stander / Shutterstock.com

25.f. Cafe Westend, Vienna. Radiokafka / Shutterstock.com

26.a. Naschmarkt in Vienna. Travelview / Shutterstock.com

26.b. Vegetable stand at a marketplace in Vienna. Tupungato / Shutterstock.com

26.c. Secondhand items, the Naschmarkt. Radiokafka / Shutterstock.com

27.a. Landscape with vineyards at sunset in South Styria (Stajerska). Austria-Slovenia border. Deep Green / Shutterstock.com

27.b. Zwettl Monastery, Lower Austria, aerial view. Matt Ledwinka / Shutterstock.com

27.c. Aggstein castle ruin and Danube river at sunset in Wachau, Austria. canadastock / Shutterstock.com

27.d. Burgenland, Austria—wine-growing region by Lake Neusiedl in Neusiedler See–Seewinkel National Park. Tupungato / Shutterstock.com

27.e. Castle Forchtenstein in Austria's Burgenland. sangriana / Shutterstock.com

27.f. Heuriger tavern in Grinzing near Vienna. Kinkku / Shutterstock.com

Switzerland

28.a. Lugano Lake, mountains and the city located below, Ticino, Switzerland. Elesi / Shutterstock.com

28.b. Autumn day in Schaffhausen. Ursula Perreten / Shutterstock.com

28.c. Chateau d'Aigle, Switzerland. Alexander Chaikin / Shutterstock.com

28.d. Aerial view of Nyon old city and waterfront in Switzerland. Samuel Borges Photography / Shutterstock.com

28.e. Vineyards in Lavaux region—Terrasses de Lavaux terraces, Switzerland. Samuel Borges Photography / Shutterstock.com

28.f. Swiss Alps, Graubünden. SusaZoom / Shutterstock.com

29.a. Locomotive at Zurich main railway station. Ewais / Shutterstock.com

29.b. View of Mount Rigi with a Rigi Railways train at the Rigi Staffel station. Denis Linine / Shutterstock.com

29.c. Alps scenery from the top of Schilthorn. sarawootp / Shutterstock.com

29.d. Chapel Bridge Kapellbrücke Luzern. Songtam Srinakarin / Shutterstock.com

29.e. Centovalli—hundred valleys, Switzerland: View from Intragna on the river Melezza. Mor65_ Mauro Piccardi / Shutterstock.com

29.f. Train at Lavaux Vineyard Terraces hiking trail near Lake Geneva. Roman Babakin / Shutterstock .com

30.a. Swiss flag between the flags of the city of Bern. Noyan Poyraz Yalcin / Shutterstock.com

30.b. Astronomical clock on the medieval Clock Tower, Zytglogge, Bern. Lerner Vadim / Shutterstock .com

30.c. Parliament Building, Bern, Switzerland. Pixelshop / Shutterstock.com

30.d. Cityscape view of the old town with river and bridge in Bern. Switzerland. Bahdanovich Alena / Shutterstock.com

30.e. Prominent cathedral tower. Bern, Switzerland. Tupungato / Shutterstock.com

31.a. Fountain with rainbow on Lake Geneva. Peter Stein / Shutterstock.com

31.b. The Palace of Nations, headquarters of the United Nations in Geneva. SAPhotog / Shutterstock.com

31.c. A stamp printed in Switzerland. Sergey Kohl / Shutterstock.com

31.d. Chexbres, Switzerland; view of Lake Geneva. K. Roy Zerlach / Shutterstock.com

31.e. View of Geneva from the Cathedral of Saint-Pierre, Switzerland. Alexander Demyanenko / Shutterstock.com

31.f. Flower Clock in Geneva, Switzerland. Nataliia Popova / Shutterstock.com

31.g. The Mont Blanc Massif as seen from a viewpoint on the Salève Mountain near Geneva. corstock / Shutterstock.com

32.a. Qanun, a zither-like instrument with seventy-eight strings. Levent Konuk / Shutterstock.com

32.b. Parade of traditional dancers and musicians at the International Alpine Horn Festival: July 27, 2013 in Nendaz, Switzerland. Mountainpix / Shutterstock.com

32.c. Jew's harp. Przemyslaw Reinfus / Shutterstock.com

33.a. Swiss musicians play the alpenhorn, village of Gruyere, Switzerland. vallefrias / Shutterstock.com

33.b. Sliced fresh Emmental cheese. Simic Vojislav / Shutterstock.com

33.c. Flag throwing and the grand ensemble at the finals of the 11th International Festival of Alpine horns: July 22, 2012 in Nendaz, Switzerland. mountainpix / Shutterstock.com

34.a. Glacier Express train. Martin Lehmann / Shutterstock.com

34.b. Cable car to Diavolezza, St. Moritz, Engadine, Switzerland. Songtam Srinakarin / Shutterstock .com

34.c. Landscape in Arosa. Ursula Perreten / Shutterstock.com

34.d. Zermatt village with peak of Matterhorn in Swiss Alps. Samot / Shutterstock.com

35.a. Kloster St. Johann in Müstair, exterior. AMB / Shutterstock.com

35.b. Kloster St. Johann in Müstair, interior. Doin / Shutterstock.com

Liechtenstein

36.a. Flag of Liechtenstein. Nan Skyblack / Shutterstock.com

36.b. The Roman Empire at its greatest extent in 117 CE at the time of Trajan, plus principal provinces. Peter Hermes Furian / Shutterstock

36.c. Statue of Charles VI in Prague. Rednata Sedmakova / Shutterstock.com

36.d. A stamp printed in Liechtenstein shows Prince Franz Josef II, circa 1981. neftali / Shutterstock.com

37.a. Vaduz Castle in Liechtenstein. zizar / Shutterstock.com

37.b. Malbun Village, Liechtenstein. RickDeacon / Shutterstock.com

37.c. A vineyard in Vaduz. Alizada Studios / Shutterstock.com

38.a. Liechtenstein cyclist riding uphill. Adam Vilimek / Shutterstock.com

38.b. Made in flag button series—Liechtenstein. Filip Bjorkman / Shutterstock.com

38.c. City of Malbun, Liechtenstein. Mino Surkala / Shutterstock.com

38.d. Aerial view of Liechtenstein (Upper Rhine valley), taken from the Alpspitz peak in Gaflei village. RukiMedia / Shutterstock.com